赵静蓉 等著

国家记忆
与文化表征

生活·讀書·新知 三联书店

Copyright © 2023 by SDX Joint Publishing Company.
All Rights Reserved.
本作品版权由生活·读书·新知三联书店所有。
未经许可，不得翻印。

图书在版编目（CIP）数据

国家记忆与文化表征/赵静蓉等著．—北京：
生活·读书·新知三联书店，2023.1
ISBN 978-7-108-07537-6

Ⅰ.①国⋯　Ⅱ.①赵⋯　Ⅲ.①中国历史－现代史－研究
Ⅳ.① K270.7

中国版本图书馆 CIP 数据核字（2022）第 210474 号

责任编辑	胡群英
装帧设计	康　健
责编校对	张国荣
责任印制	宋　家
出版发行	生活·讀書·新知 三联书店
	（北京市东城区美术馆东街22号 100010）
网　　址	www.sdxjpc.com
经　　销	新华书店
印　　刷	北京隆昌伟业印刷有限公司
版　　次	2023 年 1 月北京第 1 版
	2023 年 1 月北京第 1 次印刷
开　　本	635 毫米 × 965 毫米　1/16　印张 17.75
字　　数	222 千字
印　　数	0,001-3,000 册
定　　价	69.00 元

（印装查询：01064002715；邮购查询：01084010542）

目 录

绪 论 国家记忆： 概念辨析与研究路径 / 1
    一、中国记忆： 地缘政治学意义上的国家记忆 / 7
    二、祖国记忆： 文化心理学意义上的国家记忆 / 9
    三、民族记忆： 民族志意义上的国家记忆 / 11
    四、政党记忆： 政治学意义上的国家记忆 / 17

第一章 国家记忆： 记忆归属及生成机制 / 21
    一、位置叙事： 国家记忆、集体记忆和文化记忆 / 22
    二、国家记忆的生成机制： 强制性"嵌入"与"诗性自觉" / 25

第二章 "嵌入"的集体记忆 / 36
    一、《歌唱祖国》： 媒介动员、文艺评价与仪式确证下的
       国家记忆 / 36
    二、外国文学史教材的编选流变： 体制化的国家记忆 / 56

第三章 "诗性自觉"的集体记忆 / 96
    一、《东方红》的时代变奏： 感性之维的国家记忆 / 97
    二、港台地区学界的存在主义接受： 理论·渗透及其记忆
       建构 / 114

第四章　经典：阐释国家记忆的形成 / 136
　　一、经典对国家记忆的形塑 / 138
　　二、经典场域：博物馆的文化治理功能 / 149

第五章　文化创伤：一种特殊的国家记忆 / 164
　　一、创伤的文学表征 / 165
　　二、创伤记忆的结构和力量 / 179
　　三、文化自主性下创伤的核心表征 / 190
　　四、文化创伤建构中的媒体记忆策略 / 198

第六章　道歉：反观国家修辞与国家记忆的政治性核心 / 221
　　一、记忆修辞 / 222
　　二、情感叙事 / 228
　　三、创伤复原的结构性构成 / 236

结　语　数字时代的国家记忆：危机与未来 / 244
　　一、数字时代：记忆研究的现实语境 / 245
　　二、国家记忆的危机与未来 / 249

参考文献 / 260

后　记 / 277

绪　论
国家记忆：概念辨析与研究路径

1994年12月13日，南京在历史上首次举办悼念南京大屠杀30万遇难同胞的仪式，此举开创了群众性纪念抗战期间遇难同胞活动的先河。2014年2月25日，第十二届全国人民代表大会常务委员会第七次会议通过了将12月13日设立为南京大屠杀死难者国家公祭日，将9月3日确定为中国人民抗日战争胜利纪念日的决议。全国人民代表大会常务委员会法制工作委员会副主任郑淑娜表示："以国家的名义设立'双日'，无疑是将人民的精神诉求和意志提升到国家统一意志的高度。这是人民意志的集中、充分的体现。'双日'的法定，是对历史史实、民族记忆的法律强固。……它将会进一步凝聚中国人民以爱国主义为核心的民族精神，激发中国人民为实现中国梦而奋发努力的热情，坚定中国人民捍卫国家领土完整、维护世界和平和正义事业的立场和信心。"[1]2014年12月13日，第21次地方性纪念活动升格为国家公祭。公祭日当天，国

---

[1] 郑淑娜：《序》，载于朱成山、朱同芳主编：《国家公祭：解读南京大屠杀死难者国家公祭日资料集①》，南京：南京出版社，2014年，第3页。

家主席习近平出席并发表了重要讲话,众多国家领导人和一万名各界代表参加了公祭仪式。公祭现场和南京全城拉响防空警报以示哀悼,6名社会各界人士代表共同撞响"和平大钟",3000羽和平鸽在钟声中振翅飞翔。[1]

随着"双日"决议的颁布和国家公祭仪式的举行,各界媒体开始越来越频繁地使用一个颇具意识形态色彩的概念——"国家记忆"。

纸媒方面,2014年2月26日《新华日报》A2版的文章就以"国家记忆"来指代纪念日和公祭日两个特殊的日子。[2] 2014年12月13日《人民日报》头版发表了以"国家记忆"为题的社论,明确指出"我们设立国家公祭日,就是为了强化国家记忆,凝聚中华儿女'勿忘国耻、振兴中华'的共同精神信仰"。2015年12月14日《人民日报》的电讯稿也将南京大屠杀定性为国家记忆和世界记忆,指出"只有不断去延续血写的记忆,才能不断获得耻辱与奋起相激荡的民族精神原动力,才能让中华民族永远成为人类和平的捍卫者"。

影视方面,自2016年10月3日起,中央电视台中文国际频道每周一至周五晚间八点档都要播放名为"国家记忆"的历史纪录片,这"是中国第一档国史节目,是以'为国家留史,为民族留记,为人物立传'为宗旨,展现党史、国史、军史中的重大历史事件、各领域重大工程建设,揭秘重大决策背后的故事,讲述各阶层各时代代表性人物,记录讲述党的奋斗史、创业史、中国特色社会主义探

---

[1]《南京大屠杀死难者国家公祭仪式隆重举行》,载于《人民日报》,2014年12月14日第1版。

[2] 沈峥嵘、顾巍钟:《铭刻!永不忘却的国家记忆》,载于《新华日报》,2014年2月26日A2版。

索史、改革开放进程史"[1]。这档节目广受好评，已成为传媒界学者学术研究的热点。

图书方面，以"国家记忆"为标题的图书更是不胜枚举，比如中信出版社的《国家记忆：美国国家档案馆馆藏二战中美友好合作影像》，山西人民出版社的《国家记忆：海外稀见抗战影像集》，山东文艺出版社的《国家记忆：一本〈共产党宣言〉的中国传奇》，人民画报社的《国家记忆：〈人民画报〉820 期封面故事精选》，新华出版社的《国家记忆：新中国 70 年影像志》等。

从一系列社会和文化现象来看，"国家记忆"已经慢慢地变成了国人日常社会生活中的一个高频词和焦点词。我们至少可以从中获得关于"国家记忆"的三点信息。第一，这个概念有多种使用语境或载体，比如报纸、期刊、图书、网络、影视及社会活动等，说明"国家记忆"越来越成了一个显性的概念，民众对它的关注度和接受度也日益增强。第二，主流媒体成为言说和使用"国家记忆"这个概念的主要阵地，说明这个概念已经成了一个合法的概念。第三，尽管这个概念越来越被承认和合法化，但不同情境中对它的界定及释义却并不相同，说明使用者对"国家记忆"的理解并不一致，支撑其合理性的似乎只是民众说不清道不明但又坚信必然存在的、某种对这个概念含糊暧昧的"共识"。

那么，这一"共识"究竟是什么呢？当我们谈论"国家记忆"时，我们究竟是在谈论什么呢？我们的对话有合法且合理的共识吗？

从字面上来看，"国家记忆"显然不是最小的语义单位，它至少可以按照两种方式来理解。其一，国家记忆就是"对国家的记忆""关于国家的记忆"（memory about a nation），或者是"国家作为一种记忆"（a nation as a kind of memory），"国家是记忆的对象或

---

[1] 参见"国家记忆"官网（tv.cctv.com/lm/gjjy）上的"栏目介绍"。

内容"。其二，国家记忆就是"国家的记忆"（a nation's memory）或"国家＋记忆"（a nation that remembers），"国家"是记忆的主体和归属。这两种理解角度的差异其实非常微妙，因为二者并非平行或并列的关系，而是既有交叉重叠又有包含与被包含的关系。这两种角度实际上也构成了研究国家记忆的两种路径，第一种本质上属于本体论研究，要解决的是国家记忆是什么的问题，重点关注国家记忆如何形成，某种个体记忆或地方记忆如何上升为国家记忆，社会文化如何表征国家记忆等；第二种属于认识论研究，要解决的是国家如何记忆的问题，重点关注国家作为记忆主体的角色功能，"记忆"在此既是名词又是动词，既指涉记忆行为的发生，又体现了记忆行为的结果和效应，其最终导向的是关于国家记忆的历史或国家的历史问题。

尽管两种角度都有"国家"的立场，但第二种更吁求对"国家"的界定，不仅需要厘清国家的内涵与意义沿革，还要区分国家在不同历史及文化语境中的实际外延。而第一种则更聚焦于"记忆"，需要了解的是国家在政治、语言、文化等多层面上的具体指称。

本书中，我们对国家记忆的讨论主要基于第一种立场，但也会略微涉及第二种立场。虽然我们从"国家"的多义性出发，但我们无意辨析"国家"概念的生成及意义沿革，我们的最终目的还是"记忆"。因为即便我们能在政治学的意义上把"国家"作为一个整体性的概念，我们也无法在社会科学和人文科学的层面上把"国家"从"国家记忆"中剥离出来单独讨论。而一旦从"国家记忆"的层面上来讨论"国家"，我们则不难发现，从共时的层面上来讲，作为整体概念的"国民"和"民族"内部存在着巨大的差异，不同文明体系下的国家更是各有各的特点；而从历时的层面上来讲，不同代际的国民之间、不同历史阶段的国家之间，记忆的形式和内容更是千差万别。我们无法依据某种标准来判断"哪个部分"的国家之记忆更具有典型性。或者更进一步说，我们能否把作为整体概念的"国家"拆解成各个部分，继而找出其中最有代表性的部分，这也依然是待解的问题。英国学者约翰·达尔文（John Darwin）在研究英国的帝国记忆时，就指出"帝国记忆"就像一个充斥着"记忆之战"的"混乱的战场"，"记忆在像出版社、教育体系、博物馆和政治语言等众多重叠交叉的公共领域里被建构被对抗"[1]。诚如斯言，国家记忆也是如此复杂多面。

当然，国家记忆并不是一个独属于汉语情境的概念，且因为这个概念太过复杂和多义，所以很难断定与其完全对应的西文表述是什么。即使单在英文中，与国家记忆相关的表述也有很多种。这一点我们会在下文对这个概念的辨析中再展开论述。不仅如此，更有意思的是，恰恰是当我们在汉语情境中使用这个概念时，它的复杂性会表现得尤为突出，围绕国家记忆产生的理解歧见也会更多。所以我认为，也许从国家记忆的汉语表述入手开始对它的研究，反而有助于增进我们对这个概念的理解。

国家记忆的复杂性根本地缘于"国家"概念的多义性。"国家是所有政治问题的核心甚至全部，也可以说国家理论就等同于政治理论。"[2]作为最经典的政治学概念，学界对"国家"有多种界定。如果以记忆为中心或不脱离国家记忆的语境来讨论国家，国家至少可以包括以下三个层面的意思。其一，country；其二，nation；其三，state。country 是地理、地域概念，nation 是民族、种族、国民概念，state 是政权、体制、政府、政党概念。而"国家"这个词则可以被化解为"中国""祖国""民族""政党"四个含义。地理意

---

[1] John Darwin, "Memory of Empire in Britain: A Preliminary View", in Dietmar Rothermund, ed., *Memories of Post-Imperial Nations: The Aftermath of Decolonization,1945—2013*, Cambridge: Cambridge University Press, 2015, p.22.

[2] 郁建兴：《马克思国家理论与现时代》，上海：东方出版中心，2007 年，第 1 页。

义上的国家最重要的特征就是边界,美国政治学家米格代尔(Joel S. Migdal)认为,可以有两种意义上的边界,一是领土边界,一是社会边界。领土边界是把国家放在一个疆域和世界体系里,社会边界是把国家作为众多社会组织中的一种来考虑。[1]前者突出地缘,后者突出政治。当然,国家内部也有不同的机构、组织和群体,也存在一个内部边界与划界的问题。

除了国家的内部构成因素之外,我们还必须看到,国家之外的各种关系也在影响和塑造着国家的发展,比如跨国经济实体、世界经济体系、垄断组织、各种与国家力量交叉的社会组织和单位。在今天这个特殊的时代,我们还要面对各种状况的移民问题,面对移民身份带给国籍、国民等原初概念的冲击和影响。因此,我们无法独立和封闭地看待国家,只能把国家放置在一个关系网络中进行分析,比如把国家放在世界体系中,或者放在社会生活中,这也是一种政治学研究中的位置叙事,我们不能忽视它。

这种位置叙事的视角对国家记忆的研究也是必要的,就像哈布瓦赫认为个体记忆一定要放在一个集体的框架中去解读一样,我们也不能不关注到"国家"这个概念丰富多元的位置特质。当今时代,各种组织和实体充分交叉,在国家之外,我们还有很多类似国家又不是国家、不完全具有国家的功能但事实上却部分实施了国家功能的组织,比如欧盟、东亚文化圈,甚至是"一带一路"的国家级顶层合作倡议所可能创造的新的文化共同体。这些组织也许正引领着新型政体的诞生以及现代意义上民族国家的转型。这些都在我们探讨"国家"作为一个集体概念时对"国家记忆"产生深刻的影响。

---

[1] [美]乔尔·S.米格代尔:《社会中的国家:国家与社会如何相互改变与相互构成》,李杨、郭一聪译,南京:江苏人民出版社,2013年,第17页。

一、中国记忆：地缘政治学意义上的国家记忆

边界意义上的国家是地缘政治学（geopolitical sense）意义上的国家，我们需要把国家首先作为一个空间现象或者一个地理的有机体来认识，而地缘政治学意义上的国家记忆就是独属于某个国家的、能够塑造某国形象、体现某国历史、映射某国精神的文化现象，是这个国家疆界内通过社会风俗、传统礼仪、民间习惯、文化风尚、法律规则、道德风气、精神风貌、信仰传统等所显示出来的国民认同感。这个意义上的"国家记忆"在概念运用中往往会落实到具体的地理位置上来，比如"美国记忆""荷兰记忆""新加坡记忆"等。

"美国记忆"项目重视口述史、影像史资料的收集开发，内容"包括重要档案记录、照片、录音、民俗宗教、文学乃至特定时期文化现象，几乎是美国历史文化的百科全书"。"荷兰记忆"项目，记录荷兰的人文、历史、地理以及其他方面资料。"新加坡记忆"除征集照片、实物外，大量采用了口述史、影像史方法。[1]"中国记忆"则指独属于中国（而非其他国）的、能够塑造中国形象、体现中国历史、映射中国精神的文化现象。"中国"在此主要指占据一定的地理位置，拥有一定的国土面积、人口、民族、资源、经济实力及战略军备等因素的政治实体。

中国国家图书馆于2012年正式启动了"中国记忆"项目。"中国记忆"项目实验网站上介绍道："'中国记忆'项目是整理中国现当代重大事件、重要人物专题文献，采集口述史料、影像史料等新类型文献，收集手稿、信件、照片和实物等信息承载物，形成多载

---

[1] 全国文献采访工作研讨会组委会编：《数字出版对文献资源建设的影响：第五届全国文献采访工作研讨会论文集》，北京：国家图书馆出版社，2015年，第33页。

体、多种类的专题文献资源集合,并通过在馆借阅、在线浏览、多媒体展览、专题讲座等形式向公众提供服务的文献资源建设与服务项目。'中国记忆'项目是新媒体时代以记录历史、保存文献、传承民族记忆、服务终身学习为宗旨的全国性文化项目,是图书馆文献采集、整理、服务以及社会教育与文化传播职能的新拓展,是图书馆变藏为用,加强文献整合与揭示力度的新举措。"[1]从这些描述中我们可以看出,即便从地理学角度来看,中国记忆还可分为城市记忆和乡村记忆,但当我们谈论中国记忆时,其中却潜藏着一种同一性,即"国家的疆界显示了一国国土内人们潜在的同一性"[2]。

在实际生活中,国家往往被界定或想象成具有整体凝聚力的政治实体,这个政治实体不仅可以代表所有的国民,还能强制要求国民遵循由国家领袖及其政党、政府组织等制定的法律法规。国家被认为理应具有一种同一性,它可能包含某种社会风俗、文化风尚、传统礼仪、民间习惯、法律规则、道德风气、信仰传统等,也可能体现为某种情感倾向、社会心理、精神风貌等,即使这种同一性的具体内涵是含糊的,也不妨碍这种同一性从国民到领袖、从家庭到社会团体、从企业到政府组织、从边缘到中央,始终发挥极其重要的作用。我认为,正是这种同一性,导致我们在谈论国家记忆时理所当然地把"国家"概念作为一种先见或预设,把它认知为一个占据绝对优势的也是唯一一个最有力量、拥有最多资源的实体。

---

[1] 参见 http://www.nlc.cn/cmptest/int/。
[2] [美]乔尔·S.米格代尔:《社会中的国家:国家与社会如何相互改变与相互构成》,李杨、郭一聪译,南京:江苏人民出版社,2013年,第18页。

二、祖国记忆: 文化心理学意义上的国家记忆

在国家层面上讨论记忆,基于中国记忆却比中国记忆更具有情感倾向性的概念是文化心理学意义上的国家记忆(memory of the native land in cultural and psychological sense),它对应的是我们平时在口语中常常言说的"祖国记忆"。

自己的国家称为"祖国",这个概念一经言说就表达了强烈鲜明的归属感。从其本质上来说,祖国不是一个中立的政治概念,它更切近一个文化概念,它所指涉的是对某一个地理位置或地理范围、对与自身之来源息息相关的大地和生活世界、对这一特定土地上生活着的广大民众、对这一切历史和现实的高度而自觉的认同感。祖国记忆就是与这种认同感相关联的一切记忆。

关于"祖国"概念的渊源和指称,有两篇文章特别值得我们关注。一篇是于京东的《祖国:一项基于近代西方语境的概念史考察》,一篇是卞冬磊的《伟大的情感:近代报刊的"祖国"话语与意义争夺(1902—1927)》。于京东梳理了"祖国"一词的词源学谱系,考察了这个概念在近代西方语境中的意义沿革,通过分析1789年法国大革命中的祖国祭坛及其饰物、铭文及仪式,讨论了法国大革命的祖国崇拜以及爱国主义的政治文化,把"祖国"界定为一种现代政治话语的核心修辞,认为它是"现代性的爱国主义表述"[1]。如其所言:"大革命之后,祖国成为最高的国家理由,……它是绝对不可分割的、有限的、完整的、统一的实体。在空间层面等同于国家主权性的领土空间;在情感层面上成为包容所有人

---

[1] 参见于京东:《祖国:一项基于近代西方语境的概念史考察》,载于《南京大学学报》,2017年第3期,第79—90页。于京东:《法国大革命中的祖国崇拜——一项关于现代爱国主义的政治现象学考察》,载于《探索与争鸣》,2019年第10期,第55—66页。

民,赐予幸福自由,唤起爱国热情的共同母亲。'保卫祖国''为国牺牲'等词语继续成为爱国主义与民族主义的政治修辞与动员口号,形成了一套完整的意识形态。"[1]与于京东梳理西方理论语境中的"祖国"概念变革相类似的是,卞冬磊借助"中国近现代思想史全文检索数据库(1830—1930)",探究了近代中文报刊中"祖国"话语的流变及政治力量或思潮对其意义的争夺。卞冬磊认为,"从1902年开始,作为塑造现代国家认同、蕴含深层情感的'祖国'在报刊上陆续登场",这个概念代表着感性的"国家","并且在家族的指向上超越了父亲与母亲而拥有了和个体更长远的联系,……夹杂着中国人对祖先的崇拜和热爱"。[2]

从两位学者的梳理中我们可以看到,无论是在西语还是在中文的语境中,"祖国"及其所象征的含义都是一个非常独特的文化存在,就像我们常常把"祖国"和"母亲"放在一起使用一样,"祖国"代表着一种类似于个体从母亲身上所能获得的安全感或"在家感"。祖国的重要构成就是民族,狭隘的民族主义和国家主义以单一的民族国家作为祖国的界限,但世界主义却从单一的民族国家跳脱出来,强调超越的、普世的爱。无论是哪一种意义上的"祖国",都构成对祖国记忆的情感限定,使后者具有一种天然的道德感或价值立场。"祖国记忆"不是一个全新的概念,也并未生成与民族记忆截然不同的新内容,应该说,"祖国记忆"的提法体现了一种记忆的修辞,它为原本理性客观的"国家记忆"增添了激情和渲染的色彩。祖国记忆和国家记忆,就像怀旧和回忆,前者充满了想象的力量和"政治爱"(本尼迪克特·安德森语)的柔情,"通过在母亲

---

[1] 于京东:《祖国:一项基于近代西方语境的概念史考察》,载于《南京大学学报》,2017年第3期,第90页。

[2] 卞冬磊:《伟大的情感:近代报刊的"祖国"话语与意义争夺(1902—1927)》,载于《新闻与传播研究》,2020年第2期,第107—108页。

膝前开始接触，而在入土时才告别的语言，过去被唤回，想象同胞爱，梦想未来"[1]。可以看出，祖国记忆是情感记忆的一种类型，映射了完全、鲜明的情感表述，更关注国家记忆这个概念的情感特质。

三、民族记忆：民族志意义上的国家记忆

中国记忆和祖国记忆分别强调国家记忆的地域性和情感指向，关注的是国家的领土边界和社会边界。除此之外，我们还需要考虑社会边界与社会分层及社会结构之间的关系及其对记忆的影响和塑造。值得注意的是，目前学界对"中国记忆"概念的使用也并不仅仅停留在地缘政治学的层面。鉴于社会边界与社会分层和社会结构密切相关，我们就必须从民族（志）的角度来理解国家记忆（memory of nation in ethnographic sense）。

那么，"国家记忆"和"民族记忆"这两个概念是否具有相同或相似的内涵？能不能混同使用？记忆究竟有没有区域色彩或民族色彩？能不能这么理解记忆？有没有国别化的记忆？——似乎又有很多问题被牵扯出来。法国历史学家雅克·勒高夫（Jacques Le Goff）、皮埃尔·诺拉等人曾在他们编纂的《新史学》中特别指出，不能把社会记忆等同于民族记忆，又把民族记忆等同于国家记忆。尽管根据里亚·格林菲尔德的考证，从16世纪初期至17世纪中期，英语世界已经流行将"nation"与"country"联系起来进行解释了。[2] 托马斯·库珀（Thomas Cooper）1565年编纂出版的《罗

---

[1] [美]本尼迪克特·安德森：《想象的共同体》，吴叡人译，上海：上海人民出版社，2005年，第138、150页。

[2] 参见[美]里亚·格林菲尔德：《民族主义：走向现代的五条道路》，王春华等译，上海：上海三联书店，2010年，第4—6页。

马与不列颠语言百科》也已将"nation"解释为"一群起源于他们所居住的国家的人"[1]。也就是说,"nation"这个概念逐渐融合了"政体""领土""人民"等具有鲜明政治意向的要素[2],渐趋与现代意义上的"国家"概念所指一致,"民族"成了指代"国家"(state)的整全性人格化身。[3]这个思路与当前的民族文化研究趋向是一致的。我们提倡多民族文化而非少数民族文化研究,本身就包含了一种方法论意义上的努力,即把民族视为一种与国家一样,在制度体系、价值体系和民众体系等方面都具有独立特征的场域。

现代意义上的民族国家,国家记忆与民族记忆的关系往往与领土型国家的空间版图有关系。以单一民族为主要构成的民族国家,国家记忆就等同于民族记忆,这里的"民族""乃一国国民的统称,其政治身份是一体化的";而以多民族构成的民族国家,国家记忆则包含民族记忆,这里的"民族"更接近"族群"的意义,"是一国范围内的文化共同体,其风土人情是多样性的"[4]。族群—民族—国家,这一逻辑顺序决定了记忆的集体归属,也暗示了国家对记忆政治的有力主导。

事实上,英语学界在讨论国家层面的记忆时使用最普遍的概念就是民族记忆。比如学者胡安·博莱特(Juan Poblete)就区分过"民族的记忆"(the memory of the national)和"民族作为记忆"(the national as memory)这两个极其相似的概念,并指出:"民族作为记忆,

---

[1] 转引自张凤阳、罗宇维、于京东:《民族主义之前的"民族":一项基于西方情境的概念史考察》,载于《中国社会科学》,2017年第7期,第38页。

[2] [美]里亚·格林菲尔德:《民族主义:走向现代的五条道路》,王春华等译,上海:上海三联书店,2010年,第36页。

[3] 转引自张凤阳、罗宇维、于京东:《民族主义之前的"民族":一项基于西方情境的概念史考察》,载于《中国社会科学》,2017年第7期,第38页。

[4] 张凤阳、罗宇维、于京东:《民族主义之前的"民族":一项基于西方情境的概念史考察》,载于《中国社会科学》,2017年第7期,第38页。

强调的是在一个后社会全球语境中，民族社会之集体记忆的形式和用途，民族自身就是在记忆中并经由记忆被构造的一个链接和一种经验。而民族的记忆则是为一个既定的民族社会所体现出来的民族时刻及其历史。"[1]杰弗瑞·怀特（Geoffrey M. White）也分析了美国人对珍珠港事件的情绪反应，通过探讨那些幸存者将个人的故事呈现于公共记忆语境中的话语策略，剖析民族记忆的语言实用学功能，展现出民族叙事被情绪化以及个人的过去被民族化的复杂过程。[2]

民族与国家的异同及关联自然已有非常经典和成熟的论证，在此不做赘述。这里想要区分的是民族记忆相对于国家记忆的特殊性。本尼迪克特·安德森把民族界定为"想象的共同体"，这个共同体本质上有限、拥有主权，而且体现了一种"深刻的、平等的同志爱"。[3]而法国学者甫斯特尔在阐述法兰西民族的意识形态时也说："无论种族还是语言都无法构建一个民族。只有当人们拥有共通的思想、兴趣、情感、记忆以及希望的时候，他们才由衷感到同属于一个群体。"[4]据此来看，民族记忆一定包含民族的历史和传奇，融汇民族情感和民族心理，反映民族语言及文化，体现一种情感、信念和价值，是一种有情感倾向的记忆。我认为这是"民族记忆"和宽泛意义上的"国家记忆"概念最基本的一个差别。

这一点从吴叡人为《想象的共同体》写序时解释"民族"和"国

---

[1] Juan Poblete, "The Memory of the National and the National as Memory", in *Latin American Perspectives*, 2015, Vol. 42, No.3, p.93.

[2] 参见 Geoffrey M. White, "Emotional Remembering: The Pragmatics of National Memory", in *Ethos*, 1999, Vol.27, No.4, pp.505—529。

[3] [美]本尼迪克特·安德森：《想象的共同体》，吴叡人译，上海：上海人民出版社，2005年，第6—7页。

[4] [美]帕特里克·格里：《作为公共知识分子的历史学者》，张画沙译，载于[美]帕特里克·格里：《历史、记忆与书写》，罗新主编，北京：北京大学出版社，2018年，第21页。

族"的差别中也可窥见一斑。吴叡人解释道：

> 对于为何在本书中舍近年来在台湾颇为流行的、"解构"味十足的"国族"一词不用，而将nation依传统用语译为"民族"，笔者想稍作说明。首先，尽管在经验上nation的形成与"国家"（state）关系极为密切，但nation一词最初是作为一种理念、政治想象（political vision）或意识形态而出现的，因此本来就带有很明显的价值意味——从18世纪后半叶开始，经由启蒙时代的思想家和法国大革命的宣传家的如椽大笔，nation一词事实上是和"人民"（peuple,Volk）和"公民"（citoyen）这类字眼一起携手走入现代西方政治语汇之中的。换言之，nation指涉的是一种理想化的"人民全体"或"公民全体"的概念。在此意义上，它和"国家"是非常不同的东西：nation是（理想化的）人民群体，而"国家"是这个人民群体自我实现的目标或工具。如果译为"国族"将丧失这个概念中的核心内涵，也就是尊崇"人民"的意识形态。安德森之所以将nation定义为"想象的共同体"，正是因为这个定义充分掌握到nation作为一种心理的、主观的"远景"（又是一个"本土"的流行词语！）的意义。
>
> 第二，以服务当权者利益为目的的"国族主义"毕竟只是民族主义复杂历史经验当中的一种类型——所谓的"官方民族主义"——或者一个可能的组成成分而已，"国族主义"一词不仅遗漏了群众性民族主义这个重要的范畴，同时也无力描述兼具官方与民粹特征的更复杂的类型。[1]

---

[1] 吴叡人：《认同的重量：〈想象的共同体〉导读》，见［美］本尼迪克特·安德森：《想象的共同体》，吴叡人译，上海：上海人民出版社，2005年，第16页。

吴叡人所解释的"民族"概念是近代欧洲以来的意义，是理想化的国民，是有着明确倾向性的人类群体。"国家"则不是。法国社会学家布尔迪厄（Pierre Bourdieu）把"国家"概念理解为某种程度上"是一个中立的场所"[1]。由此可见，除了民族国家构成所基于的单一民族和多民族，使得国家与民族这两个概念有包含与被包含的关系之外，国家与民族还有显见的情感倾向的差异。也正是因为这种差异，"民族记忆"才比"国家记忆"显得更加"不够客观"。如果认为"国家记忆"是在描述一段历史，或者是对与其相照应的心理事实的"克制陈述"，那么"民族记忆"就是基于主观立场的历史描述和心理呈现，是主体精神暗流涌动、民族情感隐约显现的记忆活动。

在霍布斯鲍姆那里，民族是"一种自然的、天赋的、对人分类的方式，是一种内在固有的政治命运，是一个神话"，只有当与现代民族国家相联系时，民族作为一种"社会实体"才是有意义的。[2] 从现代民族国家的形成来看，我们知道，近代欧洲意义上的 nation 包含民族和国民两重意思，所以 nation state 也同时指民族国家和国民国家两种类型。而自近代中国以来，民族和国民，民族国家和国民国家，本来就是不尽相同的两组概念。王柯认为，"中华民族"经过单指汉民族和泛指一切生活于中华民国领域内的人们的两个阶段，实质上具备了民族与国民两个不同层次的共同体的意义。[3] 在建设国民国家的过程中，中国的任务是"如

---

[1] Pierre Bourdieu, *On the State: Lectures at the College de France, 1989–1992*, Patrick Champagne et al. eds., David Fernbach trans., Cambridge: Polity Press, 2012, p.5.

[2] E.J. Hobsbawm, *Nations and Nationalism since 1780: Programme, Myth, Reality*（second edition）, Cambridge: Cambridge University Press, 2012, pp.9–10.

[3] 王柯：《民族与国家：中国多民族统一国家思想的系谱》，冯谊光译，北京：中国社会科学出版社，2001年，第284页。

何将复数的具有独自悠久文化传统的民族，改造为一个具有共同的领土意识和民族意识的国民"[1]。可以说，中国的民族国家建设致力于实现的正是中华民族与中国国民的统一和同一。大概也正是因为对国民之重要性的发扬，尽管中国对"民族"概念的界定和使用与欧洲不完全一致，但在对民族记忆的理解层面，两者却同样存在倾向性的问题。特别是当"民族"这个概念前被附加一个"特有的名称"时，如法兰西、德意志、中华等，"民族"就被赋予一定的情感意义，成为一种表达特殊认同和特定情感的价值语词。

在安东尼·史密斯（Anthony Smith）看来，这是一个"特有的名称"，它"表达着民族的特色、英雄主义和使命感，以及使所有的成员对这些特征产生共鸣"[2]。我们可以以"中华民族记忆"这样的概念表达为例，来理解和检验"民族记忆"的倾向性。比如题为《档案记忆观与中华民族集体记忆的传承》的文章，"中华民族集体记忆"这样的说法本身就暗含"大中华民族国家"的思想，有潜隐的民族认同意味。文章中也有类似"……全面构筑了一个宏伟、独特、悠久的中华民族记忆宫殿，使中华民族的遗传基因、文化血缘延续数千年而从未中断，使华夏文明数千年的历史时空联结成为一个整体"[3]这样的论述，非常明显地表达了作者对"中华民族集体记忆"的情感和信念，带有强烈的主观倾向性。又比如标题为《灾荒与饥馑：中华民族记忆深处的隐痛——现代文学中的自然灾害书

---

[1] 王柯：《民族与国家：中国多民族统一国家思想的系谱》，冯谊光译，北京：中国社会科学出版社，2001年，第285页。

[2] 安东尼·史密斯：《民族主义：理论，意识形态，历史》，叶江译，上海：上海人民出版社，2006年，第8页。

[3] 参见徐拥军：《档案记忆观与中华民族集体记忆的传承》，载于《中国档案报》，2017年8月10日。

写》的文章。[1]"中华民族记忆"的表述在此也大致等同于国家记忆，但更突出了相同的文化结构和情感归属下的"同类人"的记忆经验，非常有效地淡化了由于"国家"概念的客观性而造成的"冷记忆"的效果，使得记忆成为一种有温度的历史中介，更容易令读者产生情感上的共鸣。

四、政党记忆：政治学意义上的国家记忆

state 这个词的拉丁文源头是"身份""地位""状态"的意思，[2]在今天的政治表述中，它常常被用来指代"国家"。不过，state 意义上的"国家"不是抽象的、精神价值层面的"国家"，而是作为政治实体的"国家"，是包含统一的中央政府与强大官僚机构的"国家"。据此，政治学意义上的国家记忆（memory of the state in political sense）似乎可以狭隘地理解为"政党记忆"，或者"政治记忆"，是政党通过政治动员、政治参与、政治竞争和政治控制等来强力形成的记忆。

这类记忆的典型体现是战争记忆、革命记忆、政治实践中的一系列斗争记忆等，它最深刻地揭示出了政党等国家机器对记忆建构的重大影响和根本作用。国家是权力斗争的场域，而政治学意义上的国家记忆最充分地体现了记忆与权力之间的关系。执行和实现这种权力，不仅要靠观念的推行和宣传，也要靠实践行动。观念的统一和同一是国家的理想目标，但实践的多样性及其对观念的变形、

---

[1] 参见张堂会：《灾荒与饥馑：中华民族记忆深处的隐痛——现代文学中的自然灾害书写》，载于《宁夏社会科学》，2010年第2期。

[2] [英]雷蒙·威廉斯：《关键词：文化与社会的词汇》，刘建基译，北京：生活·读书·新知三联书店，2005年，第460页。

改造甚至扭曲、误用，才是真正的现实生活。

state 意义上的国家记忆其实就是在这之中形成的观念意识以及对这些观念意识的形塑和具象化过程，当然，它的核心是权力的角逐，是记忆与遗忘的政治，是基于现在对过去的控制和利用。国家要想维持其作为一种机制的良好状态，就必须控制国民的记忆，使其成员"忘记不合乎其正义形象的经验，使他们想起能够维系住自我欣赏观念的事件"[1]。可以说，在此意义上的"国家"更侧重机制的强制性力量和行政机构的管理功能。

由于英语中 state 这个词没有形容词的形式，因此这个意义上的国家记忆就缺乏一种对于所谓"国家"归属感的强烈需求，它既不是基于居住地而对共同的生活空间（country）自觉产生地域认同，也不是基于单一的政治意愿与法制共同体而对"共同的神话传说和历史记忆"[2]产生文化认同，而是以政府和政党为代表，将国家的历史遗产强制性"植入"国民大脑的集体记忆建构。从 country 到 native land，再到 nation 和 state，"国家"力量的介入是越来越明显的，"国家"愈益趋向成为一个意志明确的人格化主体，愈益以强制性的方式要求民众记住什么以及遗忘什么，记忆被塑造被建构的程度也日益加深。与此同时，从一个民族（nation）、一种政权（state），再到一个政党（party），甚至一种声音（voice），随着"国家"这个人格化主体的本质被日益揭示和聚焦，"国家记忆"这个概念的所指也越来越内缩化、单一化、统一化和集中化。一方面，这说明"国家"这个概念是流动的；另一方面，这说明"国家记忆"这个概念也是流动的、多维度的。它的所指是流动的，它的能指是多

---

[1]［美］乔伊斯·阿普尔比、林恩·亨特、玛格丽特·雅各布：《历史的真相》，刘北成、薛绚译，上海：上海人民出版社，2011年，第93页。

[2] 黄兴涛：《重塑中华：近代中国"中华民族"观念研究》，北京：北京师范大学出版社，2017年，第364页。

维度的。这必然会造成这些概念间的罅隙，导致国家记忆研究变得日益复杂。

我们大概可以认为，国家记忆的概念边界是随着国家概念的变化而变化的。我们区分国家和国家记忆，就是试图把含糊暧昧的国家记忆这个概念给化解掉，或者将其分割和解构，把它消融到更多也有可能对其进行理论界定的亚概念中。但是，从这种尝试及其结果来看，我们不难发现，国家记忆其实蕴含了一个非常吊诡的双向过程。一方面，这个概念可能不断膨胀，成为一种阿斯曼意义上的文化记忆；另一方面，这个概念又可能不断缩小，成为一种哈布瓦赫意义上的集体记忆。那么，回到最初的问题上来：国家记忆到底是一个真命题还是伪概念？"国家"这一并非恒久不变的主体能够作为记忆主体而进行记忆吗？从前面的论述中我们已经得知，国家记忆这个概念在实际运用中常常可能与中国记忆、祖国记忆、民族记忆、政治记忆、政党记忆等概念混用，后面这一系列概念与国家记忆并行不悖，既相似又不同，既有被包含的关系又各有侧重。那么，可以认为国家记忆等于后面一系列记忆的相加或相乘吗？后面这一系列概念能替代国家记忆吗？

德国史学家科塞雷克（Reinhart Koselleck）认为，一个"词语"（word）只有在达到或接近"四化"水平的时候，才能被定义为"历史基本概念"。所谓"四化"，统领性的是"时代化"，"特定概念显示出历史哲学走向、时代特性和发展过程。它不再囿于等级制度影响下不断重复的传统语言运用，经验世界的加速发展和时代化还使它包含历史期待"。也就是说，特定概念是开放的，"语义中融合了经验、期待和过程"，它具有目的，并且指向未来。二是"民主化"，即随着等级制度的解体，特定概念的适用范围也不断扩大，尤其是超越了狭小的精英圈，在社会各阶层中被广泛接受。"概念运用的灵活性日益增长，淡化了概念的内容的等级特色，扩大了概念的影响范围",但也会越来越抽象。三是"可意识形态化",即"概念变成政治工具时,不但其抽象程度会增长,而且会更多义、更模糊、更空洞,从而可能成为各种意识形态的工具。……基于不同的阶级和利益,各取所需地选择投其所好的用法,甚至相反的语义,并不断把一再扩展的政治和社会概念用于各种论战"。四是"政治化",即"概念具有现实政治目的,社会的多元化使概念和术语增加了语言操纵的可能性,这个范畴涉及语言的运用策略"。[1]

如果以这个"四化"标准来审度"国家记忆",可以认为,"国家记忆"已然是一个基本概念。它经过了时间的考验并深入人心,它不只是抽象的理论或观念,更是一种国家治理的手段,是用以凝聚国民之认同感、增强对于国家的信念和归属意识、确立合法有效的集体政治身份的文化实践。国家记忆不是一个伪概念,而是一个真命题。中国记忆、祖国记忆、民族记忆、政治记忆、政党记忆等概念可以被理解为是以目的需求为导向、以记忆的形式与效果为主要内容的、不同层面及不同侧重的国家记忆,它们分别从国土与国民、情感投射与理性生成的角度阐释了国家记忆的宽泛能指,体现了国家记忆的多种面相。如果国家记忆是一个基本概念,那么这些概念就可以算是次生概念。二者是密不可分的。在难以给国家记忆下一个确切的定义时,至少可以通过解释其他几个概念来趋近对国家记忆的理解。当然,国家记忆不是上述一系列记忆的相加或相乘,国家记忆的所指往往会因应不同的使用语境而变动,而这一系列概念也无法替代国家记忆。要想全面、准确和客观地理解国家记忆这个概念,我们只能更综合、更辩证也更多元地去剖析它。

---

[1] 方维规:《什么是概念史》,北京:生活·读书·新知三联书店,2020年,第169—170页。

第一章
国家记忆：记忆归属及生成机制

认可国家记忆是一个真概念，就意味着承认"国家"是记忆的主体；但"国家"作为主体并不等于"国家"就是一个扩大了的个人，或者国家记忆就是个体记忆的数量级相加。更恰切地说，"国家"作为记忆的主体，是集体性的主体，是象征性的主体，是功能性的主体。集体性在于记忆的结构和框架，象征性在于记忆的精神和意识形态意义，"功能性在于承载形塑和传承记忆的职能"[1]。套用福柯对"有关我们自身的历史本体论"[2]的解释，"国家"作为记忆的主体或称"国家"的主体性，实际上也主要包括三个方面的内容：

---

[1] 孙江：《中文版序：皮埃尔·诺拉及其〈记忆之场〉》，载于[法]皮埃尔·诺拉主编：《记忆之场：法国国民意识的文化社会史》，黄艳红等译，南京：南京大学出版社，2020年，p. XIV。

[2] 福柯曾把自己从事的研究工作称为"一种有关我们自身的历史本体论"，"它包括三条轴线：（1）我们与真理的关系，换言之，我们是怎样被构成为知识的主体的？（2）我们与权力场的关系，换言之，我们是怎样被构成为运用和屈从权力关系的主体的？（3）我们与道德的关系，换言之，我们是怎样被构成为我们自己行为的道德主体的？"见佘碧平：《译者的话》，载于[法]米歇尔·福柯：《主体解释学》，佘碧平译，上海：上海人民出版社，2005年，第3页。

(1)国家如何生产知识、理解历史?(2)国家如何运用权力、建构记忆?(3)国家如何规范道德、塑造人类命运共同体?从记忆研究的角度来看,这三个问题都关系到国家对记忆的规定、建构以及在日常生活中如何实施记忆政治的问题。它们的答案互有交叉,又各有侧重。围绕记忆粗略地概括,第一个问题意味着国家如何规定记忆和运用记忆,第二个问题指向如何形成国家记忆,第三个问题则等同于国家记忆在现实生活中发挥作用的主要方式是什么。在前面我们厘清了国家记忆之"国家"的复杂能指,下面我们就将转向对国家记忆之"记忆"所指的考察,看看在以记忆为核心的"家族相似"概念中,国家记忆处在什么位置上,是什么含义,以及有哪些不同的生产模式。

一、位置叙事: 国家记忆、集体记忆和文化记忆

本质上讲,国家记忆是一种集体记忆。尽管任何记忆的发生都基于个人,但正如哈布瓦赫所指出的,任何个体记忆都必须被放置在一个集体的框架或结构中才能讨论,这种"集体的框架或结构"就成了判断"集体记忆"能否形成的重要标准。与个体记忆更倾向于记忆的内在维度不同,集体记忆着力强调的是记忆的外在维度,是既包含记忆的事实也包含对事实的解释的、整体性的记忆系统。国家记忆之"国家"是一个集合性的名词,它意味着被强制性代表的所有国民,也强制性地规定了国民的记忆内容与记忆方式,因此可以说,"国家"既是集体记忆的主体性基础,也是这一集体记忆的核心功能。从这个角度来看,国家记忆其实首先就等于把记忆"国家化"。这意味着:其一,记忆必须进入公共领域,成为可被公开谈论的公共性话题,由此才可能使过去被共享、历史遗产被共同

承担，而"想象的共同体"的形成才具有事实基础。其二，记忆必须被制度化，这是"国家同一性"的现实体现，也是所谓"国家意愿"可能被呈现的前提条件。其三，记忆必须被文本化。就是说记忆应当能够被叙述，成为叙事学分析的对象，这是记忆得以被反复提及和重复构建的理论基础，而无论在涂尔干还是其弟子哈布瓦赫的理论中，"重复"都是集体记忆形成的必要因素。

有研究者认为，"根本没有集体记忆这回事"，因为记忆具有明显的隐喻性，集体记忆只是一种对"历史理解"的修辞化表述，而且不存在"群体"或"集体"这样一个能够作为记忆主体的"身体"。[1] 我认为，这种理解把"集体"和"记忆"这两个概念都极端化了。其实这恰恰证明了集体记忆的重要特性，即交互性或社会化维度。从交互性和社会化的角度来看，国家记忆就是一种集体记忆。"国家"是一个政治实体，也是一个抽象的制度化"身体"，这一"身体"的记忆就建立在体现为众多差异化个体的意识及记忆的交流基础上。哈布瓦赫将之称为个体记忆的社会方面，保罗·康纳顿认为这是一种社会的记忆方式，阿斯曼夫妇称之为交往记忆，都是对这一维度的有力证明。除此之外，集体记忆还必须有情感的维度。因为情感有助于"为记忆提供一个范围"，而"没有一个范围，记忆在一个特定的文化语境中就缺少关联和意义"。"只有以情感为支点的交流形式才能为交往记忆带来结构、看法、关联、界定和范围。"[2]

社会化维度推动个体记忆的交流和互动，情感维度促成建立真

---

[1] 可参见网上的相关争论。较有代表性的文章如西闪：《根本没有集体记忆这回事》，2017年5月7日，http://www.360doc.com/content/17/0507/05/535749_651724309.shtml，2020年6月6日。或《对"记忆"一词的滥用》，2013年4月8日，https://www.douban.com/review/5837325/，2020年6月6日。

[2] [德] 扬·阿斯曼：《宗教与文化记忆》，黄亚平译，北京：商务印书馆，2018年，第3—5页。

正的关联和意义，作为一种集体记忆，国家记忆也基本具备社会化和情感两种维度，即通过情感的作用把分散的个体黏结起来，使个体及个体记忆都被社会化，使集体因此而获得统一和聚合。德国记忆研究者扬·阿斯曼就直观地把这个记忆形成过程称为"记忆黏结"。黏结是一种"规范"或"契约"，个体的黏结是"人的归属意愿"与"人作为一种政治动物的本质"对其自身的要求，[1]它关涉到责任和文化的约束；而集体的黏结是"一种以建立文化上的连接和整合为目的的努力"[2]，是保证集体内部观念一致、集体成员拥有共同身份和观念的力量。按照阿斯曼对黏结记忆的界定，我们可以得知，国家记忆就是一种作为社会强制力量的集体记忆或黏结记忆。

个体之间的交往是形成集体黏结的必要基础，集体黏结其实就是在集体中有一种"共同性"，它汇聚了众多差异化的个体记忆，突出了某种共同的倾向或兴趣，并以此为向心力，吸引这个集体的所有成员都去关注、讨论，记忆因而被"反复提及和重复构建"，最终形成"共享的"记忆。

对于国家记忆而言，它的共同性显然是以国家的历史为基础的，历史的范围甚至更宽广更深远，后者更接近于扬·阿斯曼所说的"文化记忆"。[3]文化记忆是比集体记忆和黏结记忆更远的一个记忆概念。实际上，如果按照记忆的形成和操作过程一直追究下去，我们可以找到的最远的概念就是"文化记忆"。所谓最远，指文化记忆远远超出了个体之间的交往记忆和集体的黏结记

---

[1] ［德］扬·阿斯曼：《宗教与文化记忆》，黄亚平译，北京：商务印书馆，2018年，第7—8页。

[2] ［德］扬·阿斯曼：《宗教与文化记忆》，黄亚平译，北京：商务印书馆，2018年，第13页。

[3] ［德］扬·阿斯曼：《宗教与文化记忆》，黄亚平译，北京：商务印书馆，2018年，第33页。

忆，它不仅与现实密切关联，而且更多指向"神话性史前时代中绝对的过去"，是"专职的传统承载者"，是以文字、图像、身体、仪式等各种形式对传统进行"象征性的编码和展演"[1]的行为及其结果。

显而易见，文化记忆打开了时间的深度，但如果单就"国家"的产生时间及其对国家记忆之所指的限定而言，国家记忆并不属于文化记忆，二者间的差别更像是"功能记忆"与"存储记忆"、"现实"与"档案"之间的差别。国家的历史并不一定会被全体国民所共享，因为历史往往无比庞杂，像是"未被规训的领地"，也像未被整理和提取的"档案"。只有当历史与现实碰撞时，或者说，当历史在某种现实语境中被激活、被反复地重提甚至更新时，当这种现实涵盖了几乎全部国民的政治需求及情感需求时，共同的历史才有可能成为共享的记忆，成为国家层面的记忆。可以说，国家记忆总是在现实需求与国家历史之间不间断地往返逡巡。

二、国家记忆的生成机制：强制性"嵌入"与"诗性自觉"

从记忆的本质来看，任何类型的记忆都不可能自我生成，都要依赖于一定的媒介和政治。"黏结"一词所体现出来的"非自然性"就是一种对记忆建构力量的生动形容。国家记忆的特殊性和复杂性源自"国家"的特殊性和复杂性，因而国家记忆的形成机制也主要与国家对记忆的管理及运用有关。大致来看，有两种方式值得我们特别关注：一是强制性的记忆刻写，一是诗性自觉化的记忆塑造。

---

[1] [德]扬·阿斯曼：《文化记忆：早期高级文化中的文字、回忆和政治身份》，金寿福、黄晓晨译，北京：北京大学出版社，2015年，第51页。

前者是主动镶嵌，后者是潜移默化地渗透，就是在这样两种经典治理方式的作用下，国家构建了可被全体国民所共享的记忆：通过从庞杂的历史生活中提取历史经验，通过规范化对共同历史经验的解释，通过把这样的解释与全体国民对集体身份的归属认识关联等同起来，国家最终形塑了一个遵守同一性的"记忆共同体"。这个共同体具有理论意义上的整全性，因为它是由抽象的国民整体所构成的。也就是说，尽管根本不存在一个整齐划一的"国民整体"，其内部必然存在着观念形态上的差异和分歧，但我们设想并期待这些差异和分歧能够被统摄在诸多"共享的记忆"及共同的历史阐释中，最终达到思想上的统一。

强制就是借助一定的工具、运用一定的手段，强迫记忆主体记住和忘记，实质上就是记忆干涉和记忆操控。它既包括关于记忆的斗争，也与遗忘的政治密不可分。它既可以是强制他人记忆或强制自我记忆，也可以是强制一个个体记忆或强制一个集体记忆。正如贺萧所言："'中国'是一种组织我们的教学、写作和理解历史及当代政治的方式。在漫长的50年代，治理这些村庄的党和国家正在力图使'中国'处处同等、均匀划一，并让国家的势力触及每一个村庄。"[1]上述各种国家运动的最终目的都是要指向国家的"同一性"，使国民拥有一致的国家认同。

我们可以借用经济社会学中的概念"嵌入"（embeddedness，或译作镶嵌）来帮助理解强制记住的特点。"嵌入性"概念最早是由匈牙利裔的英国政治经济学家波兰尼（Polanyi）提出来的。在他

---

[1] [美]贺萧：《记忆的性别：农村妇女和中国集体化历史》，张赟译，北京：人民出版社，2017年，第17页。

的代表作《巨变：当代政治与经济的起源》[1]一书中，波兰尼指出，经济体并不是一个具有充分理性的、能够自我调整的连锁性市场，而是必须被置于政治、宗教及社会关系中来思考，在前工业革命时代，人类的经济活动总是嵌入在社会之中的。[2]波兰尼之后，美国新经济社会学家格兰诺维特（Granovetter）进一步发展了嵌入性的理论，在批判传统经济学"社会化不足"和传统社会学"过度社会化"的基础上，提出了"结构性嵌入"和"关系性嵌入"两种嵌入方式。结构性嵌入关注经济学中的网络分析以及网络参与者之间的相互联系，强调网络的整体性功能与结果，强调行动者在社会网络中的位置；关系性嵌入关注社会学中的社会资本研究，强调人际互动的双向关系，强调行为主体间的信任和合作。[3]在波兰尼和格兰诺维特的嵌入性理论基础上，学者祖金（Zukin）和迪马吉奥（Dimaggio）又提出把嵌入的方式分为四种类型，即结构嵌入性、认知嵌入性、文化嵌入性和政治嵌入性。其中，结构嵌入性与格兰诺维特的概念相同，认知嵌入性"关注与经济逻辑相关的网络认知过程"，文化嵌入性"关注促成经济目标实现的共有信念和价值观"，政治嵌入性"关注经济能量和激励的某些制度特征"。[4]

---

[1]［英］卡尔·波兰尼：《巨变：当代政治与经济的起源》，黄树民译，北京：社会科学文献出版社，2013年。此书将embeddedness译为"嵌含"。此书也被译为《大转型：我们时代的政治与经济起源》，冯钢、刘阳译，北京：当代世界出版社，2020年。

[2] 参见［英］卡尔·波兰尼：《巨变：当代政治与经济的起源》，黄树民译，北京：社会科学文献出版社，2013年。

[3] Granovetter M., "Economic Action and Social Structure: The Problem of Embeddedness", in *American Journal of Sociology*, 1985, Vol.91, No.3, pp.481-510. 中译本见［美］马克·格兰诺维特：《镶嵌：社会网与经济行动》，罗家德译，北京：社会科学文献出版社，2007年。

[4] 转引自兰建平、苗文斌：《嵌入性理论研究综述》，载于《技术经济》，第28卷第1期，2009年1月，第106页。

值得关注的是,祖金和迪马吉奥把制度因素引入了嵌入性理论的分析框架内,这一点至关重要。中国学者王宁就将制度嵌入看作社会学研究的一个新范式,他认为制度约束了选择行为,使行为主体在理性选择和制度约束之间达到了一种平衡。如其所言,"制度限定了选择的范围和边界","制度影响了选择的方向","制度限制了选择行为的理性程度","制度约束会在社会化或再社会化过程中内化到人的心理结构中,并构成人们的习惯性的'行动纲领',从内部支配人们的行为"。[1]

从嵌入性理论的渐次成熟以及众多理论家对嵌入类型的愈益细分,我们可以明显地看到,嵌入性理论对我们理解国家和社会的关系形成及演变,理解国家在建构国家记忆过程中的作用及功能,理解强制性记忆的政治成因和制度参与,有着无可替代的价值和意义。因为强制记住从本质上来讲就是一种"嵌入"。国家通过制定各种制度来为国民的现实生活立法,又通过规定节日、实施教育、新闻宣传、塑造英雄、引导社会舆论、发起运动等多种形式来影响国民对文化、政治和社会生活的认知,从而形成对于"国家"的集体印象,并逐渐强化对于身份和国家的集体意识。

嵌入性理论关注的是由经济、政治、文化等众多因素构成的"社会网络",是行为主体和功能主体作为网络关节点在其中的位置及其相互间的互动和作用。我们把嵌入性理论代入对国家记忆的理解中来,就是要再度唤起对"流动性关系"的重视。显而易见,这一流动性关系的两端并非势均力敌,一方是抽象的国家及其具象体现,包括具体可见的组织、机构、制度、政策、政府官员与各个层面上的"代言人",另一方是千差万别的、具体呈现的众多个体,

---

[1] 王宁:《消费行为的制度嵌入性——消费社会学的一个研究纲领》,载于《中山大学学报》(社会科学版),2008年第4期,第141页。

以及由之构成的抽象的集体。抽象的国家体现为大写的、单数的"一",而具体的个体体现为小写的、复数的"多",国家记忆的强制性刻写是从"一"向"多",依据"一"来规训"多",常常带有暴力的因素。

　　尼采曾在论道德的谱系时谈论过这个问题。在尼采看来,人类是一种可以承诺的动物,具有记忆和遗忘的能力。相对而言,因为人类必定会遗忘,所以遗忘"表现为一种力量,一种强健的形式",它比记忆更积极。但是遗忘总会被记忆所搁置,而记忆并不是"被动的、对深刻印象的无法摆脱","而是一种主动的、不愿意失去印象的意愿,一种对某一次意欲的事情不断延续的意愿,这是一种真正的意志记忆"。[1]意志记忆处于人的意愿和行动之间,是人类个体责任的起源,也是个体道德可信度的基础。经由这样的记忆,个体才能被纳入集体之中,才能进入到社会公共生活之中,才能最终走向理性。正是基于意志记忆的这种连接性和中介性,扬·阿斯曼认为将其称为"连接记忆"比"集体记忆"更恰当。

　　它就是一种黏结记忆,显然,在尼采的理论体系中,这种记忆并非人类与生俱来的东西,而是"人类为了生活在被文化建构了的社会而'培育'于自身的"[2]。尼采关注并强调了这一"培育"的强制性和暴力因素,将之描述成人类进入文明社会必然要经历的一个黑暗、血腥的过程。

　　　　"怎样才能使人这种动物有记忆?人如何让这种半是愚钝、半是轻率的片刻知性,这种与生俱有的遗忘性铭记某些

---

[1]［德］尼采:《论道德的谱系·善恶之彼岸》,谢地坤、宋祖良、刘桂环译,桂林:漓江出版社,2000年,第38页。
[2]［德］扬·阿斯曼:《宗教与文化记忆》,黄亚平译,北京:商务印书馆,2018年,第107页。

事情，并且保留至今？"……正如人们所想象的那样，这个古老的问题不是可以用温和的回答和方法就可以解决的，恐怕在人类史前时期没有任何东西能比记忆法更让人恐惧生畏了。"为了让某些东西留在记忆中，人们烙印它；只有不断引起疼痛的东西，才能留在记忆中。"——这是地球上心理学的一条最古老（可惜也是最长久）的定律。……每当我们"肃穆"的时候，过去——这个最长久、最深刻、最严厉的过去，就会提醒我们，并在我们身上扩大起来。每当人们认为有必要记住某些东西的时候，流血、刑罚、牺牲就总是不可避免。[1]

使被承诺的东西"不再被忘却"——这恰如其分地揭示了强制性记忆的本质。尼采为这一本质赋予了痛苦和创伤，是因为他认为遗忘才是人的本能。实际上，强制性记忆本来就包含了强制性记住和强制性遗忘两个方面。

强制性遗忘的特殊性和重要性远远大过强制性记住，因为自然遗忘往往是发生在个体身上的，而就国家记忆来说，遗忘却必然是一个集体层面上的事情，强制性的遗忘更是针对集体强制执行的、暴力性的记忆管制。它往往是由国家以政治命令的名义所发起的记忆清除运动，"它体现的是统治者以自我界定为核心而实施的国家意志。它的形式是撕裂性的，必然造成集体记忆的巨大中断，但也恰恰因此，它反而更容易诱发'对抗性的记忆'"[2]。比如五四新文化运动中"废除文言文"的运动，比如城市建设中的旧城改造等，都是一种强制性遗忘。它既是记忆的特殊形式，也暗含了新的记忆

---

[1] [德]尼采：《论道德的谱系·善恶之彼岸》，谢地坤、宋祖良、刘桂环译，桂林：漓江出版社，2000年，第40页。

[2] 赵静蓉：《文化记忆与身份认同》，北京：生活·读书·新知三联书店，2015年，第86页。

的开始。

国家记忆的另一种形成机制就是诗性自觉的记忆塑造。我所采用的"诗性"这个概念有三个理论来源。其一,维柯《新科学》中提出的"诗性智慧"之"诗性"。维柯认为,人类"各门技艺和各门科学的粗糙的起源"是"一种诗性的或创造性的玄学",创造者或者作者们是"诸异教民族的原始人,即正在出生的人类的儿童们",他们不是凭智性和理性来认识事物、创造事物的,而是凭借其"强烈的感受力和广阔的想象力",以及"昏暗而笨拙的潜能"来创造,这种感受力、想象力和潜能是人类思维的真正开端,是世界最初的智慧,即"诗性思维"和"诗性智慧"。[1]

> 我们必须把诗性智慧的起源追溯到一种粗糙的玄学。从这种粗糙的玄学,就像从一个躯干派生出肢体一样,从一肢派生出逻辑学、伦理学、经济学和政治学,全是诗性的;从另一肢派生出物理学,这是宇宙学和天文学的母亲,提供确凿可凭的证据——这一切也全是诗性的。[2]

诗性就是对理性和智力的反拨,对理性主义的克服和超越;诗性的思维就是诉诸人的本能和直觉,不是靠逻辑推理,而是依据肉体、感官、印象等来想象和感受外部的世界,并创造出对世界的"神性"的认知。这是"意志的自由运用",而不是"受制于真理的被动的功能"。[3]

其二,玛莎·努斯鲍姆提出的"诗性正义"之"诗性"。诗性

---

[1] [意]维柯:《新科学》,朱光潜译,北京:人民文学出版社,1997年,第40、39、6—7页。

[2] [意]维柯:《新科学》,朱光潜译,北京:人民文学出版社,1997年,第155页。

[3] [意]维柯:《新科学》,朱光潜译,北京:人民文学出版社,1997年,第170页。

正义的对抗者主要是成本—收益分析的经济学功利主义或法律经济学，以及其带给人的"物化"问题。努斯鲍姆倡导一种人文主义的批判进路，认为我们应当看到人的独特性和丰富性，捍卫文学想象和情感的力量，在关注自身的同时也关注与"我"完全不同的他者，"通过想象进入遥远的他者的世界，并且激起这种参与的情感"，以此与他人产生"共情"，从而建立"一种公正的尊重人类尊严的伦理"。[1] 这里的"诗性"主要是指文学性、情感性，以及既作为其前提又作为其结果的个体的独特性。

在努斯鲍姆看来，文学与文学想象都是具有颠覆力量的，特别是小说这种体裁，更是"一种有生命力的形式，而且事实上仍然是我们文化中普遍的、吸引人的以及道德严肃的最主要虚构形式"。小说把我们带入了公共生活之中，同时它本身也是一种公共生活，因为它"把人类的普遍渴望和社会生活的特殊形式这两者的互动作为自己的主题"，所以它有可能指引我们想象"另一个人过的生活"，并且使我们由自身出发去想象这个世界，得到关于我们本身及这个世界的普遍性认识。[2] 因此，正如努斯鲍姆所说，"小说建构了一种伦理推理风格的范式，一种不带有相对主义的语境化的范式，在这种范式中，通过以人类繁荣的普遍观念去分析具体情境，我们获得了有可能是普世化的具体指引"[3]。正是经由文学想象和情感的"共情"或"共感"，我们的生活才有可能被互相理解，在富有尊严和相互尊重的基础上被拓宽，成为生命的"图画"而非僵硬的"加

---

[1] [美] 玛莎·努斯鲍姆：《诗性正义：文学想象与公共生活》，丁晓东译，北京：北京大学出版社，2010年，第7页。

[2] [美] 玛莎·努斯鲍姆：《诗性正义：文学想象与公共生活》，丁晓东译，北京：北京大学出版社，2010年，第18、19页。

[3] [美] 玛莎·努斯鲍姆：《诗性正义：文学想象与公共生活》，丁晓东译，北京：北京大学出版社，2010年，第21页。

法和减法"。

其三，扬·阿斯曼所提出的文字系统。"文字"在阿斯曼的记忆研究中其实是一个矛盾重重的概念：一方面，文字意味着一种解放；另一方面，文字也是一种驯化、管理或教导，是一种压制性的力量。解放源于阿斯曼对文字本质最朴素的界定，即"作为储存宝库和纪念碑的文字"。文字帮我们记住了那些容易被我们忘记的东西，是"我们记忆的外化"，而且文字"创制可见的象征秩序，使国家中出现的所有新的、共同的、包罗万象的事物都可以显示出来"，[1]即文字生成了我们的公共性，使我们真正成了居住在一起，被种种社会责任和道德义务所规定的人类。而压制性源于文字的产生最终取代了实体性的权力治理，因而也使得原本暴力和残酷的身体管理演变为一种更为抽象和困难的精神管理。就像阿斯曼在讨论埃及的宗教发展及国家管理中所谈到的：

> 文字的概念成为一种便捷地把握世界的方式。文字现在取代了实体。埃及的年轻人再也不用忍受仪式中必须经受的酷刑；取而代之的是他要学习写字。而通过学习写字，一个男孩不仅获得了一种重要的文化工具，而且学会了文化知识，……这同样的知识在他成为部落新成员初期就已经深深烙入，也就是说，部落的文化记忆在他的童年时期就已经被植入。……文字和国家不仅合成一个整体并构成了文化记忆的象征系统，而且成为稳定的架构。……随着标记被文字替换，正如阿莱达·阿斯曼用"剔除"一词所形容的那样，一种文化记忆的技术转化成象征形式，我们发现了通过这样一个回忆过

---

[1]［德］扬·阿斯曼：《宗教与文化记忆》，黄亚平译，北京：商务印书馆，2018年，第103—104页。

程传递的一种归属感的变化。[1]

　　文字最大的力量就是借助符号对世界进行象征和隐喻，它不强迫我们记住或忘记，但它仍然增加了传统的复杂性，以一种"延宕"的方式影响或决定我们对世界历史的理解与认知，从而潜移默化地塑造我们的文化与现实。

　　诗性的思维、文学想象以及文字的延宕，这些看似不同却多有交叉的理论来源合力构成了国家记忆的另一种建制方式，即"诗性自觉"，也就是通过潜移默化的影响而非直接粗暴的强制，借助想象、感觉、情感而非事实、理性和智力，个体主体自觉被导引、被塑造，以此形成对集体记忆和国家记忆的共识。这与哈布瓦赫对集体记忆的情感本质的认识不谋而合："哈布瓦赫认为在记忆形成的过程中，起作用的不是暴力原则而是爱。他坚持集体记忆的情感性质。正是情感纽带使个体被归属为不同的社会群体和具有内部凝聚力的集体。不是暴力，而是情感把文化团结在一起。情感塑造了我们的记忆，并给予记忆以色彩和定义。"[2]

　　当然，就如强制性记住或强制性遗忘并非如字面意义所展现出来的那样简单一样，诗性自觉的记忆塑造同样是复杂和多层面的。这不仅仅是因为国家记忆其内涵本身的复杂性，它还与记忆在形成过程中所涉及的任何一种媒介、所发生关系的任何一种外力，甚至与记忆本身在形成过程中的不断流变有着深切的关联。就我们所梳理的两种形成机制而言，记忆的载体是共同的重要关节点。记忆载体的演变体现了传统的发展及其危机，也使得国家记忆与国家历史

---

[1] [德] 扬·阿斯曼：《宗教与文化记忆》，黄亚平译，北京：商务印书馆，2018年，第111页。

[2] [德] 扬·阿斯曼：《宗教与文化记忆》，黄亚平译，北京：商务印书馆，2018年，第114页。

被显著地区分开来。因为历史的载体是人,是既差异化又有普遍共性的个体乃至群体,而记忆则更倾向于符号,包括视觉符号、听觉符号和语言文字等。就如诺拉所区分的那样:

> 从本质上说,记忆既不断繁衍又不断删减,既是集体、多元的,又是个体化的。相反,历史属于所有人,又不属于任何人,这就使得它具有某种普世理想。记忆植根于具象之中,如空间、行为、形象和器物。历史关注的只有时间之流、事物的演变及相互关系。记忆是绝对和纯粹的,历史只承认相对性。[1]

概而言之,国家记忆既内在于国家历史,又外在于国家历史;既是人类高度社会化的文化证明,又是呈现国家历史的一种特殊形式。

---

[1] [法]皮埃尔·诺拉主编:《记忆之场:法国国民意识的文化社会史》,黄艳红等译,南京:南京大学出版社,2020年,第6页。

第二章
"嵌入"的集体记忆

在国家的层面对记忆的建构提出要求，甚至是行政命令，"自上而下"地、有计划有目的地推动记忆的生产和接受，使记忆形象以"嵌入"或"刻写"的形式进入民众的精神与心理世界，并长期地、反复地宣传和灌输，使之深入人心，成为储存在民众的意识中的一种背景性文化知识，随时随地以直接或间接的方式影响民众的日常存在，这就是以强制性"嵌入"的形式建构国家记忆。本章选取《歌唱祖国》、外国文学史教材这两个典型个案来进行分析，意图借助这种微观研究厘清记忆生产的这第一种路径，更加生动贴切地理解"嵌入"对于记忆生产的重要影响。

一、《歌唱祖国》：媒介动员、文艺评价与仪式确证下的国家记忆

在中国共产党百年光辉历程当中诞生的一大批歌颂党的领导、歌唱伟大祖国与人民、歌咏革命与奋进时代的"主旋律"歌曲，

凝结着激越磅礴的民族精神，激励着一代又一代的中华儿女投身社会与历史洪流当中，最终沉淀为珍贵的国家经典与国家记忆。其中，1950年诞生的《歌唱祖国》，是无可辩驳的"主旋律"。作为当代群众歌曲创作的巅峰之作，《歌唱祖国》在国家政治生活中扮演着重要作用，有"第二国歌"之誉。[1] 从首次投稿被拒到传唱至今，从限于地方传唱到响遍大江南北乃至五湖四海，从原初版本到相继被"改写"为多种版本，《歌唱祖国》的传播经历跌宕起伏。歌曲版本的流变本身已经充分表明，国家意志对于这首歌曲的社会传播及其国家经典生成具有无可置疑的主导与推动力量。

相比《歌唱祖国》在中华人民共和国音乐文化与国家记忆中的显著地位，学术界对这首歌曲的研究却并不充分。相关研究主要围绕这首歌曲的文本风格与创作主体展开，或从音乐学角度对文本进行美学阐释[2]，或从作者维度切入对歌曲创作历程的回顾与考察[3]。总体而言，以往对《歌唱祖国》的研究多停留于历史追忆与事件叙述，多属概述性质。而学术界对这首歌曲传播进程的研究却比较少见，且多局限于某个特定时期[4]；此歌曲版本流变的

---

[1] 梁茂春：《百年音乐之声》，北京：中国经济出版社，2001年，第301页。

[2] 冯玉琼：《浅谈〈歌唱祖国〉》，载于《北方音乐》，2016年第11期；金心媛：《论作品〈歌唱祖国〉的音乐内涵》，载于《艺术品鉴》，2019年第18期。

[3] 高鲁生：《五星红旗迎风飘扬——王莘和他的〈歌唱祖国〉》，载于《人民音乐》，2000年第8期；靳学东：《他用音符和心灵歌唱祖国——怀念王莘》，载于《人民音乐》，2007年第12期。

[4] 关于《歌唱祖国》早期传播的记述，值得关注的文章是张道梁的《〈歌唱祖国〉的首刊经过》（载于《百年潮》，2007年第9期）。他依据个人经历，对这一议题做了比较充分的追忆，记述具有重要的史料价值。另外也可参见其他两篇文章，即程世刚：《〈歌唱祖国〉风雨五十年》，载于《党史纵览》，2006年第2期；陈哲源：《〈歌唱祖国〉作者王莘风雨五十年》，载于《炎黄春秋》，1999年第11期。

整体性审视，以及国家意志在经典化机制中的主导角色这些重要议题，学界几乎付之阙如。鉴于此，本节立足于文献梳理，结合对《歌唱祖国》歌词版本流变的系统考察，讨论国家意志主导"主旋律"歌曲传播的途径与方式，辨明中国共产党百年进程中"主旋律"经典化的基本机制，以及国家记忆建构与重构的文化政治逻辑。

（一）版本流变与经典化路径

"任何社会秩序下的参与者必须具有一个共同的记忆。"[1]对于几代中国人民而言，《歌唱祖国》就是一个共同的国家记忆。这首歌曲传播的独特文化与政治意义之所在，便是在不同的历史时期源于国家意志的主导力量，形成了多种版本的歌词，由此串联起共和国的历史演变与时代主题的变迁。具体来说，这首歌曲形成了六种主要版本，最终沉淀为无可置疑的国家文艺经典。

作为在延安解放区成长起来的音乐家，王莘在冼星海等前辈的指引下，走上了革命歌曲的创作道路，树立了"火热的生活确实是一切文艺创作的唯一源泉"[2]的艺术观念。新中国成立之后，他便"立志要写一首歌颂祖国的歌曲，把千百万人民热爱新中国的情感表达出来"[3]。由此，在1950年国庆节前夕，他创作出了《歌唱祖国》。[4]他将作品投给了当地媒体《天津日报》，结果该报以版面紧

---

[1]　[美]保罗·康纳顿：《社会如何记忆》，纳日碧力戈译，上海：上海人民出版社，2000年，第3页。

[2]　本社编：《王莘歌曲选集》，天津：百花文艺出版社，1983年，第220页。

[3]　本社编：《王莘歌曲选集》，天津：百花文艺出版社，1983年，第220页。

[4]　关于《歌唱祖国》的词曲作者，另有其他不同说法。本文遵照主流舆论界与音乐界、学术界一直以来约定俗成的界定，将其词曲作者认定为王莘。

张为由拒载，令他"大失所望"[1]；让他意想不到的是，当年11月，天津一家出版机构——大众书店将这首歌曲的歌词连同曲谱发表在下属音乐出版物《大众歌选》的第三集上，并放在该期首篇这一重要位置[2]，由此风靡津门。这是此歌曲歌词的第一个版本，这里将其命名为"1950年版"。

1951年9月15日，共和国第二个国庆节前夕，中共中央机关报《人民日报》刊登了《歌唱祖国》的歌词与曲谱。[3]半个月之后，即国庆节当天，《人民文学》以诗歌的形式在该期刊首要位置发表了《歌唱祖国》。[4]这便是《歌唱祖国》歌词的第二个版本，这里将其命名为"1951年版"。

《人民文学》与《人民日报》所刊登的《歌唱祖国》的歌词，延续了"1950年版"歌词"一段副歌三段主歌"的结构，只不过有五处改动，分别是："宽广美丽的大地"改为"宽广美丽的土地"；"我们战胜了一切苦难"改为"我们战胜了多少苦难"；"太阳升起，万丈光芒"改为"东方太阳，正在升起"；"五千年历史光辉灿烂"改为"独立自由是我们的理想"；"指引着前进的方向"改为"指点着前进的方向"。对于这五处修改，王莘曾解释：前两处修改是《人民文学》时任副主编艾青的意见，而后三处修改的情况已记不清楚。[5]从歌词修辞角度而言，除了"指引"改为"指点"值得商榷之外，其他四处修改都称得上锦上添花，在一定程度上提升了整首歌曲的美学水准，也深化了歌曲的思想内涵，更符合

---

[1] 张道梁：《〈歌唱祖国〉的首刊经过》，载于《百年潮》，2007年第9期，第71页。
[2] 中华全国音乐工作者协会天津分会编：《大众歌选》(第三集)，天津：大众书店，1950年，第1—2页。
[3] 《中央人民政府文化部关于国庆节唱歌的通知》，《人民日报》，1951年9月15日第3版。
[4] 王莘：《歌唱祖国》，《人民文学》，1951年第4卷第6期，第11页。
[5] 张道梁：《〈歌唱祖国〉的首刊经过》，载于《百年潮》，2007年第9期，第72页。

"为新中国放声歌唱"的时代主题。其后,各种歌曲版本演变均以此为基础。

"1951年版"《歌唱祖国》的歌词衍生出版本的"支流",最突出的莫过于1964年10月大型音乐舞蹈史诗《东方红》首演中所"插入"的《歌唱祖国》。在这场重要的演出中,《歌唱祖国》作为尾声之一将这场表演推向最高潮。这一版本歌曲的演唱择取了"1951年版"歌词的副歌、第一段和第三段主歌,并将"谁敢侵犯我们就叫他灭亡"中的"灭亡"改为"死亡"。从整体上说,"1964年版"《歌唱祖国》和"1951年版"的情感基调基本一致。

1966年之后,国家社会生活发生剧烈变化,《歌唱祖国》的版本随之做了显著改动。1969年10月1日,即新中国第20个国庆日当天,《人民日报》刊登了《歌唱社会主义祖国》的歌谱[1],现今通过互联网仍能搜索到。这首歌曲作词作曲仍然署名王莘,结构与旋律和《歌唱祖国》均一致,情感基点仍是歌颂祖国,只不过更突出对领袖的歌颂,即"成功地塑造了一个我们伟大祖国在毛主席英明领导下,朝气勃勃地前进的音乐形象"[2]。鉴于此,笔者认为,《歌唱社会主义祖国》不是王莘创作的另一歌曲,而是《歌唱祖国》在特殊历史时期的特殊歌曲版本,将其命名为"1969年版"。这一版本同样流布深广,融入人民的日常生活。比如,1971年至1972年间,科学家竺可桢就在日记中多次记述聆听这首歌曲的情景。[3]

1976年10月,《歌唱社会主义祖国》这一特殊时期的特殊产物,随着"文化大革命"的结束退出历史舞台,《歌唱祖国》以之

---

[1] 王莘:《歌唱社会主义祖国》,载于《人民日报》,1969年10月1日第4版。

[2] 秦西炫编著:《音乐基础》,成都:四川人民出版社,1974年,第6页。

[3] 竺可桢:《竺可桢全集》(第20卷),上海:上海科技教育出版社,2011年,第323、338、553页。

前的版本回归国家政治生活当中。据《人民日报》报道,1976年10月21日至23日,首都军民在天安门广场举办了连续三天盛大的群众游行活动,演唱了《歌唱祖国》。[1] 从《歌唱社会主义祖国》到《歌唱祖国》的转变,表征着时代主题的转换。1983年6月,收录《歌唱祖国》歌曲的《王莘歌曲选集》正式出版[2],标志着这首歌曲的歌词新版本在社会主义改革开放新时期得以重新确立,歌曲所凝聚的国家记忆再次得以重构。通过歌词对比发现,"1983年版"《歌唱祖国》基本沿袭了"1951年版"的面貌,仅修改了一处,即第三段主歌中的"指点着前进的方向"改为"指引着前进的方向"。原本"1950年版"歌词中用的就是"指引"二字,"1983年版"歌词将其恢复。由此,"1983年版"《歌唱祖国》成为标准的完整版本,其后各类报刊、出版物刊载的《歌唱祖国》,均采用这一版本。

与此同时,这一版本的《歌唱祖国》在各种政治与文化情景当中,又衍生出其他版本,最突出的莫过于简化版。所谓简化版的《歌唱祖国》,通常仅歌唱"1983年版"歌词的副歌与第一段主歌,且均是副歌在前、主歌在后,再以副歌结尾。虽然第二段和第三段的主歌被删掉,《歌唱祖国》的意涵有所简化,但歌曲变得简短,揳入国家政治生活与人民日常生活更为轻便。比如,庆祝香港、澳门回归10周年、15周年、20周年文艺晚会的结束曲都是简化版的《歌唱祖国》。2008年北京奥运会开幕式上所演唱的《歌唱祖国》同样是简化版。这首熟悉的歌曲经过童声独唱重新演绎,着重从个体角度抒发对祖国的深切情感,更突出了歌曲的抒情品

---

[1] 《决心最紧密地团结在以华国锋主席为首的党中央周围 彻底批判王洪文张春桥江青姚文元"四人帮"反党罪行》,载于《人民日报》,1976年10月24日第2版。

[2] 本社编:《王莘歌曲选集》,天津:百花文艺出版社,1983年,第50—51页。

格，与之前合唱版本慷慨激昂的进行曲曲风大异其趣。除此之外，另有郭蓉、汪苏泷、SNH48等歌手演绎的流行曲风的《歌唱祖国》，传唱度颇高。

从"1950年版""1951年版"，到"1964年版""1969年版"，再到"1983年版"以及各种简化版，伴随着共和国的成长，《歌唱祖国》经过七十余年的传唱，成为无可辩驳的"主旋律"与国家文艺经典。在《歌唱祖国》的传播与传唱过程当中，歌曲所蕴藉的国家记忆在不同的政治语境当中得以强化、改写与重构。这正如简·奥斯曼所言："文化记忆通过重构而发挥作用，也就是说，它总是把它的知识联系于一个实际的或当代的情境。"[1]从某种意义上说，通过梳理《歌唱祖国》的传唱与版本流变的路径，可以读解出共和国历史演进的脉络以及时代主题的转换。

（二）社会动员：国家媒体的传播机制

从首度发表被拒，到火遍神州；从局限于天津一地传唱，到响彻长城内外、大江南北，《歌唱祖国》的早期传播与传唱过程颇具戏剧性，而最终之所以能够传唱成功，主要得益于国家媒体的强势介入，体现了国家意志以社会动员的方式主导歌曲传播。

所谓国家媒体，一方面是指1949年新中国成立之后在意识形态宣传中占有核心地位的国家级公办媒体，一方面则是指国家意志对各类、各级媒体主导与控制的媒介生态。随着中国共产党领导的新政权的建立和巩固，媒体迅速被纳入新的国家体制当中，成为国家意识形态宣传与国家治理体系的一个重要构成部分。经过一系列

---

[1] [德]简·奥斯曼：《集体记忆与文化身份》，陶东风译，载于《文化研究》，2011年第11辑，第9页。（简·奥斯曼即扬·阿斯曼，为保持引文原貌，此处不改为扬·阿斯曼。——作者注）

对各级、各类媒体的改造、调整与充实，中共"建立起一个以北京为中心、遍布全国各地的公营新闻事业网，这个公营新闻事业网，包括以《人民日报》为中心、以党报为主体的公营报刊网，以新华通讯社为主体的国家通讯社网和以中央人民广播电台为中心的国营人民广播电台网"[1]。在高度一体化的媒介生态中，《人民日报》、中央人民广播电台、《人民文学》等国家级媒体在信息传播、思想教育、舆论导向与文化娱乐等方面扮演核心角色。具体到新中国成立初期的歌曲传播领域，国家媒体的介入与推广发挥着根本性力量。当时一首歌曲向全国推广，往往只能通过这样一种传播途径："即先在有影响的报纸、刊物上将歌谱发表出来，而后再在各个厂矿、农村、部队、学校组织群众集体教唱、学唱，反响甚好的歌曲，再由中央与各省、市的广播电台配合进行教唱、学唱、广播。当时，无数被广大群众所喜爱的歌曲，几乎都是通过如此上上下下、一呼百应的传播手段，才得以走进千家万户。"[2] 在新中国成立初期的媒介生态中，歌曲传播受到国家意志强有力的规划与运作，一首歌曲能否在国家媒体发表，对于这首歌曲的传播乃至艺术生命的延续具有决定性的作用。

首先，实有必要检视第一次发表《歌唱祖国》的《大众歌选》及其上属机构天津大众书店的经营性质与政治立场。1949年新中国成立前夕，大众书店相继在京津沪等地开办，对于这家出版社的筹办过程，天津大众书店时任经理张道梁记述了这样一个细节："他（指郭镛，筹办人之一）父亲有些积蓄，人很开明，许诺给京津两店投资。"[3] 由此可见，从所有制与经营权来看，天津大众书

---

[1] 方汉奇主编：《中国新闻传播史》，北京：中国人民大学出版社，2002年，第331页。
[2] 晨枫：《中国当代歌词发展史》，上海：上海音乐出版社，2014年，第18页。
[3] 张道梁：《天津大众书店》，载于《天津文史资料选辑》（总第82辑），天津：天津人民出版社，1999年，第165页。

店是一家私营出版机构。但是，不管是其运营方针还是业务操作，天津大众书店都打上了显明的"红色"烙印，所确立的"发扬进步文化""努力为社会服务"运营方针便是明证。[1]所以，这家出版机构虽为民营机构，但从政治属性来说仍属于国家媒体的范畴，只不过地位有所特殊。天津大众书店内容生产的一个重要方面即发表、出版歌颂新时代与新政权的歌曲，曾一度联合中华全国音乐工作者协会天津分会（天津市音乐家协会前身），把歌谱装订成册，以"大众歌选"为名进行单册发行销售。正是在这样的情景中，《歌唱祖国》进入天津大众书店的编辑视野，并得以正式发表。综上所述，天津大众书店支持并拥护新政权的政治立场，决定了《歌唱祖国》能够首次正式刊出。

其次，更具影响力、更能体现国家意志的国家媒体，以社会动员的方式对《歌唱祖国》的传播起到了决定性推动作用。

1951年9月12日，周恩来总理签发中央人民政府令：在全中国广泛传唱《歌唱祖国》。[2]三天后，《人民日报》便刊登了《歌唱祖国》的歌谱，并在同一版面刊发了《中央人民政府文化部关于国庆节唱歌的通知》。该通知明确声明："在庆祝今年国庆节时，除唱国歌外，兹规定以《歌唱祖国》和《全世界人民心一条》为全国普遍歌唱的基本歌曲。"[3]对于社会动员的对象，该通知划定了一个广阔且又具体的范围："望各地工会组织、工人夜校、工人俱乐部、农民协会、农村剧团、文艺工作团、音乐工作者协会、中小学音乐

---

[1] 张道梁:《天津大众书店》,载于《天津文史资料选辑》(总第82辑),天津:天津人民出版社,1999年,第166页。

[2] 陈艳、张清淼:《永远歌唱祖国——追忆人民艺术家王莘》,载于中国新闻奖评选委员会办公室编:《中国新闻奖作品选（2007年）》,北京:新华出版社,2008年,第284页。

[3] 《中央人民政府文化部关于国庆节唱歌的通知》,载于《人民日报》,1951年9月15日第3版。

教师、大中学学生会、部队、机关、妇女团体、青年团体、电影院、文化馆、读报组及其他各团体负责推广传授。各地出版社和群众性刊物负责印发和刊载，各地文教机关负责组织上述工作，以求全国人民普遍学会这两首歌曲，在国庆节整齐地热烈地唱出来。"除此之外，该通知还详细列举了社会动员的举措，包括歌曲传唱、报刊转载、出版印发等，其目的便是"全国人民普遍学会"，"在国庆节整齐地热烈地唱出来"。为了方便人民学唱《歌唱祖国》，《人民日报》连同刊发了中华全国音乐工作者协会时任秘书长孙慎特别撰写的《国庆节唱的两首歌曲的唱法》，认为该歌曲"曲调流畅、嘹亮，是宣扬爱国精神的歌曲中较好的一首"[1]。由此可知，国家意志对这首歌曲的教唱与传播，考虑不可谓不细微，动员不可谓不全面。就在《人民日报》刊登《歌唱祖国》的同一天，中央人民广播电台也播放了这首歌曲，并面向听众教唱。由此，《歌唱祖国》凝聚了国家意志的合法性与权威性，获得了在其他各级、各类报刊、电台传播的"通行证"。

对于"1969年版"《歌唱祖国》（《歌唱社会主义祖国》）的传播而言，国家媒体所带来的社会动员效应，同样举足轻重。当时，此版《歌唱祖国》与《东方红》（李有源、公木词，李焕之编曲）和《大海航行靠舵手》（李郁文词，王双印曲）这两首歌颂毛泽东的经典颂歌紧凑地刊登在《人民日报》同一版面的下半部分。凭借着《人民日报》强大的舆论传播与社会动员能量，这三首歌曲成为1969年的三大流行曲，这一版本的《歌唱祖国》随即风靡全国。[2] 除此之外，以中央人民广播电台为代表的广播网，在一段特殊历史

---

[1] 孙慎：《国庆节唱的两首歌曲的唱法》，载于《人民日报》，1951年9月15日第3版。
[2] 《二十世纪中国实录》编委会编：《二十世纪中国实录（1900—1996）》，北京：光明日报出版社，1997年，第4769页。

时期里,"把古今中外众多的优秀文艺作品统统加以排斥,在中央台的文艺节目中只能播放八个'样板戏'、八首历史歌曲和三部电影录音剪辑"[1]。"八首历史歌曲"就包括"1969年版"《歌唱祖国》。1976年之后,之前版本的《歌唱祖国》再次唱响于华夏大地,国家意志所主导的媒体传播依然功不可没。1980年5月19日,《歌唱祖国》的旋律被选作中央人民广播电台《新闻和报纸摘要》与《各地人民广播电台联播节目》(《全国新闻联播》前身)的开始曲,从此,《歌唱祖国》的旋律每天通过电波响遍祖国各地。

综上所述,《歌唱祖国》这首歌曲之所以首次发表遭遇失败,最终却能够广泛流布并传唱至今,成为无可置疑的歌曲经典,除了歌曲本身的情感力量与艺术魅力外,离不开国家媒体强有力的介入。也正是在国家媒体的传播过程中,《歌唱祖国》的歌词版本及其文化政治意义随着时代主题与政治需求的更迭发生变动,其所凝结的国家记忆也随之改写与重构。

(三)典范塑造:国家文艺评价机制的介入

国家意志对《歌唱祖国》传播的主导与经典化的推动,另一重要方式是通过评价机制来实现的。事实上,国家媒体对这首歌曲给予发表、播放,本身就是国家意志对歌曲进行筛选和评价的体现。国家文艺评价机制更显著、更明确、更深刻的介入,主要体现在文艺评奖、争鸣裁定两个方面。在国家文艺评价机制深度介入《歌唱祖国》传播的过程中,这首歌曲被塑造为符合国家意识形态与政治文化需求的典范,为歌曲意义再生产与传播确立了极强政治性导向的范式。

早在1952年9月27日,中央人民政府文化部时任部长沈雁冰

---

[1] 中央人民广播电台简史编写组编:《中央人民广播电台简史(1949—1984)》,北京:中国广播电视出版社,1987年,第20页。

在《人民日报》刊文总结新中国成立三年来文化艺术创作的成就时，就特别提及《歌唱祖国》这首歌曲。[1]一年半之后，国家文艺与文化主管部门正式嘉奖这首歌曲。1954年3月27日，由中央人民政府文化部、中国文学艺术界联合会联合举办的"三年来（一九四九年十月一日至一九五二年十月一日）全国群众歌曲评奖"的评选结果，在《人民日报》正式公布，其中一等奖九名，就包括《歌唱祖国》。[2]从名单可以看出，几乎所有获奖作品都聚焦歌颂新中国、中国共产党和领袖，赞美工农兵，颂扬革命斗争与国家建设。

"三年来全国群众歌曲评奖"是"第一次全国范围内歌曲创作成果的大检阅、大评比"[3]，规格之高、评审之权威、影响之深广自不待言。《关于三年来全国群众歌曲评奖的公告》（以下简称《公告》）介绍了这次评奖设立的初衷："为了巩固群众歌曲创作的成绩，提高创作水平，鼓励创作实践。"[4]简言之，总结过去经验、提升未来创作，是这次歌曲评奖的重要意旨。对于1949年10月1日至1952年10月1日这三年群众歌曲创作历程，《公告》做出了颇具批评意味的总结："过去群众歌曲创作的数量虽然很多，也产生了一些优秀的作品，但其中不少歌曲由于作者对现实生活缺乏深刻的感受，不能从生活出发来反映各个时期的政治任务，故常以空洞的政治口号和一般化的曲调来代替生动的艺术形象，缺乏深刻的思

---

[1] 沈雁冰：《三年来的文化艺术工作》，载于《人民日报》，1952年9月27日第2版。
[2] 另外八首获得一等奖的歌曲分别是：《全世界人民心一条》（招司词，瞿希贤曲）、《中国人民志愿军战歌》（中国人民志愿军某部战士，周巍峙曲）、《歌唱毛泽东》（托尔逊瓦依提词，阿布力克木曲）、《我是一个兵》（陆原、岳仑词，岳仑曲）、《王大妈要和平》（放平、张鲁词，张鲁曲）、《草原上升起不落的太阳》（美丽其格词曲）、《小鸽子》（冷岩词，刘守义曲）、《歌唱二郎山》（洛水词，时乐濛曲）。见《三年全国群众歌曲评奖得奖歌曲名单》，载于《人民日报》，1954年3月27日第3版。
[3] 晨枫：《中国当代歌词发展史》，上海：上海音乐出版社，2014年，第24页。
[4] 《关于三年来全国群众歌曲评奖的公告》，载于《人民日报》，1954年3月27日第3版。

想感情和艺术感染力，因而不能起到应有的作用，为群众所传诵。"换言之，群众歌曲创作滞后，不能满足国家发展与意识形态的需要。基于此，中央人民政府文化部与中国文联推出这次歌曲评奖，并树立艺术创作标杆，试图引导歌曲创作。所以，当时国家文化权力部门通过文艺评奖机制介入对《歌唱祖国》的评价及其典范价值的塑造，源于国家意志进一步规划音乐生产与传播的现实需要。

据统计，在这次评奖之前的几年时间里，"各地发表的群众歌曲不下万首"[1]。但是，批评群众歌曲依然未能满足"为工农兵服务"的政治需求之声一直不绝于耳。以《人民日报》为例，1951年2月11日，该报刊文批评"许多歌颂毛主席的歌曲还不能完满地表达群众敬爱领袖的真挚的热情"[2]；同年底，该报再次刊文，指出"现在全国各地每月生产几百首歌曲，可是群众还觉得没有歌唱"的现象，并提出音乐界存在的诸多问题，第一点便是"脱离政治的倾向"[3]。

对于群众歌曲创作力与政治倾向不足等问题的反思与批评，在1953年9月下旬召开的中华全国音乐工作者协会全国委员会扩大会议上得以集中呈现。这次大会是中国文学艺术工作者第二次代表大会（以下简称"第二次文代会"）的一部分。第二次文代会是中国文艺界在"过渡时期总路线"提出并实施的过程中召开的一次重要文艺工作会议，周恩来强调对过去四年的文艺创作应该"肯定成绩，批评缺点"[4]。郭沫若在开幕词中直接指出："我们的文艺工

---

[1]《关于三年来全国群众歌曲评奖的公告》，载于《人民日报》，1954年3月27日第3版。
[2] 周巍峙：《略谈歌颂毛主席的歌曲创作》，载于《人民日报》，1951年2月11日第5版。
[3] 瞿希贤：《展开音乐战线上的批评与自我批评》，载于《人民日报》，1951年12月15日第3版。
[4] 周恩来：《为总路线而奋斗的文艺工作者的任务》，载于《周恩来论文艺》，北京：人民文学出版社，1979年，第52页。

作，无可讳言，是落在现实的后边了。"[1]由此可见，国家意志对新中国成立四年来包括音乐在内的文艺工作存在不满，其核心问题便是不能满足国家政治需要与人民精神文化需求。具体到音乐领域，中华全国音乐工作者协会时任主席吕骥在音协扩大会议上详细分析了音乐工作中存在的诸多问题，其中"最主要的问题，是音乐工作远落后于现实的需要，音乐工作的发展与国家建设事业的发展不相称"[2]。值得反思的是，批评者从一开始就没有真正意识到，正是文艺方针中一系列"左"的倾向从根本上束缚了歌曲创作，特别是刻意强调歌曲"为政治服务"的思想观念，以及国家意志对歌曲创作的过度干预，导致了艺术的雷同化和质量低下。

基于对"过渡时期总路线"这一国家政治主题的体认与服从，结合国家意志对文艺发展做出的新思考、新要求与新期许，文化部与中国文联等机构亟须对已有群众歌曲创作成果给予总结与评估，借此塑造群众歌曲创作的典范，对接下来的歌曲生产与传播给予引导与规约，评奖机制这一有效快捷的方式便应时而生。对于歌曲评奖的标准，《公告》明确指出："以作品的思想和艺术水平及在群众中流行的程度为衡量标准。"对作品"思想水平"的规定，意味着歌曲内容要符合"文艺为工农兵服务"的根本指导思想，要配合国家建设与社会发展需要；对作品"艺术水平"的规定，意味着歌曲作者要深入生活，反映人民真实且又火热的情感，同时注重对民族风格的传承与发扬；对"在群众中流行的程度"的规定，则意味着歌曲创作要处理好普及与提高的辩证关系，并注重普及的首要价值。主题思想、艺术水准、流行程度三大标准，恰恰是国家意志对

---

[1] 郭沫若：《中国文学艺术工作者第二次代表大会开幕词》，载于《中国文学艺术工作者第二次代表大会资料》，1953年，第3页。

[2] 吕骥：《为发展和提高人民的音乐文化而努力——在中华全国音乐工作者协会全国委员会扩大会议上的报告》，《人民音乐》，1953年12月号，第7页。

包括群众歌曲在内的文艺创作所做出的基本要求。《歌唱祖国》符合了三大标准,由此成为歌曲创作的标杆。《公告》还特别规划了如何进一步推广、传播《歌唱祖国》等获奖作品的议题,指出:"此项授奖歌曲名单业经本部、会审定,并认为应予推广介绍,现除出版'评奖群众歌曲集'及推荐灌制唱片外,希各专业及业余音乐团体采用,向群众广为播唱、教唱。"[1]这次音乐评奖的作品选集[2]最终面向全国出版发行,并成为"很畅销"的歌曲集[3]。

国家文艺评价机制对《歌唱祖国》传播的介入,还体现在裁定并平息围绕这首歌曲所发生的争鸣,进一步确定了《歌唱祖国》的典范价值。

《歌唱祖国》在社会群众中间广泛传播,在音乐创作专业领域却并没有获得一致好评,甚至一度受到质疑。1954年3月28日,已从中华全国音乐工作者协会改组为中国音乐家协会的时任主席吕骥,在《人民日报》发表文章《为创作更多更好的群众歌曲而努力——谈关于群众歌曲创作的几个问题》,谈到了《歌唱祖国》受到音乐界专业人士质疑与批评的情况,并以官方权威给予了回应。[4]据吕骥介绍,《歌唱祖国》受到质疑的核心问题是"音乐语言上的民族风格",主要涉及两个方面。其一,整首歌曲的创作采用西方进行曲的艺术形式,而不是以某种民间音乐为创作基础,为此,"许多同志不承认《歌唱祖国》这类歌曲具有民族风

---

[1]《关于三年来全国群众歌曲评奖的公告》,载于《人民日报》,1954年3月27日第3版。

[2] 中央文化部艺术事业管理局、中国音乐家协会合编:《得奖歌曲集》,北京:艺术出版社,1954年。

[3] 王素芳:《纪念中国音协成立60周年——一位音乐老人的历史记忆:访中国音协顾问孙慎》,载于人民音乐出版社编:《孙慎曲文集(上)》,北京:人民音乐出版社,2015年,第272页。

[4] 吕骥:《为创作更多更好的群众歌曲而努力——谈关于群众歌曲创作的几个问题》,载于《人民日报》,1954年3月28日第3版。

格";其二,"有些同志简单地根据农民现有的音乐接受能力作为判断是否有民族风格的标准",而"许多农民今天还不能唱好这样的歌曲"。新中国成立后,要不要民族风格,如何坚持并发展民族风格,又该怎样处理中西音乐关系,是横亘在音乐界面前无法绕开的论题,由此衍生出一系列的话语交锋与政治批判。对于此类问题,身为音乐界"掌门人"的吕骥,有着自己深切的思考,并对质疑《歌唱祖国》的以上两类声音进行了有力的批驳,认为"是错误的、狭隘的",甚至是"荒唐可笑"的。吕骥充分肯定了《歌唱祖国》的艺术水准以及音乐语言中所展现的"民族风格",表示应该以发展的眼光看待"民族风格",而不是根据以往的音乐经验提炼出几条放之四海而皆准的规范,并将之奉为亘古不变的法则与信条。《人民日报》刊发吕骥的文章,对争议的判定意图不言而喻。

国家文艺评价机制一方面通过评奖方式赋予《歌唱祖国》范本的意义,一方面则通过争鸣裁定的方式平息音乐界对于这首歌曲的不同意见。在这两大举措的影响下,国家意志最终塑造了《歌唱祖国》在新中国成立初期的音乐生产与传播生态中的典范地位,确立了音乐创作服务国家建设事业的导向价值。毋庸讳言,《歌唱祖国》被赋予文艺标杆角色,强力推动了它的深度传播与经典化。

(四)仪式生产:歌曲政治化意义的深化

《歌唱祖国》自诞生之日起便打上了国家节日与国家仪式的"胎记",其创作缘起便来自国庆节。[1] 自此,这首歌曲的社会传播便与国庆节、劳动节等国家重大节日活动,天安门广场等国家象征符

---

[1] 王莘:《生活和歌曲》,载于《河北文学》,1962年第5期,第9—33页。

号，内政、外交等国事活动发生密切关联，其旋律融入一系列国家仪式当中。而正是依凭国家意志所主导的仪式化生产机制，《歌唱祖国》的文化与政治意义再次得以确证、彰显与深化，其经典化建构有了更深层次的话语空间。

国家仪式在国家政治生活中扮演重要角色，尤其是对新生政权而言，一系列的国家仪式与仪式化的国家象征符号，对于国家认同的凝聚与建构、国家信仰的确立与强化、国家记忆的塑造与延续具有不可估量的重大价值。这正如涂尔干所言："仪式是为维护这些信仰的生命力服务的，而且仅仅为此服务，仪式必须保证信仰不能从记忆中抹去，必须使集体意识最本质的要素得到复苏。通过举行仪式，群体可以周期性更新其自身的和统一体的情感；与此同时，个体的社会本性也得到了增强。"[1]中华人民共和国成立之初，一个重要任务便是建立一整套的象征符号系统、文本系统与公共活动系统，并通过一系列集体性、神圣性的仪式活动给予确定与强化。在新中国的仪式化象征符号系统当中，包括天安门、天安门广场、人民英雄纪念碑、人民大会堂在内的"天安门体系"，无疑占据重要地位。[2]

"仪式是以某一事件或某一特定的时间为背景预设的规范化、程序化、周期性、重复性、承续性的象征性活动。"[3]仪式的这一典型特征突出体现在国庆庆典当中。新中国建立初期，国家每年都会在天安门广场举办隆重的国庆庆典，《人民日报》对

---

[1] [法]埃弥尔·涂尔干：《宗教生活的基本形式》，渠东、汲喆译，北京：商务印书馆，2011年，第495页。

[2] 张法：《建筑的象征——天安门体系与现代中国象征》，载于《文艺争鸣》，2010年第10期。

[3] 曾楠：《试论政治仪式强化国家认同的逻辑演进》，载于《高校马克思主义理论研究》，2018年第4期，第112页。

每一次国庆庆典都会特别报道。《歌唱祖国》首次出现在国庆节当日系列活动报道当中，是在1957年10月2日。据报道，这年国庆节当日，"首都五十万人民在《歌唱祖国》乐曲声中开始了国庆节大游行"[1]。其后，在1959年至1965年的国庆庆典当中，《歌唱祖国》的乐曲每年都会在天安门广场响起，均被安排为群众游行的起始曲。由此，《歌唱祖国》和天安门、五星红旗、人民英雄纪念碑、国歌、阅兵、群众游行等一系列集体性、组织性的政治符号交相辉映，形成一整套的国家象征、国家认同与国家记忆建构体系。和"1951年版"一样，"1969年版"《歌唱祖国》（即《歌唱社会主义祖国》）同样唱响于国庆庆典当中，这一庄重神圣的国家仪式成为其文本意义传播的重要方式。根据《人民日报》的报道，《歌唱社会主义祖国》响彻于天安门国庆庆典是在1970年。[2]

新时期之后，《歌唱祖国》重回国家政治与社会生活，重要标志便是其旋律再次融入国庆庆典、"天安门体系"当中。1983年国庆庆典是新时期之后党和国家在天安门广场举办的首次重大庆祝活动，国庆节当天，"当最后一辆军车载着远程战略导弹驶过天安门之后，军乐团奏起了欢快的《歌唱祖国》的乐曲，国庆群众游行开始了"[3]。此后，在1999年、2009年、2019年的国庆庆典当中，《歌唱祖国》的旋律都曾回响在天安门广场。

《歌唱祖国》和"天安门体系"这一高度政治化、仪式化的象征符号系统发生关联的另一重要体现是升旗仪式。1991年5月1

---

[1]《五十万人大游行》，载于《人民日报》，1957年10月2日第1版。
[2]《我们的伟大领袖毛主席和他的亲密战友林副主席同首都军民共庆中华人民共和国成立二十一周年》，载于《人民日报》，1970年10月2日第1版。
[3] 欧庆林、武培真：《奔向二〇〇〇年的伟大洪流——首都国庆群众游行侧记》，载于《人民日报》，1984年10月2日第2版。

日,国务院批准了天安门广场新的升降旗仪式,《歌唱祖国》成为升旗前的序曲。[1] 2018年1月1日起,《歌唱祖国》在天安门升旗仪式中的演奏次序再次调整:每月第一天升旗仪式结束后,即《义勇军进行曲》演奏完之后,天安门广场便响起《歌唱祖国》的乐曲。由此看来,《歌唱祖国》这首歌曲确确实实成了"第二国歌"。

除了天安门广场以及广场上发生的国庆庆典等重大政治仪式之外,国家其他内政外交活动同样选用了《歌唱祖国》,给予其合法性与权威性政治身份的确认。1955年9月28日,全国青年社会主义建设积极分子大会在北京闭幕,毛泽东、刘少奇、周恩来、朱德等领导人出席活动,"到会的全体青年积极分子起立高唱起《歌唱祖国》"[2]。这是在《人民日报》中所搜集到的最早关于《歌唱祖国》被选用为国家重要会议演奏歌曲的文献。2008年北京奥运会,香港、澳门回归祖国重大庆祝活动,是晚近在重要的国家仪式上唱响《歌唱祖国》的典型案例。在诸多外事活动与对外文化交往仪式当中,《歌唱祖国》的旋律同样频繁地响起,具体情景不再一一赘述。

当《歌唱祖国》的乐曲响彻于一系列具有强大情绪感召力、思想统摄力与政治规约力的国家仪式当中时,这首歌曲强大的情感共鸣与意识召唤力量充分彰显,其政治合法性与文化权威性得以进一步强化,其经典化价值得以深度确证。与此同时,经过仪式化生产机制的收纳与规约,《歌唱祖国》最终成为国家仪式符号系统的一个构成,本身即是一首重要的仪式歌曲。

---

[1] 陈艳、张清淼:《永远歌唱祖国——追忆人民艺术家王莘》,载于中国新闻奖评选委员会办公室编:《中国新闻奖作品选(2007年)》,北京:新华出版社,2008年,第285页。

[2] 《全国青年社会主义建设积极分子大会闭幕》,载于《人民日报》,1955年9月29日。

"在广阔并庞杂的记忆世界中,最主流地、高度凝练化地呈示国家记忆之建构过程及其结果的,是经典。"[1]《歌唱祖国》经典化建构与国家记忆的生成,得益于国家意志的参与和运作。国家意志基于特定历史时期的意识形态需要,通过国家媒体的社会动员传播机制、国家文艺评价机制、国家仪式化生产机制的介入,主导了《歌唱祖国》的歌曲传播与版本流变,由此塑造了流动的"声音共同体"与无可辩驳的国家经典。自1950年以来,《歌唱祖国》在各类报刊、出版物出现的次数,在各种内政外交等国家仪式以及海外重大活动中唱响的次数,不胜枚举;同时它又相继诞生了多种音乐版本与音乐风格,深切融入了中国人民的情感生活当中。对此,冯骥才曾以朴实的语言谈及《歌唱祖国》的特殊价值:"每当我们心里有一种对国家的激情,充满了对国家的情感的时候,或者要表达我们国家的一种自豪感荣誉感的时候,我们就会自然地唱起这首歌来,它就是我们的心声。"[2]与此同时,《歌唱祖国》在世界华人社群广泛流布,成为海外华人中华文化认同的音乐载体。[3]当然,这首歌曲在海外传播的历史景观就是另一篇文章要讨论的议题了。总之,《歌唱祖国》已经传唱了71年,几近与共和国光辉历史相生相伴,它在不同历史时期衍生出不同的歌曲版本,和国家政治生活与人民情感生活产生了密切关联,已成为无可置疑的国家经典与国家记忆。

---

[1] 赵静蓉:《国家记忆的生成机制与经典建构》,载于《学习与实践》,2020年第10期,第120页。
[2] 陈艳、张清淼:《永远歌唱祖国——追忆人民艺术家王莘》,载于中国新闻奖评选委员会办公室编:《中国新闻奖作品选(2007年)》,北京:新华出版社,2008年,第284页。
[3]《我们需要爱国的令人振奋的艺术——留美学生王鲁闽给教育部和有关单位的一封信》(摘要),载于《人民日报》,1985年5月26日第3版。

二、外国文学史教材的编选流变: 体制化的国家记忆

政治学学者丛日云曾说过:

> 一个民族的历史是通过历史教育建构、记忆和传承的,而历史教科书则是最重要的传承历史记忆的媒介。历史教科书具有官方性、权威性、正式性、普及性的特征,它将一个民族的历史记忆深深地嵌入青少年一代的精神世界,因而它是格外重要的"记忆的场所"(site of memory),是一个民族的"体制化的记忆"(institutionalized memory)。而这种记忆又在很大程度上形塑着新一代公民的认同。[1]

这一说法对理解历史类教科书的编写、审查、发行和接受等特点是多有帮助的,因为它揭示了历史类教科书作为国家记忆之载体的本质,即作为官方性的知识生产,教科书不仅塑造着国家记忆的内容,也规定了国家记忆的方式。当然,文学史教材也不是一般性的知识材料,而是国家认可的、关于文学历史的指导性知识材料。因此,教科书的编撰就并非完全自主的,而是一种社会网络的动态产物,它既体现为社会主流意识形态的建构结果,又充满了各种对记忆的制约与抗衡,必然是极其复杂的。

从教科书出发来探讨国家记忆并非一项创新之举,已有不少中

---

[1] 劳拉·赫茵、马克·塞尔登编:《审查历史:日本、德国和美国的公民身份与记忆》,聂露译,北京:社会科学文献出版社,2012年,第3页。

外学者做出过瞩目的成果。[1]但以外国文学史教材为对象来分析关于中国的国家记忆建构,这更反映出记忆生产的复杂性,而这方面的研究还远不充分。这大概是因为我们对外国文学史的认知往往停留在对"外国"的经验层面上,缺乏从"异域的他者"观照我们自身的意识。但实际上,作为一种公共社会性知识,外国文学史教材中依然存在一种隐秘的"他—我"关系:每一部外国文学史对外国文学的叙述,其实都是在中国特定社会环境及认识框架中对这一关系的特殊表达。叙述他者同自我认识是息息相关的,我们如何叙述某一国别的文学,实际上也反映了我们如何认识自我、如何处理国际关系以及如何安置自我在国际上的位置,这要求编写者"从建立现代中国和推动现代化进程的角度出发选择、评价、重组外国文学,融入中国文化主体性"[2]。在这一过程中,国内外重大事件、特定的人物、具体的文本等构成了记忆网络的各个"锚位",分析文学史如何叙述它们,编撰者如何把握和勾连文学内外部的各类事件,我们就能够得到"外国文学史"这一类特殊文本构建国家记忆的逻辑与策略,也能够对读者(特别是青年读者,比如大学生)如何被引导而趋向于形成较一致的集体认同有所了解。毫无疑问的是,外国文学史教材既是编者记忆之集体框架的产物,同时它又超越了编者的个体记忆,构成了读者记忆的集体框架。它既有被动接受传统的一面,也有主动改造传统的一面。因此,外国文学史教材的演变其

---

[1] 例如 Schwartz, B., *Abraham Lincoln and the Forge of National Memory*, Chicago: University of Chicago Press, 2003. Inuzuka, A., "Remembering Japanese militarism through the Fusosha textbook: the collective memory of the Asian-Pacific War in Japan", in *Communication Quarterly*, 2013, 61(2): pp.131-150。张大为:《走向开放的文学史——当下文学史观念与文学史思维的"元理论"反思》,载于《文艺理论研究》,2009 年第 2 期,第 96—102 页。

[2] 肖四新:《"外国文学史"的性质及面临的困境与出路》,载于《文艺理论研究》,2011 年第 5 期,第 115 页。

实是当下对于过去的一种动态建构。

国家记忆并不等于国家历史,如果我们设立"集体记忆在本质上是立足现在而对过去的一种重构"[1]这一前提,那么以上的问题便是"叙述""认同"以及"延续"之间的关联问题。[2]换而言之,从1949年新中国成立至今,我国的政治环境经历了众多变化,外国文学史教材如何表达这一系列变化,又如何在深受变化影响的语境中表征一种连续的国家认同,这是考察其与国家记忆关系的核心问题。面对这一问题,我们必须考虑到以下四个维度。

第一是论述对象的选择。我们称为"外国文学史"的著作所论述的对象并不是完全意义上的"外国",而是被认为有代表性的国家;教材涵盖的也并非他国的全部作家,而是经过编著者选取的作家及其部分作品。因此,国家、作家以及作品的选择就是复杂的政治考量、价值体系评判、文化观念选择乃至国际关系创设等多重问题的文学表征。

第二是论述对象的书写模式。王佐良曾言,就英国文学史而论,有英美模式的写法,也有苏联模式的框架。前者看重学术考证和作品欣赏,后者则侧重于系统性论述,二者均有优缺点。而哪个时间段、选择何种模式来书写文学史,也反映了我国当时的社会环境。

第三是论述对象的评价标准。如何评价作家、作品以及文学思潮,直接关系到"我们建设精神文明的需要"[3],甚至可以说评价问题是编写外国文学史的头等大事,评价的变化能够最为明显地表征

---

[1] [法]莫里斯·哈布瓦赫:《论集体记忆》,毕然、郭金华译,上海:上海人民出版社,2002年,第59页。
[2] [德]扬·阿斯曼:《文化记忆:早期高级文化中的文字、回忆和政治身份》,金寿福译,北京:北京大学出版社,2015年,第6页。
[3] 盛宁:《用马克思主义观点编写文学史——兼评〈美国文学简史〉》,载于《外国文学》,1987年第3期,第89页。

出国家记忆的变化。评价包括同时代人对于教材的评价，以及后代对于前代教材的评价。这是一个较容易被忽视的研究因素。

第四，我们还要关注到教材再版后上述因素的变动。必须明确，教材对于国家记忆的表征和读者的国家记忆之间的对应关系并非是显而易见的。[1] 如上所言，教材的确会构成读者的记忆框架，但读者是顺应这一框架的认知还是反对这一框架的认知仍是有待考察的。

基于目前学界对外国文学史的已有研究，我选取了部分具有代表性的、由中国学者用中文编写的、系统综合的外国文学史教材，这些教材曾经或目前仍广泛应用于高校外国文学史的教学当中。尽管有部分关乎单个国家的文学史教材确实具备特殊历史意义[2]，但由于其无法全面反映我国对于"外国文学"的整体认识，暂不列入本文的研究对象之中。

基于历时的演变，以时间为线索来探讨外国文学史如何表征国家记忆显得尤为合适，但如何安排时间分期仍是一个问题。蒋承勇曾将我国的外国文学史编纂史分为四个阶段：1. 新中国成立至"文革"；2. "文革"；3. "文革"至1985年；4. 1985年至今。龚翰熊将之分为三个阶段：1. 20世纪50年代至60年代前期；2. "文革"；3. "文革"结束至今。考虑到"文革"期间外国文学研究基本处于停滞状态，以及20世纪80年代末"重写文学史"思潮在外国文学史编撰工作中的实际影响，我将之分为这样三个阶段：1. 1949年新中国成立至改革开放前夕；2. 改革开放至1990年；3. 1990年后至今。下面试图以这三个阶段中涌现的具有代表性的外国文学史教材

---

[1] Goldberg, T., Porat, D. and Schwartz, B., "Here Started the Rift We See Today: Student and Textbook Narratives between Official and Counter Memory", in *Narrative Inquiry*, 2006, Vol.16, pp.319-347.

[2] 例如由冯至、田德望、张玉书、孙凤城与李淑等人所编写的《德国文学史简史》是新中国第一部由中国学者编写的、有关外国文学的文学史教材。

为研究对象，探究其中所映射出的国家记忆的建构过程。

（一）新中国成立至改革开放前夕："社会主义书写"

1949年新中国成立之初，各个研究领域均留有大量空白急需填补，文学研究领域特别是外国文学史编撰领域更是如此。这同当时物质资料及人才短缺的状况息息相关，也与当时社会意识形态的巨大压力脱不了干系。具体到外国文学史教材的编撰上来，杨周翰曾指出，当时系统综合的外国文学研究存在着不少困难，其中之一就是材料不足，不仅编写者能够获取到的原文不多，译作也很少。另一个困难是教材编写者对于他国语言不熟悉，即便比别人多掌握一两门外语，也不可能穷尽众多的欧洲语言，因而难以论述"完整"的欧洲文学。[1]基于这样的现实，在新中国成立后前十年，国内高校使用的外国文学史教材大多数是苏联教材的中译本，罕见中国学者自主编写的外国文学史教材。由杨周翰、吴达元以及赵萝蕤主编的、于1964年由人民文学出版社出版的《欧洲文学史（上卷）》[2]是新中国成立后中国学者编写的第一本欧洲文学史的正式教科书。[3]

《欧洲文学史（上卷）》的编写者在序言中开宗明义表明了立场："这本《欧洲文学史》试图以马克思列宁主义、毛泽东思想为指导，提供有关欧洲文学发展的基本知识，作为高等学校的教科书，并为进一步的研究打下一些基础。"[4]可以看出，这本教材不单

---

[1] 杨周翰：《欧洲文学史研究工作中的一些问题》，载于《文学评论》，1963年第1期，第98页。

[2] 《欧洲文学史》原计划分上下卷先后出版，上卷在1964年先出版，下卷本于1965年便编写完成，但受"文革"影响推迟到1979年才得以出版。所以这里只有上卷。

[3] 孙遵斯：《欧洲文学史（上册）》，载于《文学评论》，1964年第2期，第82页。

[4] 杨周翰、吴达元、赵萝蕤主编：《欧洲文学史（上卷）》，北京：人民文学出版社，1964年，第2页。

是对欧洲文学著作进行文艺介绍，它还承担着教导读者如何"正确"看待欧洲各国文学的政治任务。这里涉及两个问题：其一，如何选择和介绍欧洲文学著作，筛选的标准是什么？其二，何为"正确"看待，正确的标准是什么？

1953年第二次文代会上，茅盾在题为《新的现实和新的任务》的报告中曾说过："我们国家现在是处在实现国家社会主义工业化和社会主义改造的时期。无论哪一部门工作，无论哪一方面战线，都应该为完成国家社会主义工业化和社会主义改造这个总的政治任务而斗争。"[1]毋庸置疑，"社会主义改造"这个政治任务是当时一切文学创作和文学研究的标的，是否有利于完成这个任务，是否能够推动社会主义现实主义的发展，就成了选择乃至评判当时文学艺术优劣的重要标准。而关于何为"正确"，《欧洲文学史（上卷）》则采用了《在延安文艺座谈会上的讲话》中的说法："必须首先检查它们对待人民的态度如何，在历史上有无进步意义，而分别采取不同态度。"[2]"进步"同"人民"息息相关，"为人民"是文艺"进步"的核心。[3]也就是说，"为人民"的、进步的作家作品就是"正确"的作家作品。

围绕"社会主义改造的政治任务"和"为人民的进步要求"，《欧洲文学史（上卷）》的编写策略主要体现在以下五个方面。

第一，在编写框架上，虽然以时间顺序和文学史分期为节点，

---

[1] 华中师范学院中文系编：《建设共产主义文学》第2辑，武汉：华中师范学院，1959年，第84页。

[2] 杨周翰、吴达元、赵萝蕤主编：《欧洲文学史（上卷）》，北京：人民文学出版社，1964年，第8页。

[3] 寇鹏程在其论文中分析"十七年文学"中的"进步"内涵：人民、革命、无产阶级和现实主义。结合《在延安文艺座谈会上的讲话》对于"进步"的论述可以发现，实际上后三者都是围绕着"人民"展开的。革命、无产阶级以及现实主义最终都是为了维护人民群众的利益而提出来的。详见寇鹏程：《论"十七年"文学批评中的"进步"理念及其影响》，载于《文艺理论研究》，2015年第4期，第76—88页。

将欧洲文学史分为古代文学、中古文学、文艺复兴时期文学、十七世纪文学和十八世纪文学五章，但实际的论述视角则是历史唯物主义及阶级斗争的视角，遵照了"奴隶社会—封建社会—资本主义社会"的历史发展路线。比如书中认为《奥德赛》中俄底修斯与其妻追求者的斗争是一场维护私有权的斗争，而这部史诗是对奴隶制关系的歌颂，强调对奴隶主的忠诚。再如书中称古希腊文学反映了"从氏族社会过渡到奴隶社会的希腊生活"[1]。总而言之，时代与阶级的叠加构成了三对主要的矛盾，即奴隶—奴隶主、农奴—封建主与群众—资本家。这三组矛盾成了定位作家作品的参考系：无论任何时代，只要是同情歌颂前者、批判鞭挞后者，就是"为人民"的作家作品。

第二，在文献引用方面，全书一共有78条脚注，其中50条是对相关文献的引用，另外28条是对相关知识点的内容拓展。而在这50条引文脚注中，有5条引自《毛泽东选集》，44条引自马克思与恩格斯的作品，1条引自德国和国际工人运动活动家弗朗茨·梅林（Franz Erdmann Mehring）的著作。可见，《欧洲文学史（上卷）》用以支撑其论述合法性的都是革命导师的话语，这也从侧面佐证了当时"政治挂帅"的文艺研究状况。

第三，在编写宗旨上，立基于正确地筛选及阐释外国文学作家作品，《欧洲文学史（上卷）》也隐晦地承担起了建构国家记忆的重任。当编写者出于国家意识形态目的而去写作"历史"时，他们会倾向于以"过去、现在和未来融合成为一个'单一的、连续的故事'来描绘过去"[2]，由此来形成指向清晰的国家认同。这种叙事框架指涉了一种阶级斗争学说，即统治阶级与人民的矛盾

---

[1] 杨周翰、吴达元、赵萝蕤主编：《欧洲文学史（上卷）》，北京：人民文学出版社，1964年，第3页。

[2] Kitch, C., *Pages from the Past: History and Memory in American Magazines*, Chapel Hill: University of North Carolina Press, 2005, p.11.

导致了历史的更替，而统治阶级被彻底消灭之时就是人民得解放之时，那就是全新的社会主义时代。外国文学史教材中所书写的内容，正是对这种阶级斗争学说的反映。由此，作为社会主义国家之中国的合法性得到佐证，读者的国家认同也由此被巩固。

第四，在文艺观方面，编写者遵从反对"修正主义"与抽象"人性论"的宏观社会语境。针对南斯拉夫20世纪50年代以来所实行的一系列政治经济改革，20世纪50年代末中国发起了对"南斯拉夫修正主义"的批判，认为南斯拉夫偏离了社会主义方向，企图走同资本主义妥协的"邪路"。这一批判表现在文艺批评中则是对"人性论"与"人道主义"的大力鞭笞。对于"人性论"问题，《在延安文艺座谈会上的讲话》早已奠定基调："但是只有具体的人性，在阶级社会里就是带着阶级性的人性，而没有什么超阶级的抽象的人性。"[1]在当时看来，没有阶级属性的"抽象人性"是资产阶级人性论的表现，诸如"自由平等""人权"与"人共同的喜爱"之类的说法实际上都是为了保护资产阶级的利益而提出的，同时也隐含着对无产阶级的剥削。到了20世纪50年代末60年代初，"人性论"与"人道主义"已经成为当时文艺界斗争的关键词。周扬在1960年7月的第三次文代会上就指出"文学艺术……是阶级斗争的神经器官"，强调对修正主义思想和资本主义思想的斗争是当前文艺界的重要任务，并明确指出要反对资产阶级人性论以及人道主义。[2]而对国外修正主义的批判也引发了当时对国内所谓"右派分子"的甄别与批斗。

在这种情况下，外国文学研究也存在着巨大的张力。因为研究欧洲文学，不可避免要遇到"人性"与"人道主义"的问题。杨周翰坦言，

---

[1] 毛泽东：《在延安文艺座谈会上的讲话》，延安：解放社，1950年，第35—36页。
[2] 周扬：《我国社会主义文学艺术的道路——1960年7月22日在中国文学艺术工作者第三次代表大会上的报告》，载于《戏剧报》，1960年Z1版，第8页。

很多优秀的欧洲文学并不直接反映现实,而只是抒发个人情感。[1]不能否认部分作家在作品中所抒发的情感超越了某一特定的阶级,在读者中引起了广泛的情感共鸣。但这种研究态度在当时已被划入"人性论"的禁区,一不小心就会引发争议。例如在评论莎士比亚的《威尼斯商人》时,《欧洲文学史(上卷)》将其主题认定为人性之善与人性之恶的冲突,这一评价随后便遭到了有关文章的批评,认为这种论述没有遵循阶级分析的方法,呈现出将情感抽象化的姿态。[2]

应当指出,此时的文艺界并非完全没有对"左"倾的反思。周扬在做完第三次文代会报告的一年后,在1961年6月23日全国故事片创作会议上,他就谈道:"关汉卿革命化,达吉和她父亲不敢讲父女之情,这都是我在文代会上的报告产生了副作用,反对人性论的后果之一。"[3]但这种"自我批评"很快便湮没在了如火如荼的阶级斗争中,直到十一届三中全会后才再次"解禁"。

第五,除了"人性论"的问题之外,仍有艺术手法的问题。在《欧洲文学史(上卷)》出版之前,杨周翰就指出,欧洲文学拥有很大的认识价值和艺术成就,而当时的学界尚未研究出一套总结艺

---

[1] 杨周翰:《欧洲文学史研究工作中的一些问题》,载于《文学评论》,1963年第1期,第103页。

[2] 孙遵斯写道:"作为一部教科书,《欧洲文学史》是有责任对某些资产阶级文学史的错误观点和论断进行批判的。"在他看来,《欧洲文学史(上卷)》一个最重要的问题就在于行文中所流露出的、对当时称为"资产阶级文学人性论"的模糊态度。不过韩加明则以书中对菲尔丁的总体评价为例,认为《欧洲文学史(上卷)》对于人性论问题还是很警惕的。实际上,正是这种不经意间流露出来的、对于作品产生的情感共鸣,显示出编写者或许对当时有关"人性论"的批判风潮持有一定的保留态度。详见孙遵斯:《欧洲文学史(上册)》,载于《文学评论》,1964年第2期,第82—88页;韩加明:《外国文学史编纂史与时代变迁》,载于《外国文学评论》,2011年第2期,第219页。

[3] 周扬:《周扬文集(第三卷)》,北京:人民文学出版社,1990年,第373页。

成就的方法。[1]不过较为可惜的是,《欧洲文学史(上卷)》中对于这方面的分析着墨较少,即使有也只是简单带过,如在分析《哈姆雷特》的语言时,只是粗略提到其独白对于诗体和散文的运用,并没有加以深入分析。究其原因,是在当时"左"倾的环境下试图从艺术形式上谈论文学价值,即使不是危险的,也是与主流不相容的。而成书前的论述与成书结果相左的情况,也表明了编写者当时所受的写作压力。

还有一点值得注意,在对待俄罗斯文学时,《欧洲文学史(上卷)》一反过往的编写方法,将之纳入欧洲文学的大框架中去论述。杨周翰曾于20世纪60年代提到,新中国成立后外语系科一直将西欧和俄罗斯文学分开来讲,但他认为还是应该将十月革命以前的欧洲文学视为一个整体。韩加明则指出,这是杨周翰在委婉批评外国文学史研究中的苏联影响。[2]鉴于中苏之间的特殊关系,俄罗斯文学应该是当时中国的外国文学史研究中最为特殊的一环。然而,在苏共二十大(1956年)后,中国对赫鲁晓夫所做《关于个人崇拜及其后果》的报告产生不满,自此中苏之间的分歧越来越大。[3]从1963年9月开始,中共中央在一年内以《人民日报》编辑部和《红旗》编辑部的名义连发九篇评论,点名批评"赫鲁晓夫修正主

---

[1] 杨周翰:《欧洲文学史研究工作中的一些问题》,载于《文学评论》,1963年第1期,第102页。

[2] 详见杨周翰:《欧洲文学史研究工作中的一些问题》,载于《文学评论》,1963年第1期,第98—104页;韩加明:《外国文学史编纂史与时代变迁》,载于《外国文学评论》,2011年第2期,第214—231页。

[3] 中苏之间的矛盾始于双方对斯大林评价的分歧。当时赫鲁晓夫在苏共二十大的报告中批评了斯大林的个人崇拜,而毛泽东则认为对待斯大林要"三七分",总体上要肯定斯大林的功绩。他认为赫鲁晓夫对斯大林的批评属于"一棒子打死"的做法。详见杨先材主编:《共和国重大事件纪实(上)》,北京:中共中央党校出版社,1998年,第640—642页。

义",由此激起"中苏大论战",并最终导致中共中央在1966年苏共二十三大时与苏共断绝关系。因此,不给予俄罗斯文学以特殊的地位,反而将之作为"欧洲"的一部分,《欧洲文学史(上卷)》中的这一做法不能仅被认为是一种学术研究方法,因为这实际上也契合了当时我国在政治上的"自我认同":中国共产党是一个独立的社会主义政党,中国和苏联之间是平等的国际关系,前者并不依附着后者。

综上所述,这种对"他者"之历史的构建远非我们想象的那么"顺畅",《欧洲文学史(上卷)》表现出来对阶级分析以及艺术审美两种文学研究方法的调和尝试,蕴含着编写者为平衡社会主流意识形态与文学生产活动之间关系的努力。应当说,这种调和总体上是成功的,不仅获得了当时评论者的大致肯定,也得到了改革开放后众多文学研究者的认可。尽管全书总体而言还是呈现出浓烈的时代色彩,在编撰过程中,"他者"(即欧洲文学)发生了一定的形变,文学发展的复杂性被一定程度地扁平化了。但也只有发生这种形变,欧洲文学才能融进当时我国的国家叙事中,当时的读者才能在接触欧洲文化的同时仍保持着一贯的国家认同。不仅如此,《欧洲文学史(上卷)》还展示出较高的文学研究价值及作为史料的认识价值。《欧洲文学史(上卷)》叙述"他者"的方式,间接地展示出我国20世纪60年代的社会环境与文艺世界,突显了当时国际社会主义运动的动荡与我国对自身国际地位认知的转变,更重要的是,它将"欧洲文学史"纳入了指向国家认同的一种记忆建构。

(二)改革开放至1990年:"人性书写"

原本《欧洲文学史(下卷)》在1965年便完稿了,但随后即遭遇了"文革",因此不得不推迟到1979年才得以出版。这样一来,虽然下卷是在改革开放后问世的,但全书依旧遵循上卷的写作模式，甚至所受"左"倾影响比上卷更大。[1]《欧洲文学史（下卷）》对19世纪初到20世纪初的欧洲文学主要是以"资本主义—帝国主义—无产阶级革命"的逻辑顺序去进行论述的，较突出的一点是将"浪漫主义"分为两个对立的流派：消极浪漫主义和积极浪漫主义。消极浪漫主义反映贵族的没落情绪和一些被法国雅各宾专政吓破了胆的小资产阶级分子的情绪。积极浪漫主义反映资产阶级民主派的思想，批判封建制度和教会，支持民主革命。不过，《欧洲文学史（下卷）》仍将浪漫主义精神判定为资产阶级的人道主义和个人主义，称其仍跳不出启蒙运动所提出的"自由""平等"和"博爱"的范畴。实际上这也是《欧洲文学史（下卷）》对"批判现实主义"的质疑。

在《欧洲文学史（下卷）》中，"批判现实主义"作家们——巴尔扎克、果戈理、屠格涅夫、托尔斯泰等——的世界观核心是资产阶级的人道主义和个人主义，因此他们并没有真正超越自身的阶级，更没有能力去表达广大人民群众的要求；也由于他们不了解和惧怕无产阶级革命，他们最终也无法正确地揭示资本主义社会的根本矛盾。可以发现，尽管已经对"资产阶级文学"做了细致的区分（"积极"作用与"消极"作用），但"人道主义"与"人性论"依旧是文学研究的禁区。不仅如此，贯穿整部《欧洲文学史》的"左"倾叙事，使其将宪章派文学、巴黎公社文学以及俄国无产阶级文学作为人类进入新历史时期的"锚位"，并对其阶级斗争性高度肯定，构建出关于无产阶级文学的"起源神话"。而这一"起源神话"也反过来为当时强调阶级斗争的文艺工作路线赋予了一

---

[1] 曾参与下卷编写工作的孙凤城谈到，下卷所涵盖的内容中，"修正主义"观点比比皆是，而在当时环境下出版这本书，就必须对很多观点做出修改。详见李明滨、陈东主编：《文学史重构与名著重读》，北京：北京大学出版社，1996年，第11—12页。

定的合法性。

　　《欧洲文学史》的编写模式在一定程度上影响了随后外国文学史的写法，1980年由中国人民大学出版社出版的、朱维之与赵澧主编的《外国文学简编》就是明证。此书分为欧美部分、现代欧美部分与亚非部分，每部分独立成册，这种体例可以说使外国文学史编撰开始拥有了一种"整体观"，而不仅仅局限于欧洲文学。[1]但是，该书在编写立场上仍旧延续了《欧洲文学史》的传统，即将文学与阶级斗争紧密相连，把阶级斗争作为驱动社会演替的主要动力等。[2]例如，《外国文学简编》将俄底修斯归乡后与其妻之追求者们的决斗称为"一场争夺和维护私有财产的斗争"；[3]称莎士比亚的历史剧体现了其作为一个资产阶级作家的"历史进步性与阶级局限性"；[4]将浪漫主义区分为"积极浪漫主义"与"消极浪漫主义"，前者反映资产阶级的民主倾向，后者代表没落贵族的政治愿望；对"人道主义"进行批判，称需要对"人道主义""分析其阶级的、时

---

[1] 然而"现代欧美部分"却一直没有问世，在1983年出版的《外国文学简编（亚非部分）》前言中，编者称该书为"欧美部分"的姊妹篇，未提及"现代欧美部分"。而1986年再版的《外国文学简编（欧美部分）》已经在前言中将表述改为"欧美部分"与"亚非部分"，删除了"现代欧美部分"。

[2] 汪树东在文章中指出："1980年的初版本中，该教材［指《外国文学简编（欧美部分）》，此为笔者说明］虽然在体例上和杨周翰等主编的《欧洲文学史》存在差异，但是以鲜明的马克思主义阶级论眼光来审视西方文学历史，两者基本上是一致的。"详见汪树东：《文学经典的跨文化变异——以近六十年来三部〈外国文学史〉教材为例》，载于《文艺评论》，2017年第9期，第53页。

[3] 朱维之、赵澧主编：《外国文学简编（欧美部分）》，北京：中国人民大学出版社，1980年，第29页。

[4] 朱维之、赵澧主编：《外国文学简编（欧美部分）》，北京：中国人民大学出版社，1980年，第91页。

代的局限性"。[1]

值得注意的是,《外国文学简编(欧美部分)》在第五章《十八世纪文学与启蒙运动》之前是以传统通史的写法来编写,之后则变成了"文学流派"+"阶级文学"的论述框架,即浪漫主义文学、批判现实主义文学以及无产阶级文学。其中,浪漫主义文学仅有40页不到,[2]批判现实主义文学则占据了近240页的篇幅,无产阶级文学也占据了近110页的篇幅。对于批判现实主义文学和无产阶级文学的偏好所带来的一个问题就是,极大地压缩了没有归入相关"流派"的重要作家的相关论述。以陀思妥耶夫斯基为例,《欧洲文学史(下卷)》用1800余字对其进行介绍,包括其生平经历以及《穷人》《被欺凌与被侮辱的》《罪与罚》《白痴》《卡拉玛佐夫兄弟》等作品的内容简介,虽然也有从阶级立场出发对陀思妥耶夫斯基进行批评,但对他的最终定论仍是"他那些反映现实的篇章仍可以使人看到俄国的黑暗面,激起对社会不平的抗议"[3]。而在《外国文学简编(欧美部分)》中,陀思妥耶夫斯基的篇幅仅470余字,只有《欧洲文学史(下卷)》的四分之一。虽然也谈了他的有关著作,但都是从阶级角度对故事内容进行评价,对陀思妥耶夫斯基的评价也是"陀思妥耶夫斯基给俄国和欧洲文学很大影响,他的反动思想也给革命造成很大危害"[4]。此处"政治挂帅"的研究倾向似乎比整部《欧洲文学史》更加明显。编写者甚至全以"无产阶级文学"来框定"下

---

[1] 朱维之、赵沨主编:《外国文学简编(欧美部分)》,北京:中国人民大学出版社,1980年,第5页。
[2] 相比之下,《欧洲文学史(下卷)》对浪漫主义的描述仍有近百页的篇幅。
[3] 杨周翰、吴达元、赵萝蕤主编:《欧洲文学史(下卷)》,北京:人民文学出版社,1979年,第342页。
[4] 朱维之、赵沨主编:《外国文学简编(欧美部分)》,北京:中国人民大学出版社,1980年,第349页。

卷"的论述对象，仿佛说其他文学思潮与文学流派在无产阶级文学诞生之后便戛然而止或不再重要了，这无疑与文学事实相去甚远。

如果说，《欧洲文学史》中研究外国文学的落脚点仍在于发展社会主义文学，那么《外国文学简编（欧美部分）》则将外国文学直接定义为认识"他者"社会的材料，就像后者在前言中所明确提倡的："优秀的文学作品是一种形象化的生活教科书。要了解一个国家、一个民族，要认识一个社会、一个阶级，就必须研究其文学。人们可以从文学作品所提供的生动、具体的人物形象和社会图景中获得丰富的认识材料，诸如经济状况、阶级关系，直到风土人情、心理状态，等等。这是任何学术著作所无法替代的。"[1]本意是要编写文学史教材，重点却在以文证史上，也难怪《外国文学简编（欧美部分）》的文学性要比《欧洲文学史》略逊一筹了。不过，从另一方面来看，因为编写时间的先后关系，《外国文学简编（欧美部分）》也有显示出"思想松动"的一面。比如虽然其参考文献大多同《欧洲文学史》一样是"红色文献"，但也出现了对亚里士多德《诗学》、塞万提斯《堂吉诃德》、巴尔扎克《人间喜剧》、福楼拜《1871年3月31日给乔治·桑的信》、左拉《卢贡家族的家运》等"外部资料"的引用。

其实，《外国文学简编》更重要的举措在于其1983年出版的"亚非部分"。之前我国高校的外国文学史教材编撰一直聚焦在欧美文学方面，鲜有关于亚非文学的论述，但整套《外国文学简编》却给予亚非文学与欧美文学相同的体量（欧美部分43.9万余字，亚非部分42.1万余字）。尽管对于现代亚非文学，《外国文学简编（亚非部分）》还是侧重选择了所谓"批判现实主义"作家作品，如现

---

[1] 朱维之、赵澧主编：《外国文学简编（欧美部分）》，北京：中国人民大学出版社，1980年，第1页。

代日本文学部分介绍了革命作家小林多喜二和德永直,而对第一个获得诺贝尔文学奖的日本作家川端康成却在谈论"新感觉派"时仅以一句话带过。但在当时,这一做法已大大拓宽了读者对于"外国文学"范畴的认知。

可以发现,作为"文革"后最早的一批外国文学史论著之一,《外国文学简编》虽然还没有脱离"政治第一,艺术第二"的思想烙印,但已流露出新思想的萌芽。即便如此,旧有思想的禁锢阻力仍然很大,这一点在往后《外国文学简编》的多次再版中亦有着较为明显的体现。这也表明了20世纪80年代伊始社会思想冲突之剧烈,不仅个体自身需要做出多次调整才能适应时代的剧烈变化,个体之间的差异也相当明显。假如我们将《外国文学简编(欧美部分)》与同样是1980年出版的、由石璞编写的《欧美文学史》进行对比,就更容易发现这种迹象。

由四川人民出版社出版的《欧美文学史》(上下册)是石璞对她在20世纪60年代于四川大学授课讲义的一次整理与修改。[1] 虽然该书仍具有改革开放前的时代印记,如在导论第一部分的"欧美文学的世界意义"中仍需要列举革命导师对欧洲文学的高度评价来为欧洲文学研究"正名",但更多"新气象"是书中所展现出来的对欧洲文学的"新叙述"。石璞在导论中分析了欧美文学的四个基本特征:与社会现实生活的密切联系、人民性和民族性、人道主义和个人主义、现实主义和浪漫主义的创作方法的传统。在论述"人道主义与个人主义"时,石璞首先给予19世纪之前的人道主义以高度评价,指出18世纪的人道主义口号是"自由、平等、博爱",并认为这一时期的人道主义具有相当的进步性。而对于19世纪之

---

[1] 石璞在后记中说道:"在同志们的鼓励之下,特抽空将十余年来研究的成果加以充实和修改。"见石璞:《欧美文学史》,成都:四川人民出版社,1980年,第424页。

后的人道主义，石璞则区分出个人主义人道主义与集体主义人道主义，前者的代表为巴尔扎克和莫泊桑，后者的代表则为巴黎公社文学。前者是资产阶级的产物，是腐朽的、损人利己以及道德败坏的，而后者则是革命的与集体的。

这种对于"人道主义"的态度无疑同《欧洲文学史》与《外国文学简编》有着相当大的差异。通过仔细分析可以看出，《欧美文学史》在处理文艺"禁区"时同《欧洲文学史》如出一辙，即都采用了二分法，一反过去"一刀切"的评价标准。当《欧洲文学史》因为其"人道主义"核心而否定积极浪漫主义时，《欧美文学史》则通过对"人道主义"进行再次划分，提出了"应当提倡"的"革命的人道主义"与"集体主义人道主义"。这无疑是在原有文学认识的基础上进一步扩大了讨论的空间。

不过如果将之置于当时的社会背景中去考察，我们便能够指认出其属于更大的环境变动中的一环。改革开放不仅纠正了政治和经济上的"左"倾倾向，也打开了思想转变的可能性。特别是在1977年9月，发表于《人民文学》上的《毛泽东之歌》一文可以说是"新时期美学热"的缘起。

《毛泽东之歌》本来是当时中国社会科学院文学研究所所长何其芳回忆录的部分章节。在1977年7月何其芳逝世后，《人民文学》决定将这部分文章刊登出来，并命名为《毛泽东之歌》。一经发表，这篇文章便引发社会热议。《人民文学》文学评论组组长刘锡诚回忆："文章发表后，不出所料，在文艺界和学术界引起了很强烈的反响。"[1]之所以反应热烈，是因为《毛泽东之歌》中记载了毛泽东在1961年与何其芳一次会晤时对"共同美"这一问题的思考：

---

[1] 刘锡诚：《在文坛边缘上：编辑手记》，开封：河南大学出版社，2004年，第17页。

毛主席谈了一个很重要的理论问题，美学问题。他说：各个阶级有各个阶级的美。

也是上次那位插话几次的同志说：

问题在于也有一些相同。

毛主席像是回答他的问题，也像是发表他思考的结果似的说：

各个阶级有各个阶级的美。各个阶级也有共同的美。"口之于味，有同嗜焉。"[1]

此文刊出，无疑为文学界讨论"共同美"问题奠定了一大思想基础。1978年，邱明正便在《复旦学报》上发表《试论"共同美"》一文，从多层次的角度探讨"共同美"的可能性，但在文章最后仍回到了"无产阶级文艺观"上。[2] 隔年，朱光潜发表在《文艺研究》上的《关于人性、人道主义、人情味和共同美问题》则更进一步，不仅论述了"人性"与"人道主义"等概念的合法性，还以一个相当激进的姿态发出关于"美学"的呐喊："冲破他们所设置的禁区，解放思想，恢复文艺应有的创作自由，现在正是时候了！"[3] 而1980年8月15日汝信发表在《人民日报》上的《人道主义就是修正主义吗？——对人道主义的再认识》一文，更是对人道主义

---

[1] 何其芳：《毛泽东之歌》，载于云南民族学院汉语文系文艺理论教研组编：《美学问题讨论资料》（第1集），昆明：云南民族学院，1979年，第1页。

[2] 邱明正在文章结尾谈道："我们不能因承认有某些共同美而否定文艺的阶级性，走向唯心主义，陷入地主资产阶级人性论；也不能因坚持文艺的阶级性，而一概抹煞共同美的存在，否认无产阶级学习、继承、借鉴其它阶级文艺的可能性，限制了无产阶级文艺改造其它阶级人们的巨大的社会作用，走向绝对化，形而上学。"详见邱明正：《试论"共同美"》，载于《复旦学报》（社会科学版），1978年第1期，第51页。

[3] 朱光潜：《关于人性、人道主义、人情味和共同美问题》，载于《文艺研究》，1979年第3期，第42页。

的重要肯定。

这种扩大文学讨论空间的努力在《欧美文学史》中体现得较为明显。尽管全书脚注所体现出来的对"外部资料"(只有《安徒生童话》一例)的援引远少于《外国文学简编》,但它开创了一种新的文学史论述模式,即对文本和作者的具体评述。[1]例如,提及《伊利亚特》中阿喀琉斯的愤怒时,《欧美文学史》并没有如同之前的文学史教材一般停留于简单介绍,而是直接给出了所引原作中的描写:"太阳烤干的山麓上,从沟壑里发出一道野火把整个森林都烧起来,正有一阵狂风刮了那火焰倒到东边又倒到西边似的。他凶狠得同一个恶魔一般,紧紧追逐他的牺牲者,满地都淌黑了血。"[2]编写者以此为基础再去评述阿喀琉斯的形象,就使得文学史中的文学人物有了更具体、更丰满的形象,而非只有简单的阶级属性。诸如此类的例子在全书中比比皆是,而改革开放后大多数外国文学史教材都跟随了其编撰模式。余虹更言:"在我的学术记忆中,《欧美文学史》始终是一个要不断返回的路口,因为它启示我在一个沉默的时代真诚说话是多么不易和重要。"[3]可以说,《欧美文学史》的出版是我国外国文学史编撰中一个重要的转折标志。

从外国文学史教科书的编撰中我们可以看出,20世纪80年代初的思想解放并非是一蹴而就的,我们必须看到,一开始的"西方文学研究"其实很大程度上还是同"西方文学批判"混淆在一起的。

---

[1] 韩加明谈道:"冯至等编著的《德国文学简史》、杨周翰等主编的《欧洲文学史》与石璞著《欧美文学史》可以说开创了外国文学史教材编撰的两种模式,前者重综合史论,作品介绍较简略,具有研究专著的特点;后者则以作家作品评析为主,教科书色彩更浓。"详见韩加明:《外国文学史编纂史与时代变迁》,载于《外国文学评论》,2011年第2期,第221页。

[2] 石璞:《欧美文学史(上)》,成都:四川人民出版社,1980年,第47页。

[3] 参见 http://www.infzm.com/contents/9027。

尽管对于人道主义的肯定在20世纪80年代初开始萌芽，但之后却也经历过不少的颠簸，包括对异化问题与人道问题的再探讨等。归根结底，"左"倾意识形态在较长一段时间中占据着主流意识形态的位置，而意识形态的转变之于改革开放所带来的变化也并非是亦步亦趋的。不过，可以确定的是，随着"改革开放"新局势与商品经济新浪潮的持续冲击，过去统一的意识形态越来越显示出"不自洽"的一面。同样初出版于20世纪80年代的《外国文学简编》与《欧美文学史》中对"人道主义"的表述、文学经典的评价问题以及19世纪之后的文学史编写框架等方面的区别就是这种不自洽的体现。

值得注意的还有学者们研究态度的转变。比如，在20世纪80年代的一次采访中，杨周翰谈到《欧洲文学史》的不足："我们没有从文学传统的发展演变着眼。文学变成了政治斗争的说明书，文学史成了历史的印证或资料汇编。这是最大的缺点。"[1]学者研究态度"前后不一"的现象绝不是个例。不管这些改变是迫于形势的要求还是思想认识的真正转变，这些变化都表明在20世纪80年代初期的文学界中已产生了对前一时期的严肃反思。最明显的表现，就是当时出现了大量"商榷"与"辩论"，它与前一时期的"批判"与"扣帽子"有着较大的差别。比如针对朱光潜所发表的《关于人性、人道主义、人情味和共同美问题》一文，就有计永佑的《两种对立的人性观——与朱光潜同志商榷》、陆荣椿《也谈文艺与人性论、人道主义问题——兼与朱光潜同志商榷》以及毛信德《论雨果小说中的人道主义——兼与朱光潜教授商榷》三篇文章，明确在标题中就体现出商议的姿态。也有针对人性与人道主义等问题直接反对朱光潜的文章，如杨柄的《马克思恩格斯青年时期

---

[1] 杨周翰、钧杨：《杨周翰同志答本刊记者问》，载于《外国文学研究》，1981年第1期，第64页。

所论及的人性和人道主义问题》。同样，柳鸣九发表在1980年《读书》上的《给萨特以历史地位》一文以及1981年出版的《萨特研究》遭到了部分学者的严厉批评。[1]但柳鸣九还是坚持了自己的学术观点，并在随后的文章中多次进行反驳。这种学术观点上的论争开始逐步取代过去单方面"批斗"与"被批斗"的模式，也充分体现了时代的进步。

从以上的论述中我们不难发现，这一时期的外国文学史凝结了关于20世纪80年代思想矛盾的记忆。如果说杨周翰等人主编的《欧洲文学史》隐秘地表现了"政治"与"文学"之间的张力，那么20世纪80年代初期这种思想的"较量"就是对这一张力的公开化。在20世纪80年代之前，对于过去什么能写、什么不能写，如何评价某个具体问题和对象，有着一套明确清晰的"规则"。而如今，当在"人道主义""人性论"以及"共同美"等关键概念和问题上发生分歧时，原本同一的书写策略就消失了，正如哈布瓦赫所言："对同一事实的记忆也可以被置于多个框架之中，而这些框架是不同的集体记忆的产物。"[2]实际上，文学史撰写中的分歧，就是不同的集体记忆在文学文本之中的投射。改革开放所带来的，不仅仅是对政治经济制度的影响，更是对思想"合法性"之书写空间的重新开启。20世纪80年代初的文学争论实质上仍体现了权力冲突，谁掌握了关于外国文学史的话语权，谁便能重构这种记忆框

---

[1] 陈燊在1984年《外国文学研究》上撰文批评了柳鸣九对于萨特的推崇，不认可萨特对马克思主义始终抱有善意，更不同意其显示了"作为一个超脱了狭隘阶级的局限性的思想家的风度"。见陈燊：《也谈萨特》，载于《外国文学研究》，1984年第3期，第52页。而在1981年出版的《萨特及其存在主义》中，作者又将柳鸣九对萨特的推崇归结为"一种非理性的盲目崇拜"，见徐崇温、刘放桐、王克千等：《萨特及其存在主义》，北京：人民出版社，1982年，第8页。

[2] [法]莫里斯·哈布瓦赫：《论集体记忆》，毕然、郭金华译，上海：上海人民出版社，2002年，第93—94页。

架,从而重新定义当下的"合法性"。

　　1985 年,南开大学出版社出版的由朱维之与赵澧主编的《外国文学史(欧美部分)》(为与下文其他以《外国文学史》为名的教材区分,该书下称南开版文学史)与湖南教育出版社出版的由王忠祥、宋寅展以及彭端智主编的《外国文学教程》是这一时期外国文学史教材的代表作。必须承认,二者还没有完全摆脱前一时期的痕迹。在对各个作品的评价上,南开版文学史还是流露出"阶级论"的痕迹,例如对《荷马史诗》中的《奥德赛》,南开版文学史依旧延续《欧洲文学史》以及《外国文学简编》中关于奴隶主和私有权斗争的说辞。相比之下,《外国文学教程》则称其反映了人和自然的斗争。南开版文学史也对文艺复兴时期作家做出过阶级批判,如称莎士比亚"宣扬资产阶级的生活理想,当斗争尖锐化的时候,他又由于脱离人民,害怕斗争,主张阶级调和,这些属于他作品中的糟粕部分"[1]。同样,《外国文学教程》在导言中也要求读者必须"一分为二"地看待西方资产阶级文学,强调要注意其所谓"绝望的情绪、阴冷的气氛、混乱的思想和晦涩的语言"[2]。在具体的文本分析中,《外国文学教程》还是体现出了对"人性"问题的保守态度,比如它评价文艺复兴文学还是认为"人文主义者所讴歌的人和人性,归根到底是资产阶级自己和资产阶级的'个性'。新兴的资产阶级人文主义者鼓吹'人性论',其目的在于将自己的阶级性夸大为'普遍的人性'"[3]。

　　尽管这个时期的外国文学史教材还留有阶级论与"政治挂帅"的印痕,但总体而言,它还是越来越接近文学性。首先,《外国文

---

[1] 朱维之、赵澧主编:《外国文学史(欧美部分)》,天津:南开大学出版社,1985 年,第 141 页。
[2] 王忠祥等主编:《外国文学教程(上)》,长沙:湖南教育出版社,1985 年,第 12 页。
[3] 王忠祥等主编:《外国文学教程(上)》,长沙:湖南教育出版社,1985 年,第 119 页。

学教程》和南开版文学史都没有对现代派作家作品一笔带过,而是做了独立介绍。《外国文学教程》专门介绍了萨特与加缪等存在主义作家的作品,南开版文学史则更为"激进",不仅没有刻意运用阶级文学的眼光去看待现代派作家,而且对普鲁斯特、乔伊斯以及卡夫卡给予了高度评价,强调了三者在文学艺术上的造诣。

其次,二者在文学史编写框架上也有共同特点,即没有将"无产阶级文学"视为一个独立的部分加以专章论述。尽管二者在具体的作家论述中依旧采用了先论述无产阶级作家、再论述资产阶级作家的方式,但二者在章节设置上都做了淡化阶级色彩的尝试,重新改用国别文学的分类方法去论述18世纪以后的文学思潮。

最后,在书写无产阶级文学时,南开版文学史和《外国文学教程》都没有刻意强调其特殊的政治意义,从而将"文学史"变成"政治史"。这一时期的中国学者已经开始越来越深入地反思外国文学作家作品的筛选标准问题。教材编写者和研究者已经更多从"他者"反观自身,由自身观照"他者",尝试更开放也更跨文化地思考这一问题。我们可以以英国宪章派文学与巴黎公社文学在外国文学史教材中的比重变化为例来说明这一点。

汪树东曾指出,英国宪章派文学以及巴黎公社文学在英国文学史、法国文学史中几乎不值一提,然而我国的文学史却一直将此类无产阶级文学作为外国文学史的重点来介绍,这种价值判断无疑同西方文学界对经典的选择有较大的出入。[1]的确,无论是1973年出版的《牛津英国文学选集》(The Oxford Anthology of English Literature)还是2012年第9版的《诺顿英国文学选集》(The Norton Anthology of English Literature),都没有对宪章派文学做出介

---

[1] 汪树东:《文学经典的跨文化变异——以近六十年来三部〈外国文学史〉教材为例》,载于《文艺评论》,2017年第9期,第54页。

绍，而由法国著名文学家布吕奈尔等人编写、郑克鲁等人翻译的《19世纪法国文学史》也没有对巴黎公社文学做出介绍。但是，难道书写外国文学史就必须以异国文学界的评判为旨归吗？是否我们在书写法国文学史时，只能依赖法国文学家的意见？由此一来，中国学者编写的法国文学史又在多大程度上会变成法国学者著作的"译本"？

王向远在提出"中国翻译文学"这一概念时就回应了这种研究态度，他认为："对外国文学史上的文学思潮、运动、作家作品的轻重权衡和甄别取舍的依据和标准，主要不是外国文学史自身的标准，而是中国翻译文学史的标准，即根据其对中国文学的影响作用的大小多寡深浅，来确定其主次轻重。"[1]他以英国的《牛虻》为例，指出虽然其在英国文学史上并非重要的作品，但在中国翻译文学史上却有重要地位，因此我们需要给予其相应的地位。

宪章派文学和巴黎公社文学确实在我国外国文学史中占据了一个特殊的地位，完全抹除其在中国的历史影响无疑会使中国视野中的外国文学史缺失关键的环节，所以关键还在于如何论述这些对象。在保留对其相关介绍的前提下，篇幅字数的变化无疑能够作为一个显示其地位变化的指标。在20世纪80年代初，《欧美文学史》和《外国文学简编》依旧花了不少笔墨对宪章派文学与巴黎公社文学进行介绍，但1985年的《外国文学史（欧美部分）》与《外国文学教程》中就缩短了篇幅。经过统计（见表1）后发现，《欧美文学史(下)》中对英国宪章派文学的介绍用了5页的篇幅（第179页至第183页），共计1682字，对巴黎公社文学的介绍用了16页（第294页至第309页），共7179字；《外国文学简编》对英

---

[1] 王向远：《从"外国文学史"到"中国翻译文学史"——一门课程面临的挑战及其出路》，载于《中国比较文学》，2005年第2期，第82页。

国宪章派文学的介绍用了9页（第485页至第493页，）共计3839字，巴黎公社文学部分用了20页（第503页至第522页），共计10901字。对比之下，《外国文学教程（中）》对英国宪章派文学的介绍用了4页（第88页至第91页），共计2099字，对巴黎公社文学的介绍用了7页（第228页至第234页），共计3292字；南开版文学史对英国宪章派文学的介绍用了1页（第344页），共计355字，对巴黎公社文学的介绍用了3页（第507页至第509页），共1383字。

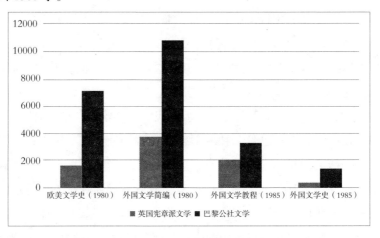

表1 "英国宪章派文学"与"巴黎公社文学"在四本教科书中的字数对比

从表1可以发现，1985年的两本教科书与1980年的两本相比，对于宪章派文学与巴黎公社文学的论述字数均呈现出显著下滑的趋势。宪章派文学与巴黎公社文学，正如前文所言，其实是作为一种"起源"被铭记在我们的教科书之中的。20世纪60年代的《欧洲文学史》就已经出现将俄国文学并入欧洲文学的做法，其实质是试图消除苏联的政治影响。但由于受年代所限，文中依旧赋予了国外无产阶级文学以至高的地位，同时文学论述的合法性最终还是需要依靠国外的无产阶级论著来裁定。而随着改革开放对过去反思的逐步深化，如何走出属于中国自身的社会主义道路成了未来国家发展的一个关键所在。1982年9月，邓小平在中共十二大的开幕词中首次提出"建设有中国特色的社会主义"的发展理念。[1]在1987年中共十三大报告中又指出："有中国特色的社会主义，是马克思主义基本原理同中国现代化建设相结合的产物，是扎根于当代中国的科学社会主义。"[2]从此之后，我国逐步形成了"中国道路"的国家论述。换而言之，改革开放伊始，在"社会主义"逐渐转化为"中国特色社会主义"的过程中，中国主体性的要求便介入到了过往的无产阶级论述之中，正如南开版文学史的"导论"中谈到的："学习外国文学还要善于把外来的东西与民族特点相结合起来，使之民族化。我们借鉴外来的东西，决不是简单的照搬和模仿，而是吸取其精华，化为自己的血肉，所以吸收外来的东西必须化而食之。"[3]结合上文对该书的分析，不难发现，这种民族化的对象已不仅只针对所谓"资产阶级文学"，同时也包括了对国外无产阶级文学的论述。可以看出1985年教材编写中开始针对文本选择、章节编排以及具体评价等方面的调整，正是改革开放后"中国主体性"日益彰显的文本表征。

（三）1990年至今："共同体书写"

在20世纪80年代末，文学界掀起了"重写文学史"的思潮，这一思潮对90年代之后外国文学史的编撰模式产生了较大的影响。

---

[1] 余翔、陈金龙:《中国特色社会主义：概念演变与内涵升华》，载于《光明日报》，2013年1月16日，参考 http://theory.people.com.cn/n/2013/0116/c49157-20216946.html。

[2] 余翔、陈金龙:《中国特色社会主义：概念演变与内涵升华》，载于《光明日报》，2013年1月16日，参考 http://theory.people.com.cn/n/2013/0116/c49157-20216946.html。

[3] 朱维之、赵澧主编:《外国文学史（欧美部分）》，天津：南开大学出版社，1985年，第5页。

关于"重写文学史"的讨论可以追溯到 1985 年，作为倡导者之一的王晓明曾谈道："其实，在 1985 年北京召开'中国现代文学研究创新座谈会'以后，'重写文学史'的工作就已经开始了。这本是一项有明确的专业范围的学术活动，但从我们这个专栏开办以来，由于新闻媒介的报道和社会上各种读者的关注，它竟然成了文学理论界的一个热门话题。"[1]"重写文学史"可以视为十一届三中全会精神在文学研究领域的反映，同时它也有自身内在的文学发展因素。1984 年，由刘象愚翻译、韦勒克与奥斯汀·沃伦合著的《文学理论》在被引进国内后迅速掀起文学界的热议，旷新年就谈道："'新批评'的理论家韦勒克与奥斯汀·沃伦合著的《文学理论》也在 80 年代被作为文学理论的'圣经'译介到中国并且发生了覆盖性的影响。《文学理论》所提出的有关'内部研究'与'外部研究'的剖析被奉为圭臬，由此发动了'文学回到自身'与'把文学史还给文学'的潮流。"[2]

尽管"重写文学史"的讨论一开始集中在中国现代文学史领域，但很快便蔓延至外国文学史的写作之中。正如王忠祥所说，20 世纪 80 年代以来，国内重写外国文学史的呼声日益高涨[3]，构建新的外国文学史编撰模式成为该领域的当务之急。旷新年曾认为，20 世纪 80 年代所谓"重写文学史"实际上就是将文学"现代化"。徐迟在 1978 年发表于《文艺报》上的《文艺与"现代化"》中也提出"文

---

[1] 王蒙、王元化总主编：《中国新文学大系（1976—2000·第一集 文学理论 卷一）》，上海：上海文艺出版社，2009 年，第 493 页。

[2] 旷新年：《"重写文学史"的终结与中国现代文学研究转型》，载于《南方文坛》，2003 年第 1 期，第 4 页。

[3] 王忠祥：《构建多维视野下的新世纪外国文学史——关于编写中国特色外国文学史的几点理论思考》，载于《外国文学研究》，2010 年第 5 期，第 113 页。

艺的现代化是我们的当务之急"[1]。新中国要进行现代化的改革，就必须肃清过去"左"倾的影响，同时也要防止过度西化，最终的目的就是走出一条具有中国特色的社会主义发展道路。20 世纪 90 年代的外国文学史写作，也呈现出围绕这一新的宏大叙事上下波动的趋势。

早在 1995 年，由吴元迈所执笔的《外国文学学科调研报告》就体现出当时外国文学史编撰工作中对于"中国特色"的编写要求。此份报告中提出："'九五'期间外国文学界务必以马列主义、毛泽东思想和邓小平建设有中国特色社会主义理论为指导来研究外国文学，大大加强精品意识，拿出无愧于时代的著作来，其中，自然包括当代中国特色外国文学史的编写。"[2]要回答如何构建带有中国特色的外国文学史的问题，就要回答其内涵为何的问题。但实际上，"是"（is）比"不是"（is not）更难以判定，因为关于"不是"的问题只需要划定边界，但"是"的问题却需要对概念有一个确定的界定。正如王忠祥后来指出的，当代中国特色外国文学史，"不是英美式、法式、德式、苏俄文学史的翻版和简易改编"[3]。换而言之，既不能完全按照西方著作的写法，也不能十足遵循苏联的模式。

在这个认识前提下，1999 年由郑克鲁主编的、高等教育出版社出版的《外国文学史》（下称高教版文学史）与同年由李赋宁总主编、商务印书馆出版的《欧洲文学史》（下称商务版文学史）均在文中对以前外国文学史教材中的"左"倾痕迹表示否定的做法就

---

[1] 徐迟：《文艺与"现代化"》，载于《文艺报》，1978 年第 3 期，第 39 页。
[2] 全国哲学社会科学规划办公室编：《哲学社会科学各学科研究状况与发展趋势》，北京：学习出版社，1997 年，第 655 页。
[3] 王忠祥：《构建多维视野下的新世纪外国文学史——关于编写中国特色外国文学史的几点理论思考》，载于《外国文学研究》，2010 年第 5 期，第 114 页。

并非是偶然的现象。[1]过去的外国文学史编撰工作中最主要的缺陷，就是所谓"庸俗社会学"倾向。马龙闪通过分析以Ｂ.Ｍ.弗里奇和Ｂ.Ф.彼列维尔泽夫为代表的庸俗社会学派著作，得出其观察文艺现象的两个根本出发点：一是把文学艺术的发展直接从属于经济形态和生产方式；二是将几乎所有文艺现象，包括作家世界观、作品及其内容、形象、风格等，都直接从作家的阶级出身引申出来，把"阶级制约性"看成决定性因素。[2]这种对于文艺分析简单化、片面化和绝对化的倾向，严重地影响了我国在新中国成立之后的文学批评和文学史撰写模式。即使在改革开放后，这种"庸俗社会学"的影响依旧存在。

而到了高教版文学史以及商务版文学史，尽管作为社会背景的"阶级"依旧存在，但"阶级论"痕迹已基本消失了。例如，高教版文学史不再强调奥德修斯是"奴隶主"的代表，而是将其定义为"一个英勇、顽强、战斗不息且又智慧过人的英雄形象"[3]。商务版文学史称其为"智多星"，更认为其"不仅是《荷马史诗》而且是整个欧洲文学的中心形象"[4]。而在面对莎士比亚的《哈姆雷特》时，

---

[1] 高教版文学史在《前言》中就指出："过去有一个时期，对外国文学的评价出现过某些偏差。其实应该考虑到文化、哲学、心理学等等和文学之间的直接和间接的关系，多角度、多方位地观照外国文学。只有这样，才能更全面、更深刻地阐明文学现象、文学流派和作家作品，在更加广阔的背景上阐述其产生的根源。"而商务版文学史也在《编者说明》中指出："以今日的眼光看原《欧洲文学史》，不难发现其中存在这样那样的缺陷和问题，但大多数是历史条件使然，不应也无需苛求于前辈。"详见郑克鲁主编：《外国文学史（上）》，北京：高等教育出版社，1999年，第2页；李赋宁总主编：《欧洲文学史（第1卷）》，北京：商务印书馆，1999年，第1页。

[2] 马龙闪：《苏联的庸俗社会学批判及其现代意义——兼论否定人类文明共同价值的理论根源》，载于《探索与争鸣》，2009年第10期，第70页。

[3] 郑克鲁主编：《外国文学史（上）》，北京：高等教育出版社，1999年，第22页。

[4] 李赋宁总主编：《欧洲文学史（第1卷）》，北京：商务印书馆，1999年，第16页。

高教版文学史并没有简单地止于将哈姆雷特的"延宕"归咎为新兴资产阶级的弱小,而是将之置于"欧洲文艺复兴信仰失落时人们进退两难的矛盾心理的象征性表述"[1]。商务版文学史更是看到了"新王"克劳狄斯精明能干的一面,"这样一来,这个一度被传统莎评家们视为万恶不赦的封建势力的代表却显露出相当多的人文主义倾向"[2],由此点出了莎士比亚戏剧人物性格的复杂性和多样性,目的是告诉读者不能片面地以单一的"阶级眼光"去看待文学文本。而以前外国文学史撰写的"重灾区"——19世纪浪漫主义文学——也在两部文学史教材中呈现出新样貌。较为直观的一点便是两本教材中不再对浪漫主义采用二分法,不再称呼湖畔派、耶拿派和海德堡派为"消极浪漫主义",同时还将英国浪漫主义的介绍重点从以前所谓"积极浪漫主义作家",即拜伦和雪莱,转向了开创"浪漫主义"潮流的"湖畔派"诗人。

以夏多布里昂为例,杨周翰主编的《欧洲文学史》在介绍夏多布里昂时引用了马克思对其的评价:"这个作家我一向是讨厌的。如果说这个人在法国这样有名,那只是因为他在各方面都是法国式虚荣的最典型的化身,这种虚荣不是穿着18世纪轻佻的服装,而是换上了浪漫的外衣,用新创的辞藻来加以炫耀;虚伪的深奥,拜占庭式的夸张,感情的卖弄,色彩的变幻,文字的雕琢,矫揉造作,妄自尊大,总之,无论在形式上或在内容上,都是前所未有的谎言的大杂烩。"[3]马克思对夏多布里昂如此富有情感色彩的评价在相当长的时间内奠定了夏多布里昂在我国外国文学史中的地位。而在高教版文学史中,编者没有再引用马克思的评价,而是客观地介

---

[1] 郑克鲁主编:《外国文学史(上)》,北京:高等教育出版社,1999年,第86页。
[2] 李赋宁总主编:《欧洲文学史(第1卷)》,北京:商务印书馆,1999年,第266页。
[3] 转引自杨周翰、吴达元、赵萝蕤主编:《欧洲文学史(下卷)》,北京:人民文学出版社,1979年,第70页。

绍了夏多布里昂的创作,称之"善于以具体生动的事例去阐发枯燥的哲理"[1]。商务版《欧洲文学史》甚至写道:"夏多布里昂的散文具有一种大河奔涌的宏阔气势,然而在雍容中也能露出讥讽的锋芒。他也许是在浪漫主义的激情中能保持冷静的唯一的作家,他有着古典主义的均衡感。"[2]对此,汪介之也称"撰写者显示了自己的学术胆识和科学精神"[3]。

最后,这两套文学史教材均进一步丰富了20世纪欧美文学的内容,包括对卡夫卡、乔伊斯、萨特以及海勒等人的介绍。高教版文学史还囊括了亚非文学,并且近现代亚非文学也没有局限于对传统左翼作家的介绍,例如川端康成便成为现代日本文学的代表作家。

但值得警醒的是,改革开放后文学界对于"左"倾的反思也在一定程度上造成了一种"应激反应",即对于过去研究范式大力批判的同时,对应用更为"现代"的(某种意义上也是更为"西方"的)研究方法的强烈需求。从20世纪80年代开始,中国学界大量译介了西方的前沿文学与文化理论,这一做法确实极大地开阔了中国学者的研究视野,丰富了自身的思想资源,但由此也引发了另一个问题,即研究者对西方理论的误用与滥用。王忠祥就曾指出:"实事求是地说,在我国外国文学研究、外国文学史著述中,确实存在机械搬用西方文论、方法和名词术语的现象,甚至在一部分中国古今文学评论中也是如此。"[4]部分研究甚至颇有"以西为尊"的研究态度,即以西方学者的评价为唯一指标。这种"矫枉过正"的现象从侧面佐

---

[1] 郑克鲁主编:《外国文学史(上)》,北京:高等教育出版社,1999年,第157页。

[2] 李赋宁总主编:《欧洲文学史(第2卷)》,北京:商务印书馆,2001年,第95页。

[3] 汪介之:《我国欧洲文学史研究的标志性成果——评商务版新编〈欧洲文学史〉》,载于《外国文学研究》,2002年第3期,第160页。

[4] 王忠祥:《构建多维视野下的新世纪外国文学史——关于编写中国特色外国文学史的几点理论思考》,载于《外国文学研究》,2010年第5期,第115页。

证了中国学者急于改变自身、急于与西方学界展开对话的焦灼心态。

回顾20世纪下半叶,在德里达的"延异"、福柯的"权力"、德勒兹的"生成"、怀特的"元史学"等关键概念的辐射下,各种解构学说与微观研究大行其道,研究者开始寻找过去被压抑的"边缘"以推翻"中心",同时又以持续的碎片化叙事来防止思想被"中心"所收编。当这种"后现代主义"思潮介入文学史研究后,学界便激起了对于"文学史是否可能"的争论,从韦勒克、戴维·珀金斯(David Perkins)、保罗·德·曼(Paul de Man)再到罗伯特·约翰斯通(Robert Johnstone)等人都探讨了关于传统文学史撰写模式的失效,约翰斯通更是直言文学史已成了"不可能的体裁"。[1]文学史的"整体观"仿佛一夜之间在欧美学界就成了众矢之的,珀金斯就在其《文学史是可能的吗?》(*Is Literary History Possible*?,1992)中提到《哥伦比亚美国文学史》(*Columbia Literary History of the United States*,1987)和《法国文学新史》(*New History of French Literature*,1989)都是采用了论文合集的编撰形式,目的就是避免连贯性。[2]包括由剑桥大学出版社于2010年出版的《剑桥中国文学史》(*The Cambridge History of Chinese Literature*)也出现了这种"后现代"意味,尽管主编孙康宜在2013年的中文本序言中明确指出"连续性"是《剑桥中国文学史》的一大目标,但已有部分学者指出其"显得缺乏整体结构的清晰和中间层次的充实"[3],"并没有给我们清晰地描绘出

---

[1] 美国圣地亚哥加州大学的张英进对这一过程做了梳理与介绍,详见张英进、雷俊:《历史整体性的消失与重构——中西方文学史的编撰与现当代中国文学》,载于《文艺争鸣》,2010年第1期,第67—69页。

[2] David Perkins, *Is Literary History Possible?* Baltimore: Johns Hopkins University Press, 1992, p.3.

[3] 蒋寅:《一个中国学者眼中的〈剑桥中国文学史〉》,载于《首都师范大学学报(社会科学版)》,2014年第2期,第97页。

这一文化的整体样貌，这与它缺乏一个贯穿始终的框架有关"[1]。可以发现，"后现代"的文学史观在很大程度上已经改变了西方文学史的撰写样貌，学者们在自觉与不自觉中都透露出了对于"连续性整体"概念的抗拒。而20世纪90年代后，中国学界也同西方学界一样思考起文学史整体观的问题，也有不少学者提出以类似西方后现代叙事的方法去"重建"文学史[2]。但这种模式依旧难以回答这一问题：如果"文学史"这一概念下都是片段化的知识、彼此脱节的见解以及不成体系的文本碎片，"文学史"还能存在吗？如果作为教科书的文学史以这种方式去编撰，学生又该如何去学习文学史的知识？还有一派学者提出了以叙述"人性"与强调"审美"为着眼点的整体观去"重写文学史"，但其实就是变相地将左翼文学排除在文学史之外，这种做法也难以弥合文学史撰写中的种种裂隙。[3]说到底，中国的外国文学史编撰本身就是从"他者"的位置去观察"西方"，无须同西方学者一般以釜底抽薪的姿态去反"整体"，因为将中国主体性介入到对于西方文学的考察中，其实就是对于所谓"西方中心"的解构。自然，中国的外国文学史编写既要对西方学界相关研究有所反映，同时也需要一套"中国视角"的逻辑，不是亦步亦趋地跟在西方学界之后，而是应该去提出西方学者鲜于关注的文学史面貌问题。

这方面值得称道的例子有外国文学史中的宪章派文学、巴黎公

---

[1] 杨彬：《文化、文学和文本——谈〈剑桥中国文学史〉的叙述支点》，载于《文汇读书周报》，2013年10月18日。张英进以郜元宝、程光炜以及陈平原为例，分析三位学者重新思考文学史编撰模式的思想成果。详见张英进、雷俊：《历史整体性的消失与重构——中西方文学史的编撰与现当代中国文学》，载于《文艺争鸣》，2010年第1期，第72页。

[2] 详见张英进、雷俊：《历史整体性的消失与重构——中西方文学史的编撰与现当代中国文学》，载于《文艺争鸣》，2010年第1期，第72页。

[3] 杨庆祥：《"整体观"：建构与反思》，载于《当代作家评论》，2010年第4期，第63页。

社文学编撰等。这些内容的撰写背后都隐藏了一种"中国视角"，当过往我们从欧洲文学内部挖掘出无产阶级文学时，我们实际上是试图从一种"中西关系"出发去看待西方文学。特别是在出现了囊括进亚非文学的外国文学史后，这种"中西关系"更是扩大到了"东西视野"。这种视野的扩大对外国文学史提出了新要求，尽管20世纪80年代以降的外国文学史逐渐以"国别文学"代替了"阶级文学"，但外国文学不能只是国别文学的简单叠加，更关键的应是文学之间的"关系"。商务版文学史因为主题的限制，更多的是欧洲文学内部的关系，如在论述18世纪法国文学时便提到英国的思想家以及社会体制对于法国文学的影响。高教版文学史也强调"文学关系"，既纵向分析文学思潮演变的"他律性"，也横向阐述各国文学之间的联系，不过大体上还是更为注重东—西两个不同文学板块之间的内部联系，例如对于中古朝鲜文学与越南文学的分析中注意到了中国文学的影响。至于东—西文学之间的关系，高教版文学史更偏重于分析西方对于东方的影响，正如其在"亚非部分"的导论中谈到的，19世纪后的近代亚非文学遭受到了来自西方的冲击，由此经历了"启蒙""救亡"以及"改革"等一系列转变，而关于东方文学对西方文学的影响则着墨较少，古希伯来文明对欧洲文明之影响的论述可以说是最为突出的，但也只用了较少的篇幅。

尽管有众多优点，高教版文学史相较商务版文学史而言，仍有部分问题，其中一个较为明显的便是依旧没有摆脱将文学史作为"主义"更替史的思路。这一问题由来已久，杨周翰主编的《欧洲文学史》中已经出现了这种分类方法，到了20世纪80年代外国文学史教材中依旧存在。即便是基于艺术性的考量，一旦将19世纪文学截然分成"浪漫主义文学"与"现实主义文学"，极有可能就会出现作家创作生涯被割裂的情况。例如将维克多·雨果的《巴黎圣母院》分在"浪漫主义文学"中去论述，而到了"现实主义文学"部分才介绍其《悲惨世界》，如此一来就会导致读者难以对雨果的文学创作形成一个完整连贯的认识。另外一个问题便是作家定位的问题，例如将普希金和海涅放在19世纪现实主义文学中是否妥当？福楼拜的《包法利夫人》是否就是现实主义文学？由此也引出了编写者要如何去定位那些"承前启后"的作家，如何去放置那些一生穿越于多种风格、体裁以及主题之作家的问题。文学思潮的变化的确是文学发展的重要认识线索，但试图从历时性的角度以种种"主义"来划分作家作品范畴的做法无疑是值得商榷的。

换而言之，如果不以"主义"为标志，文学发展的逻辑该如何被描绘出来？上述对于两部教材的分析其实已经透露出一个关键的思路，那便是着眼于文学关系的研究。可以说，对于文学关系的研究正是比较文学研究的核心。换而言之，即是要将外国文学史作为比较文学史来看待。聂珍钊在2000年的《外国文学就是比较文学》一文中便提出："无论从定义上看，还是从发展历史、课程设置和教材内容上看，外国文学在本质上就是比较文学。"在聂珍钊看来，因为"一国文学与另一国或多国文学的比较研究，仍然是比较文学最重要的特征"，而"我国的外国文学或世界文学学科的最基本特点是把许多国家的文学放在一起进行比较研究，以加深对外国文学的理解和认识"。[1] 从这个意义上，我国的外国文学就有理由说是比较文学。自然而然，外国文学史就是比较文学史。

其实还需要指出，尽管过往的外国文学史教材中确实体现出了对于比较文学之"文学关系"的强调，但很多时候还是呈现出一种单方面的关系，即西方对东方的影响，而没有强调双向的交融。唯有在前人已有的成果之上，突破东西文学圈的隔阂，将二者视为一

---

[1] 聂珍钊：《外国文学就是比较文学》，载于《外国文学研究》，2000年第4期，第117—118页。

个紧密联系而又充满动态变化的文学整体，从而进一步去阐述这种双向交流的历史，才能真正地打破苏联模式和英美模式的窠臼，构建出属于"现代中国"的外国文学史观。

由聂珍钊主编、在2010年经华中师范大学出版社出版的四卷本《外国文学史》（下称华师版文学史）就清晰地体现了"文学交融"的编写思想。在编写的框架上华师版文学史不再将"欧美文学"与"亚非文学"截然分开，而是将二者统摄进一个历时的时间框架中，如第一卷第一编的"古代文学"，就囊括了古埃及文学、古巴比伦文学、古希伯来文学、古印度以及古希腊文学和古罗马文学，并在论述中分析了不同古代文学彼此的关联，而在论述古巴比伦文学时便分析了其与古希腊文学中四季神话的相似性。同时在"起源"的位置上去对比分析中西各国文学的异同点，有助于我们对"文学"的缘起有更加深刻的理解。但更重要的是，这种关于文学的"关系研究"并没有仅仅停留在框架的设置上，而是深入到对于具体作家作品的分析之中。例如，在论述伏尔泰的《中国孤儿》时，过去大多数外国文学史都是寥寥几笔带过，没有深入分析该文本的中国文学来源，然而华师版文学史却谈道："《中国孤儿》是伏尔泰根据我国元代剧作家纪君祥的《赵氏孤儿》改编的五幕悲剧，是西方戏剧第一次借鉴中国艺术的成果。虽然作者按照三一律的要求对原剧进行了重大改造，但仍保留了搜孤救孤的主要情节。他还特别将之命名为'五幕孔子道德戏'，表现了他对中国文化尤其是儒家文化的热情。"[1] 在论述庞德的诗歌时，华师版文学史也指出其与中国古代诗歌和日本俳句之间的关系，并认为庞德虽不懂中文，他对中国诗歌的翻译只是对英译的改译，但他的改译却"赋予了这些古典诗

---

[1] 聂珍钊主编：《外国文学史（二）·17世纪至19世纪初期文学》，武汉：华中师范大学出版社，2010年，第87页。

歌以现代气息,并使之符合了西方读者的审美需求"[1]。包括在谈论清少纳言的《枕草子》时也提到了中国的《史记》《白氏文集》等汉文典籍对其的影响。不仅如此,华师版文学史还凸显了文学影响的往复式发展,例如在介绍日本作家夏目漱石时,既注意到了中国古籍中的美学和儒家伦理思想对其文学思想的影响,也以周作人和鲁迅为例分析了夏目漱石在译介进中国时对文学界产生的影响。

"文学一体观"以及对文学关系的多边认识可以说是华师版文学史最大的贡献,这种探索模式也极大地拓宽了我国外国文学史写作的可能性。将过往的"东方"与"西方"一并视为"文学共同体"的做法,是20世纪90年代后"中国视角"在21世纪的新变化,这一变化同中国的国家历史发展紧密联系。在改革开放之后,随着我国综合国力逐渐强盛,中国的发展也逐渐从"请进来"向"走出去"拓展,在这一过程中,最具标志性的国家事件莫过于中国在2001年12月11日正式加入世界贸易组织(WTO),成为其第143位成员。加入世贸组织不仅仅标志着中国发展进入了新阶段,同时也标志着中国国家叙事的重点开始从过去强调自身"生存"与"发展",逐渐转移到世界范围中的强调"大国担当",而"人类命运共同体"既是这一叙事转变过程中最为凸显的概念,也是对于全球化问题的"中国回答"。

全球化进程深刻地改变了人们的生产、生活与思维方式,在这一过程中,"想象的他者"开始介入到"自身的世界"之中。纵观历史,可以发现,面对与自身不同的文明文化,西方世界并没有呈现出其所宣扬的"自由平等"的人权观念,例如19世纪欧洲因面对其认为具备威胁自身霸权潜力的东亚发明出"黄祸"(Yellow

---

[1] 聂珍钊主编:《外国文学史(四)·20世纪文学》,武汉:华中师范大学出版社,2010年,第19页。

Peril）的说法。而以欧洲内部为例，或许在我们看来，似乎欧洲各国因拥有相同的文化起源而使彼此之间可能更容易相互理解，但实际上欧洲内部也存在对彼此间的排斥行径。德国吕讷堡大学学者埃默尔·奥沙利文（Emer O'Sullivan）就曾指出，16世纪中叶到18世纪末欧洲民众对于西班牙人的主流认知是阴险、狡诈与杀人如麻的（cruel, scheming, and murderous），而这一现象同西班牙在当时强盛的国力息息相关。[1]通过对以上两个例子的分析可以发现，西方世界对于有可能改变国际秩序之"他者"力量的恐惧由来已久。这与其说是基于国家利益的判断，更不如说体现了一种"中心主义"的信念以及一种根深蒂固的"主体—客体"思维。在这一视野中，"他者"并非是真实的"他者"，而是想象中的"他者"。影响只能是从"我"到"他"，即是高等文化对低等文化的现代化改造，反过来，从"他"到"我"的影响就成为"入侵"以及"威胁"。

正如前文所言，众多西方学者试图从西方文明内部去瓦解种种宏大叙事，但也有部分人发觉到了"外部"力量，美国纽约大学学者玛丽·路易斯·普拉特（Mary Louise Pratt）就说过："第三世界开始参与到第一世界的对话中，并且第一世界认识到自身的构成要素之中也包括与外界的接触关系。"[2]试图打破内外之别，重新发现一个相互依存的世界，不仅仅是一个学术设想，更是国际形势所趋。即便是提出"文明冲突论"的著名政治学者塞缪尔·菲利普斯·亨廷顿（Samuel Phillips Huntington）也承认，"在未来的岁月里，世界上将不会出现一个单一的普世文化，而是将有许多不同的文化

---

[1] O'Sullivan E., "S is for Spaniard", in *European Journal of English Studies*, 2009, Vol.13, pp.337-338.

[2] 玛丽·普拉特：《比较文学与世界公民》，载于查尔斯·博恩海默编：《多元文化时代的比较文学》，王柏华、查明建等译，北京：北京大学出版社，2015年，第64页。

和文明相互并存"[1]。

因此，在全球化进程不可逆的前提下，如何解决随之而来的冲突与矛盾，成为急需回答的问题。在这种背景下，由中国所提出的"人类命运共同体"其实便是人类历史发展的逻辑产物。2012年，党的十八大明确提出要倡导"人类命运共同体"意识。2017年1月18日，习近平总书记在联合国日内瓦总部发表题为"共同构建人类命运共同体"的讲话，强调从坚持"对话协商""共建共享""合作共赢""交流互鉴"以及"绿色低碳"等方面去构建人类命运共同体。同年，"构建人类命运共同体"被首次写入联合国决议。2018年，"构建人类命运共同体"被写入中华人民共和国宪法。强调"相互依存"的"人类命运共同体"已然成为解决世界发展难题的新视角与新方法。

而作为21世纪中国的外国文学史教材，运用比较文学的思路与方法去沟通各国文学关系是时代的应有之义。尽管聂珍钊对于"外国文学就是比较文学"的构思早于"人类命运共同体"之概念的发展，但假若将二者定位为中国加入世贸组织后对于"中国道路"的一系列深化探索，就能够意识到华师版文学史以"共同体"思维去重写文学史这一举动所表征的国家记忆。华师版文学史既反映了21世纪"中国道路"的核心概念，同时也重构了中国读者乃至各国读者对于世界文学史的认识。

从1949年至今，我国外国文学史编撰史已走过了七十多个春秋。每个阶段的外国文学史教材都以直接或间接的方式反映了各自时期内重大的国家事件。同时，文学史教材总是在特定的集体框架下诞生的产物，而这一框架又同当下的国家意识形态密切相关，因

---

[1] [美]塞缪尔·亨廷顿：《文明的冲突与世界秩序的重建》，周琪、刘绯、张立平等译，北京：新华出版社，1998年，第2页。

此新阶段的外国文学史教材在面对过去的教材时，就必须考虑上一阶段记忆的集体框架如何被统摄进新的国家叙事之中。可以发现，当集体框架发生大幅度变化时，教材的编写者并没有立刻抛弃过去的论述模式，而是采用调和新旧思想的方法去构建文学史的论述。由此出发，可以对"重写文学史"没有在改革开放后立刻发生的情况有一个更深入的理解。只有当"调整"逐步深化之后，"重写"才迎来实践上的契机。

分析我国外国文学史教材的编选流变能够发现，对于国家记忆的逐步铭刻反映出"中国主体性"的增强，外国文学史编写者在文本中的突破、深化以及创新可以说是新中国七十余年来发展历程在文学领域的投射。从模仿苏联，到学习西方，到如今提出"中国道路"，外国文学史教材既是各个阶段集体框架的产物，也反过来形塑了不同时代读者的国家记忆。

第三章
"诗性自觉"的集体记忆

因为"诗性"概念具有丰富性和复杂性,"诗性记忆"或"诗性自觉的记忆过程"也具有了多种多样的表现形式。比如有文学、艺术的演变和接受,有理论的渗透和影响,还有博物馆、纪念碑等场所实物的熏陶和营造。不论哪一种形式,它对作为个体的记忆主体而言,都是悄然发生作用的。正所谓"随风潜入夜,润物细无声","诗性自觉"的核心就在于记忆主体从自身、从内部、从自我的内在出发,自觉主动地参与了记忆的建构过程。与"嵌入"的记忆方式不同,它往往是"自下而上"的,不是源于抽象的行政指令,而是生发于具体的现象与经验之中,不是遵照某种"唯一正确"的标准来调整或改变自身的思想言行,而是历经各种争鸣、对抗、论辩或修正之后,逐渐形成一个统一甚或同一和唯一的标准。所以说,"嵌入"的记忆建构是由权威来统一差异,而"诗性自觉"的记忆建构则是借助差异来创造权威。这两种形式在实际的形成过程中具有非常微妙的意味。本章从音乐和文学理论方面分别选取了"《东方红》的接受"与"'存在主义是一种人道主义'在港台地区学界的扎根"两个案例来进行分析,意在佐证我们对"诗性自觉"

的共通性的理解和认识。

一、《东方红》的时代变奏：感性之维的国家记忆

2004年12月17日到19日，睽违舞台40年的音乐舞蹈史诗《东方红》以宽银幕视听交响合唱组曲的形式在北京世纪剧院上演。通过声音与影像的组合，过往与当下被紧密关联，相隔40年的观众因同一首《东方红》分享了相似的情感。40年岁月流转，《东方红》与其时代一道被美学化、浪漫化，渐归"其本在人心之感于物"[1]的乐之本事。但当我们将目光投向40年前乃至《东方红》诞生的20世纪40年代，风云变幻的时局要求声音必须承担更重大的新使命：站在党的立场上表现工农兵，暴露敌人，歌颂群众。因此，《东方红》在旧曲翻作新声的过程中，声之所起从"我"转向"我们"，声音亦被用作划分"我们"与"他们"的工具。一如洪长泰在《歌曲的政治》中所言，战争歌曲或更广泛意义上的革命歌曲作为一种强烈的情感力量塑造了20世纪三四十年代中国人的国家、民族意识，然而关键不在承认革命歌曲的政治性，这是毫无疑义的，而是追问"歌曲"与"革命"怎样建立起关联？[2]《东方红》又是如何表征和记忆了"革命的中国"并成为这一国家记忆的一部分？

关于这一点，当下"东方红"研究还不够充分，学界多着眼

[1] 孙希旦撰，沈啸寰、王星贤点校：《礼记集解》，北京：中华书局，1989年，第976页。
[2] See Chang-Tai Hung, "The Politics of Songs: Myths and Symbols in the Chinese Communist War Music, 1937–1949", in *Modern Asian Studies*, 1996, Vol.30, No.4, pp.901–929.

歌曲《东方红》的歌词作者[1]、曲调来源[2]，史诗《东方红》的创作过程[3]、文本特征与文化生态[4]、当代价值[5]等个案，缺乏贯穿歌曲《东方红》、史诗《东方红》乃至作为一种现象之"东方红"的整体研究，不仅未能厘清"东方红"走向政治的历史谱系，更遑论在"政治的"革命新声中发见乐之本事的持续存在。将"东方红"上升到一种"现象"的高度，以"声之新命与乐之本事"为"问题和方法"重新聆听《东方红》，既爬梳史料、重回历史现场，又聚焦声音、抛开先在的文化负载。

（一）《东方红》的歌词谱系与"陕北民歌"的发现

1944年3月11日《解放日报》第四版文章《移民歌手》全文披露了一首名为《移民歌》的陕北民歌，并给第一段词谱上《白

---

[1] 参见吴志菲：《〈东方红〉歌曲诞生与传唱的故事》，载于《福建党史月刊》，2010年第5期。陈子平：《〈东方红〉诞生记》，载于《陕西档案》，2011年第4期。张雪艳：《李有源和〈东方红〉》，载于《音乐天地》，2012年第3期。王树人：《〈东方红〉的词作者究竟是谁》，载于《党史博采》，2016年第3期。

[2] 参见卫凌：《〈东方红〉的曲调来源》，载于《运城学院学报》，2004年第1期。

[3] 参见莫伟鸣、何琼：《大型音乐舞蹈史诗〈东方红〉的创作由来》，载于《人民音乐》，2006年第12期。陈爽：《前奏、间奏与余响：文献与图像史料中的音乐舞蹈史诗〈东方红〉》，载于《书城》，2009年10月号。

[4] 参见明言：《音乐舞蹈史诗〈东方红〉的文本特征与文化生态研究（上）》，载于《乐府新声（沈阳音乐学院学报）》，2000年第4期。明言：《音乐舞蹈史诗〈东方红〉的文本特征与文化生态研究（下）》，载于《乐府新声（沈阳音乐学院学报）》，2001年第1期。

[5] 参见黄卫星、翟翊辰：《史诗〈东方红〉记忆与价值共同体及传播意义》，载于《当代传播》，2014年第5期。陈小眉：《演绎"红色经典"：三大革命音乐舞蹈史诗及其和平回归》，冯雪峰译，载于《华文文学》，2014年第1期。

马调》的曲,取名《毛主席领导穷人翻身》。[1]不论歌词还是旋律,这首宣传边区移民政策的"新民歌"与我们熟悉的《东方红》相去无几,在"东方红"的歌词谱系中,如果将《东方红》视作原点,《移民歌》无疑是距原点最近的坐标。然而当我们把目光从第一段(《毛主席领导穷人翻身》)移向整首歌,无论思想境界抑或文字意象,它都显得与《东方红》有些格格不入,这种"错位"暗示了"东方红"的变迁并非一条想象的历史快车留下的行驶轨迹,勇往直前,站点间序列分明,转而提醒我们注意历史节点处的新旧重叠,驱使我们在新命与本事的撕扯中向上回溯,直抵其"起源"。1945年,晋察冀新华书店出版了延安文艺座谈会后由党的文艺工作者(何其芳、张松如)编选的第一部民歌选集《陕北民歌选》(以下简称《民歌选》),[2]它收录的三首歌《探家》《骑白马》《移民歌》作为《东方红》的"史前史",大致勾勒了《东方红》的歌词谱系。

---

[1]《毛主席领导穷人翻身》词曲:

D调 2/4(仿骑白马挂洋枪调)

5 56 | 2·3 | 1 61 | 2 —— | 5 5 | 16 5 |
太 阳 升   东 方 红   中 国 出了个

32 16 | 2 —— | 6 55 | 553 232 | 162 321 | 2 16 5 ‖
毛 泽 东   他为人民 谋生 存呀嗨 荷呀他是人民 大救 星

参见陈柏林:《移民歌手》,载于《解放日报》,1944年3月11日第4版。

[2]《民歌选》最初由晋察冀新华书店于1945年出版,后在东北、上海多次重印,包括1947年晋察冀新华书店版、1948年大连大众书店版、1948年哈尔滨光华书店版、1949年新华书店版、1950年上海新华书店版、1951年上海海燕书店版、1954年上海新文艺出版社版和1962年上海文艺出版社版。总览各个版本,民歌篇目与内容彼此一致,不同之处在于排版和内容提要、凡例、代序、重印琐记等附属文本。较之此前各版,海燕书店版规范了凡例,增加了何其芳写的代序《论民歌》和重印琐记,交代了选集的编选标准,确立了民歌在艺术中的独特位置,披露了《民歌选》诞生过程的历史点滴,它们对本文研究具有重要意义。本章在参考各版的基础上,选取了海燕书店版的《民歌选》,全章所引民歌内容均出自此版。

作为"东方红"的最初面貌,《探家》共3段8节,大致分为两部分:第一段描述了一年轻男子先是埋怨"爹娘不给我娶老婆"[1],后因"娶老婆娶了个活娘娘"[2]落下一肚子气,进而"有心卖她个活人妻,不顶我打伙计"[3]。就在读者对情节产生期待时,后两段则宕开一笔,开始描绘与之前完全不相关的场景:"荞麦花,落满地,尔个的年轻人真不济;一把拉我在洼洼地,亲了个豆芽子嘴。"[4]由此可见,《探家》没有完整的故事,只是通过场景和片段展现陕北农民对爱情和婚姻的真情实感。这种质朴甚至略微粗俗的情感无涉政治,无关"我们",完全起自"我"的喜怒哀乐,这使歌中的陕北农民形象真实而饱满,虽无深刻之思想性,其艺术性却十分鲜活。然而在当时的背景下,与革命的广阔天地和"我们"的革命精神相比,"我"和"我"的喜怒哀乐显得如此渺小,"人心感物"的乐之本事已然太过狭隘而渐脱节于时代。正如《民歌选》凡例第一条暗示的:"我们编辑这个选集,不是单纯为了提供一些民俗学和民间文学的研究资料,而是希望它同时可以作为一种文艺性质的读物。我们选择的标准是要求在思想性和艺术性上都或多或少有一些可取之处。"[5]《探家》的思想性太弱,既不要求反抗,更不崇尚革命,这不符合文艺被赋予的重任:"很好地成为整个革命机器的一个组成部分,作为团结人民、教育人民、打击敌人、消灭敌人的有力的武器,帮助人民同心同德地和敌人作斗争。"[6]因此,何其芳归入旧民歌的《探家》在公共话语层面必须被改编为新民歌《骑

---

[1] 何其芳、张松如选辑:《陕北民歌选》,上海:海燕书店,1951年,第101页。
[2] 何其芳、张松如选辑:《陕北民歌选》,上海:海燕书店,1951年,第101页。
[3] 何其芳、张松如选辑:《陕北民歌选》,上海:海燕书店,1951年,第101页。
[4] 何其芳、张松如选辑:《陕北民歌选》,上海:海燕书店,1951年,第102页。
[5] 何其芳、张松如选辑:《陕北民歌选》,上海:海燕书店,1951年,第1页。
[6] 中共中央文献研究室编:《毛泽东文艺论集》,北京:中央文献出版社,2002年,第49页。

白马》《移民歌》乃至颂歌《东方红》。

与《探家》和之后的《移民歌》相比,《骑白马》显出强烈的过渡特征。一方面,它与《探家》的情感诉求一致,都以"我"的情思为基底,某些歌词("煤油灯,不遮风,芝麻油烩了个白菜心,红豆角角抽了筋,情哥哥没音信"[1])几无分别,这是音乐本事在新民歌中的延续,暗示了"革命新声"的传统底色。另一方面,它又显著地获致《探家》不具备的新特点。抗战的背景使它在儿女情长外多了家国大义,然其独特之处不限于此,不在"打日本",而在"参加八路打日本",歌曲首段("荞麦花,红燉燉,咱二人为朋友为个甚?三哥哥当了八路军,一心去打日本"[2])与尾段("骑白马,挂洋枪,三哥哥吃了八路军的粮,有心回家看姑娘,打日本顾不上"[3])的呼应对此做了确认。在后来的宣传中,尾段更成了这首歌乃至新民歌的代名词,日后当《解放日报》披露最接近《东方红》的民歌《毛主席领导穷人翻身》时,它未采用以首句命名歌曲的惯常方式称为"仿荞麦花红燉燉调",而是标注"仿骑白马挂洋枪调"[4],这不仅体现出"骑白马,挂洋枪"的影响之巨,更凸显了时代对"新声"的偏爱和要求。具体到《民歌选》的编选标准,这一新要求就是,新民歌必须具备更高的艺术性和思想性,且思想性日益被提到更突出的位置。

从文本看,《骑白马》共3段7节,分为5个叙事单元:三哥哥即将上前线,安慰小妹妹(第1节);小妹妹明事理,"洗了手,和白面,打发哥哥上前线"(第2节)[5];侵略者飞机突至,

---

[1] 何其芳、张松如选辑:《陕北民歌选》,上海:海燕书店,1951年,第231页。
[2] 何其芳、张松如选辑:《陕北民歌选》,上海:海燕书店,1951年,第232页。
[3] 何其芳、张松如选辑:《陕北民歌选》,上海:海燕书店,1951年,第232页。
[4] 陈柏林:《移民歌手》,载于《解放日报》,1944年3月11日第4版。
[5] 何其芳、张松如选辑:《陕北民歌选》,上海:海燕书店,1951年,第231页。

小妹妹要"情郎哥快开枪"[1]，三哥哥让"小妹妹快躲着"（第3、4节）[2]；三哥哥走后，小妹妹极度思念（第5、6节）；三哥哥对小妹妹的回应（第7节）。不同于《探家》片段式的叙事方式，《骑白马》以"三哥哥"和"小妹妹"的对答编织了完整的叙事结构，同时立足本事，传唱新声，在大时代与小人物间拿捏得恰到好处，艺术技巧更成熟，思想性更深刻。更为可贵的是，在民歌的新旧之变中，《骑白马》的"新"有着丰富的层次，不仅指向反抗与革命，也想象了现代性层面的"新生活"，这一想象于歌曲开端即露端倪："荞麦花，红燉燉，咱二人为朋友为个甚？"[3] 从整首歌歌词看，他们为的无非是赶走日本人，过上好日子，这反映了当时陕北农民的"新生活"想象交织着革命与现代等多重元素。在那令人印象深刻的一节（"保险灯，手上挂，想哥哥想得捎句话，捎话不如打电话，小妹妹想死他"[4]），现代作为革命的目标被宣传，从革命到现代的朴素逻辑被接纳，民歌因而由纯粹抒发"我"的个人情志逐渐走向描绘"我们"的伟大事业与光明未来。

从《探家》《骑白马》到《移民歌》（《毛主席领导穷人翻身》），《东方红》的轮廓日益清晰，体例也从抒情性的旧民歌向政策宣传的新民歌乃至颂歌发展。作为《东方红》的直接缘起，《移民歌》因为政策宣传的需要被创作，当时，陕甘宁边区地广人稀，土地撂荒严重，延属分区就有荒地158万亩，需要15万个劳动力[5]，陇东、关中、三边几个分区的情况也大抵如此。出于经济原因，边区

---

[1] 何其芳、张松如选辑：《陕北民歌选》，上海：海燕书店，1951年，第231页。
[2] 何其芳、张松如选辑：《陕北民歌选》，上海：海燕书店，1951年，第232页。
[3] 何其芳、张松如选辑：《陕北民歌选》，上海：海燕书店，1951年，第231页。
[4] 何其芳、张松如选辑：《陕北民歌选》，上海：海燕书店，1951年，第232页。
[5] 陕甘宁边区财政经济史编写组、陕西省档案馆：《抗日战争时期陕甘宁边区财政经济史料摘编·第二编 农业》，西安：陕西人民出版社，1981年，第634页。

政府积极鼓励区外农民移民边区开荒。据《解放日报》报道，1943年葭县（今佳县）遭受旱灾，政府组织 70 多位贫困农民向南移民开荒，为打消大家顾虑、多多宣传，移民队副队长李增正[1]编写了这首《移民歌》。

《移民歌》的歌词鲜明地分为两部分，前 4 节歌颂领袖，后 5 节宣传政策，这一安排赋予其新民歌和颂歌的双重身份，与纯粹颂歌相比，政策宣传的工具性反使它具备更多的丰富性。虽则用作宣传工具，歌词中将毛泽东比作五岳、唐尧（"三山低，五岳高，毛主席治国有功劳，边区办得呱呱叫，老百姓颂唐尧"[2]），以男耕女织的生活方式为榜样（"男耕女织是模范"[3]），对饱暖的渴求（"有吃有穿好光景"[4]），使这首歌浸染了浓郁的传统底色，"男耕女织""有吃有穿"的个人化诉求则向听众展现出"新声"内部的"本事"遗迹。虽然《移民歌》依旧饱含传唱者对领袖、对革命的敬仰与拥戴之情，但从创作动机来说，它不再是"我"的歌，而是转变

---

[1]《移民歌》中与《东方红》相近的第 1 节——"太阳升，东方红，中国出了个毛泽东，他为人民谋生存，他是人民大救星"是否为李增正所作，学界仍有争议。陈子平和张雪艳认为，这首歌出自李增正的叔叔李有源之手，吴志菲和王树人则认为这首歌是由李锦旗（葭县通镇完小教务主任兼音乐老师，李增正曾在完小念书）创作，李有源与李增正较早传唱，最后由公木（张松如）改写补充并定名为《东方红》。然而没有疑义的是，李有源和李增正叔侄确为这段歌词较早的传唱者，且不论《东方红》词作者是谁，他们"歌颂领袖、歌颂党"的出发点都相同。参见陈子平：《〈东方红〉诞生记》，载于《陕西档案》，2011 年第 4 期。张雪艳：《李有源和〈东方红〉》，载于《音乐天地》，2012 年第 3 期。吴志菲：《〈东方红〉歌曲诞生与传唱的故事》，载于《福建党史月刊》，2010 年第 5 期。王树人：《〈东方红〉的词作者究竟是谁》，载于《党史博采》，2016 年第 3 期。

[2] 何其芳、张松如选辑：《陕北民歌选》，上海：海燕书店 1951 年，第 246 页。

[3] 何其芳、张松如选辑：《陕北民歌选》，上海：海燕书店 1951 年，第 246 页。

[4] 何其芳、张松如选辑：《陕北民歌选》，上海：海燕书店 1951 年，第 247 页。

为"我们"的歌。[1]

《探家》《骑白马》和《移民歌》大致勾勒出《东方红》的歌词谱系，也具象了陕北民歌的革新之路。但必须指出，"陕北民歌"并非一个先在概念，正是由于《民歌选》的出版，听众才首次被告知，《探家》《骑白马》和《移民歌》这些流行于陕北地区的民歌小调拥有相同的名字——"陕北民歌"。因此，欲使"陕北民歌"得以诞生，必须使其对象存在，在"陕北的民歌"与"陕北民歌"的倒转中，后者作为一种柄谷行人意义上的"风景"被发现[2]，随之而来的是标准的确立和划分的实施，此亦为《民歌选》中"选"的深层意涵。一方面，陕北地区的民歌不可胜计，再大的篇幅也难以尽录。另一方面，编选标准将更多民歌挡在"陕北民歌"之外，以《民歌选》为例，"从一千余首陕北民歌中，我们只选了这样一册"[3]，那些未被收录的"不合格"民歌只能成为"陕北的民歌"而非"陕北民歌"，因而处于不被官方承认的"不可见"状态。然而它们并未消失，反而以声音的形式延续自身。若从声音角度看，《探家》只能算《东方红》在《民歌选》中的"起源"，于《民歌选》以外，《东方红》的缘起更为杂多，但因其歌词与《东方红》几无关联，遂不再具体讨论。

（二）《东方红》的声音政治与"新中国"的声音景观

1951年海燕书店再版《民歌选》时，何其芳写了一篇《论民歌》

---

[1] 这在歌词中突出表现为"咱们"的出现与"我"（"情郎哥""三哥哥""小妹妹"等）的消隐，比如"咱们边区满地红""咱们和他争英雄"。参见何其芳、张松如选辑：《陕北民歌选》，上海：海燕书店，1951年，第245—246页。

[2] 参见柄谷行人：《日本现代文学的起源》，赵京华译，北京：中央编译出版社，2013年，第一章《风景之发现》。

[3] 何其芳、张松如选辑：《陕北民歌选》，上海：海燕书店，1951年，第1页。

以为代序。文中，他视民歌为劳动人民控诉黑暗、反抗压迫的武器，将革命性与斗争性提得很高，但从根底上仍着眼民歌的抒情性。在他看来，"情"的范围很广，复杂多样且高下有别，反抗压迫与歌颂革命无疑属于"情"之上者，带有封建色彩与色情趣味的民歌必然等而下之，应遭剔除。与其他文学样式相比，民歌灵活多样，"最容易为不脱离生产的人们所掌握"[1]，最适于表现劳动人民的丰富情感，因为"民歌，不仅是文学，而且是音乐。音乐的语言并不像一般的语言那样确定，或者说那样含义狭窄。而一首民歌，据说又可以用不同的情感去歌唱。那么，可以在不同的情形之下唱相同的歌，也可以在相同的情形之下唱不同的歌，正是自然而且合理"[2]。《东方红》的历史演绎因而不仅限于歌词的变迁，还涉及音乐，包括旋律、节拍、表现形式的嬗变。不同于歌词的明显变动，《东方红》的音乐嬗变潜藏在《白马调》延续性和稳定性的表象之下，不易被察觉。然而当我们仔细分析《探家》《骑白马》《移民歌》与《东方红》的曲谱，重回历史现场考察其表现形式，我们将发现新命与本事同样在音乐中纠结缠绕，"我"和"我们"，"我们"和"他们"的争斗从未止歇。

《民歌选》中《探家》的曲谱最繁杂，共收录葭县、晋陕黄河沿岸、米脂、绥米、延安和蟠龙6个地区的不同曲调（见表2）。虽然它们调式大体相同（除米脂地区的曲调为宫调，其余均为徵调），拍号都是2/4拍，但在具体旋律上仍有区别，甚至一些地区差别很大，这具象了《东方红》"起源"时期的"嘈杂"状态。这种状态到《骑白马》处即大为弱化，6首"探家调"仅剩1首"白马歌"。《骑白马》传唱于延安地区，虽则曲谱标注为"探家调"，但它与延安地区流传的"探家调"又不尽相同，就全曲看，两者差别较前4

---

[1] 何其芳、张松如选辑：《陕北民歌选》，上海：海燕书店，1951年，第8页。
[2] 何其芳、张松如选辑：《陕北民歌选》，上海：海燕书店，1951年，第25页。

节更大。与日后《东方红》曲调标准化的整一相比，新旧民歌过渡时期声音繁复、曲调杂多，不同地区的不同个体都能随性发出"我"的声音。这一众声喧哗的状态在外体现为"复数"的曲调，于声音内部则表现为繁复的旋律。《东方红》之前的《探家》《骑白马》《移民歌》多偏音，旋律相对复杂[1]，《东方红》除两个变宫 7（B）外均为全音。旋律方面，《东方红》对《白马调》做了调整（比如歌曲第 2 节，《东方红》对《毛主席领导穷人翻身》八分音符"3［E］"的删减），取消了原曲自由变化的丰富性，更为规整、简洁。

歌名	地区	调式	拍号	曲谱
《探家》	葭县	徵调	2/4	5 56|2 - |3 2 1|2 - |
	晋陕黄河沿岸	徵调	2/4	5 56|2 5|2 1 6 1|2 - |
	米脂	宫调	2/4	6 5 6 5|2 - |6 5 6 1|2 - |
	绥米	徵调	2/4	5 6 5|2 - |1 6 1|2 - |
	延安	徵调	2/4	5 3 5|2 - |1 6 1|2 - |
	蟠龙	徵调	2/4	5 5 3|5 5 3|2 3 5|2 - |
《骑白马》	延安	徵调	2/4	5 56|2 - |1 6 1|2 - | | 3 2 1 6|2 - |
《移民歌》 （《毛主席领导穷人翻身》）	葭县 延安	徵调 D大调	2/4	5 56 |2·3|1 6 1|2 - |
《东方红》	陕北	徵调 F大调	2/4	5 56|2 - |1 6 1|2 - |

表2《探家》《骑白马》《移民歌》《东方红》各自前4节曲谱对照

---

[1]《探家》（各地区）、《骑白马》、《移民歌》（《毛主席领导穷人翻身》）中的偏音统计：《探家》（葭县）两个清角 4（F），一个变宫 7（B）；《探家》（晋陕黄河沿岸）两个清角 4（F）；《探家》（米脂）六个清角 4（F），四个变宫 7（B）；《探家》（绥米）两个清角 4（F），三个变宫 7（B）；《探家》（延安）一个变宫 7（B）；《探家》（蟠龙）一个变宫 7（B）；《骑白马》一个清角 4（F），四个变宫 7（B）；《移民歌》（《毛主席领导穷人翻身》）无偏音。参见何其芳、张松如选辑：《陕北民歌选》，上海：海燕书店，1951 年，第 299—303、331—332 页。陈柏林：《移民歌手》，载于《解放日报》，1944 年 3 月 11 日第 4 版。

伴随着声音的由繁入简,《东方红》从旧民歌、新民歌一变而为宣传政策、歌唱"新中国"乃至歌颂领袖的颂歌。在当下中国文化场域,《东方红》的文化负载已然被固化:一首最具代表性的革命颂歌,"毛主席"占据了它的全部意义。然而在新中国成立初期的公共话语中,它指向的是更为宽阔的"新中国"(包括毛泽东、共产党、社会主义等)。彼时,《东方红》与"新中国"形成了某种历史同构,就像《渡江大军势如破竹　人民狂欢匪帮惊慌　苏州火炬大游行　狂欢庆祝解放》《定海革命秩序建立　全城响彻〈东方红〉歌声》《毛主席的队伍进入拉萨》[1]等报道所昭示,哪里唱响《东方红》,那里就得解放,就成为"新中国"的一部分,那里的人民就被纳入"我们"当中。《东方红》作为一种抽象的音乐语言,发挥了本尼迪克特笔下印刷语言的作用,促成了"新中国的人民"这一"想象共同体"的诞生。

　　《东方红》担负了歌唱"新中国"、歌颂"毛主席"的历史新命,表现形式也与最初传统的民歌演唱迥然相异。谈到《东方红》,最先回响在耳边的是大型音乐舞蹈史诗《东方红》中气势磅礴的千人合唱。从听觉角度看,合唱版《东方红》与政治的关联最紧密,即便没有任何背景,听者仍能产生革命、

---

[1] 参见新华社:《渡江大军势如破竹　人民狂欢匪帮惊慌　苏州火炬大游行　狂欢庆祝解放》,载于《人民日报》,1949年5月19日第3版。新华社:《定海革命秩序建立　全城响彻〈东方红〉歌声》,载于《人民日报》,1950年5月22日第1版。赵慎应:《毛主席的队伍进入拉萨》,载于《人民日报》,1951年9月28日第1版。

歌颂等感受。[1] 在当时的官方文件、报纸、广播、电影乃至小说、民歌、戏曲中，从集会、游行、庆典到日常生产、生活，"全体起立高声合唱《东方红》"作为《东方红》参与"革命中国"声音建构的最主要形式，成了那个时代声音景观中最典型的意象。

从民歌到颂歌，听众对《东方红》的听觉日益固化，但其"人心感物"的音乐本事仍未完全断绝，工人、农民、知青时刻以各自方式——号子、民歌、知青歌曲——在"东方红，太阳升"的时代强音下抒发着诸如"小妹妹想死他"的个人情志，它与时代精神相辅相成。当《东方红》通过大合唱、钢琴曲、纯粹旋律等各种形式响彻"革命中国"，甚而溢出艺术的界限，成为当时最具代表的声音之际，我们听到的不是独奏，而是一首复调。

（三）音乐舞蹈史诗《东方红》与重述"革命家史"

《东方红》响彻寰瀛之后，随之而来的即是丹尼尔·贝尔在《资本主义文化矛盾》中提及的"革命的第二天"。"人们将发现道德理想无法革除倔强的物质欲望和特权的遗传。人们将发现革命的社会本身日趋官僚化，或被不断革命的动乱搅得一塌糊

---

[1] 为逃开"风景一旦确立，其起源就被忘却"的窘迫境地，我们必须从"风景"已经确立的"中国"语境外引入一种异样目光和"野性思维"重新审视《东方红》，直面声音、聚焦听觉。因此，笔者随机选取了20名中国大陆以外的人做简单采访，他们分别来自巴西、德国、俄罗斯、韩国、美国、摩洛哥、乌克兰、印度、英国以及中国台湾地区，此前从未听过《东方红》。在不给任何背景的情况下，依次播放张穆庭演奏的钢琴版《东方红》、王向荣演唱的陕北民歌版《东方红》和上海乐团管弦乐队演绎的大合唱版《东方红》，记录他们对三个版本的直观感受。对于钢琴版《东方红》，受访者的关键词是平静、安宁、舒缓。对于民歌版《东方红》，受访者分歧较大，感受不一。对合唱版《东方红》，受访者感受趋于一致：史诗、英雄、爱国等。

涂。"[1]"革命的第二天"是"革命"的延续,革命对象本就内在于革命,革命不仅是对他者的否定,更是一场自我对抗、自我改变、自我侵蚀和自我终结的运动。在"革命的前一天",现代被当作革命的未来大加宣传以确立"革命"的合法性。但当未来变成现在,现代由隐到显、日渐强势,鉴于当时的国际局势,尤其是赫鲁晓夫对斯大林的批判,"修正主义"的焦虑始终萦绕在革命与现代的辩证关系中。因此,重述"革命家史",培养革命接班人,不让"人民吃二遍苦,受二茬罪"成了20世纪60年代上半期乃至"文革"的重要历史背景。

与当下一般人的想象相悖,20世纪60年代上半期的中国不是风雨危楼,"由于党和全国各族人民的主要注意力从1960年冬以后一直是贯彻执行调整经济的正确方针,社会主义建设逐步地重新出现欣欣向荣的景象"[2]。到调整的最后一年(1965年),我国社会总产值达2695亿元[3],国民收入达1347亿元[4](其中消费额982亿元[5],积累额365亿元[6]),按可比价格计算,分别比1956年增长60.3%和34.8%。在工农业总产值(2235亿元[7])、人口自然增长率(28.38‰[8])、农产品产量(19453万吨[9])、社会商品零售总额(670.3

---

[1] 丹尼尔·贝尔:《资本主义文化矛盾》,赵一凡、蒲隆、任晓晋译,北京:生活·读书·新知三联书店,1989年,第75页。

[2] 中共中央文献研究室:《〈关于建国以来党的若干历史问题的决议〉注释本》,北京:人民出版社,1983年,第26页。

[3] 国家统计局编:《中国统计年鉴——1984》,北京:中国统计出版社,1984年,第20页。

[4] 国家统计局编:《中国统计年鉴——1984》,北京:中国统计出版社,1984年,第29页。

[5] 国家统计局编:《中国统计年鉴——1984》,北京:中国统计出版社,1984年,第32页。

[6] 国家统计局编:《中国统计年鉴——1984》,北京:中国统计出版社,1984年,第32页。

[7] 国家统计局编:《中国统计年鉴——1984》,北京:中国统计出版社,1984年,第23页。

[8] 国家统计局编:《中国统计年鉴——1984》,北京:中国统计出版社,1984年,第83页。

[9] 国家统计局编:《中国统计年鉴——1984》,北京:中国统计出版社,1984年,第141页。

亿元[1]）等各方面，社会经济发展大体恢复至"三年特殊时期"前的水平，20世纪60年代上半期也成了新中国前30年，除"一五"时期外，另一个社会经济平稳发展的时期。随着经济的恢复与发展，被压抑的物质欲望在一些人（尤其是青年）心里潜滋暗长起来，"如何教育青年一代继承光荣的革命传统，帮助他们摆脱形形色色的资产阶级思想的侵蚀，把他们培养成建设社会主义的接班人"[2]，成了社会主义时期具有很大现实意义的问题。在此背景下，《东方红》的新时代"变奏"——大型音乐舞蹈史诗《东方红》（以下简称史诗《东方红》）作为重述"革命家史"、教育青年乃至所有中国人"千万不要忘记阶级斗争"的典范应运而生。

从歌曲《东方红》到史诗《东方红》，体裁的变化一方面体现"东方红"不再只是由旋律和歌词组成的歌曲，而是成了可以指代任何东西的抽象符号；另一方面，音乐舞蹈史诗毕竟不同于具体器物，用周恩来的话说，它是"反映中国共产党的革命历史……表现革命的精神和新的气象"[3]的史诗，是对革命历史和民族传统的召唤，因而复活了"东方红"内部的传统和现代元素，彰显了它复杂与鲜活的生命力。在史诗《东方红》诞生前，"音乐舞蹈史诗"（Music and Dance Epics）的名称并不存在，它被称为"大歌舞""歌剧""表演唱"，索菲亚·迪尔扎则称其为"pageant"[4]。杂乱的名称显示出这部作品横跨古今中外各种艺术体裁的混杂特征，也暗示了它与传

---

[1] 国家统计局编：《中国统计年鉴——1984》，北京：中国统计出版社，1984年，第345页。

[2] 王晓明主编：《二十世纪中国文学史论（下卷）》，上海：东方出版中心，2003年，第176页。

[3] 中国新闻电影制片厂（集团）主编：《东方红：从舞台到银幕》，北京：中央文献出版社，2013年，第35页。

[4] Delza, Sophia, "The Dance-Arts in the People's Republic of China: The Contemporary Scene," In *Asian Music 5*, 2010, No.1, pp.28–39.

统、现代甚至西方复杂的渊源关系。这种混杂性使其叙事极具灵活性，却带来难以克服的艺术缺陷。为将这些彼此冲突的表现形式统合起来，必须赋予它超越性的意义和任务，即通过重述"革命家史"使观众"认识历史并受到审美教育"[1]，这是它在"革命接班人"的政治焦虑外，被命名为"史诗"的美学诱因。

包括序曲在内，史诗《东方红》分为八场46个节目，于1964年10月2日在人民大会堂首演。在题材、内容、篇幅、形式上，它都超越了歌曲《东方红》，且继承了后者的核心使命：歌颂"红太阳"，歌颂毛泽东。在《东方红》从民歌到颂歌的历史进程中，"毛主席"起初被当作革命的重要元素和重要意象，用以宣传边区、宣传共产党，因而具象了革命。重述毛泽东的革命历程成了史诗《东方红》重述"革命家史"的关键线索。就文本而言，整部作品时时处处都在凸显领袖的光辉，舞蹈《葵花向太阳》配上千人合唱《东方红》的开场即为明证。在第二场（"星火燎原"）中，为突出毛泽东，一句旁白"听，南昌起义的枪声，响起了第一声春雷"[2]之后，旋即开始再现由毛泽东领导的秋收起义。此外，周恩来对"遵义会议"这一场非常重视，他说"表现不表现遵义会议，是个原则问题，一定要用专场表现。只要把这次会议纠正了王明的错误路线，确立了毛主席在全党的领导地位这件事的伟大意义说清楚，我就通过"[3]，强调"要把我们热爱毛主席的心情充分表达出来"[4]，这再次暗示出"毛泽东"对"革

---

[1] 夏征农、陈至立主编：《大辞海·音乐舞蹈卷》，上海：上海辞书出版社，2013年，第245页。

[2] 中国新闻电影制片厂（集团）主编：《东方红：从舞台到银幕》，北京：中央文献出版社，2013年，第59页。

[3] 王余辑录：《回忆周总理谈文艺》，成都：四川人民出版社，1979年，第126页。

[4] 王余辑录：《回忆周总理谈文艺》，成都：四川人民出版社，1979年，第126页。

命家史"的意义。

诚然,史诗《东方红》是一部歌颂领袖之作,它"第一次正式提出'毛主席是我们心中的红太阳'……报上从来没见过这个词。后来红卫兵加上一个'最'字,是'我们最红最红最最红的','红太阳'这个比喻来源于《东方红》"[1],但它还肩负着通过重述"革命家史",即以美学形式建构"革命中国",培育"革命接班人"的现实任务。这与《移民歌》宣传移民政策、《东方红》宣传"新中国"一致,仅在程度上有所区别。

与样板戏相比,史诗《东方红》的表演风格更丰富,抒情性更浓厚,这与周恩来(他被称为这部作品的总导演)的文艺观密切相关。他强调,"表现革命,有的时候需要雄壮的东西,有的时候也需要轻快的东西,有刚也要有柔,有统一也要有变化。我们党的斗争历史是钢的,因此,《东方红》这部作品的基调是钢的,这是统一,但也应该有优美抒情的歌和舞。革命是广阔的,革命的感情是丰富的"[2]。在强烈的时代精神下,史诗《东方红》呈现出丰富的革命情感,以召唤记忆的形式,允许了个人抒情(乐之本事)的可能。更重要的是,时代精神与个人情感并非泾渭分明,而是相互渗透、彼此需要,"(时代精神)是指那些从主流意识形态中宣示出来,而由每个社会成员认可、遵循和弘扬的东西。它既在大的社会行动中体现出来,也在小的甚至每个人的生活细节中得到折射"[3]。在当时的背景下,史诗《东方红》极尽革命精神与艺术追求的高度结合,传唱新声,兼顾本事,因而成

---

[1] 黄卫星:《史诗〈东方红〉创作者口述史》,北京:清华大学出版社,2013年,第56页。
[2] 中国新闻电影制片厂(集团)主编:《东方红:从舞台到银幕》,北京:中央文献出版社,2013年,第51页。
[3] 钱庠理:《中华人民共和国史·第五卷》,香港:香港中文大学出版社,2008年,第488页。

了20世纪60年代上半期时代精神的显著标记。然而随着"文革"的发动,史诗《东方红》被不点名地禁演,声之新命与乐之本事短暂的和谐一去不返,"东方红"的丰富性在昙花一现的勃发后迅速消亡。

(四)为什么是《东方红》?

太阳意象作为勾连民歌与颂歌的桥梁至关重要,它广泛存在于当时的革命歌曲中,不为《东方红》独有。那么,在众多颂歌中,为何《东方红》脱颖而出?显然,这与歌曲生产的外部环境(陕北与抗战)密切相关。作为中国共产党领导的时间最长的根据地(中国革命从此走向全国,走向胜利),陕北赋予了《东方红》独特的革命身份,《东方红》又传唱于党日益壮大的抗战时期,这是其他地区、其他时代的民歌所不具备的优势。然而这只是答案的一面,另一面藏在《东方红》内部,缠结在革命中国与传统中国的幽微联系中。

几经改易,《东方红》的歌词逐渐"摆脱"传统,走向革命,但传统仍以一种无意识渗透进来。首先,《东方红》的歌词,"东方红,太阳升,中国出了个毛泽东",依旧沿用了古典文学的典型技法(比兴),顽强的传统对《东方红》施加了润物无声的影响。其次,回到声音上来,《东方红》大体遵循中国传统五声调式,属单一调性的徵音调式,全曲除两个变宫7(B)外均为全音,基本符合先秦礼乐制度"大乐必易,大礼必简"[1]的要求。在《东方红》旧曲翻作新声的历史演绎中,它逐渐剔除"杂音"、简化旋律,变得简洁而整一,这在音律上暗合了颂歌对简单、明晰、严谨的追求,也使其朗朗上口、易于传唱,从而拥有广泛的群众基础。

---

[1] 孙希旦撰,沈啸寰、王星贤点校:《礼记集解》,北京:中华书局,1989年,第987页。

要言之，陕北和抗日的特殊历史背景，《东方红》在歌词与声音两个层面的独特之处，从内、外两个维度成就了《东方红》代表性颂歌的地位。当然，历史绝非如此条分缕析，在《东方红》成为经典的过程中，诸多偶然因素也不可或缺，这不仅彰显了历史的复杂性，也暗示了《东方红》与"革命年代"的复杂与多质。这种偶然、复杂和多质就像《东方红》里那两个不和谐的变宫7（B），象征了《东方红》及其时代的"裂缝"，破除我们的刻板印象，促使我们秉持他者目光，重新发现《东方红》，发现那段激情燃烧的岁月。

二、港台地区学界的存在主义接受：理论·渗透及其记忆建构

20世纪80年代，以"萨特热"为标志的存在主义热潮在大陆风靡一时，但那并非存在主义[1]在中国的唯一"旅行"，它在港台地区刮起的热潮比大陆提前了20余年。20世纪50年代末60年代初，港台地区的文艺界以英美特别是美国为资源，引进、译介、出版存在主义文学作品及相关评论，慢慢兴起了存在主义的火苗，并燃烧至整个20世纪60年代。

大陆不会在20世纪五六十年代之交这一历史时间上与港台地区同步兴起存在主义热潮。"人是什么？生命的意义是什么？"这类带有怀疑甚至反叛意味的问题要在十年"文革"浩劫之后才能获得震撼人心的力量。反观彼时港台地区，人之生

---

[1] 作为当代西方的一支思想传统，存在主义内部有着不同的流派、渊源、人物、观点，这里使用"存在主义"的统称并非是在理论认识上忽视其内部差异、将之作"铁板一块"理解，而是在接受论上统一视为相较于中国文化的"他者"，也为表述方便。

存困境问题已凸显出来。这当然是一种政治性困境——港台两地在不同的政治体制（一为英国殖民统治，一为国民党威权统治）下共同处于政治压制与远离"文化母体"的双重苦闷之中。如何突围？国共内战与冷战"铁幕"的双重阴影之下，港台地区知识分子习惯性向英美所代表的西方眺望，因加缪（1957年）与萨特（1964年）获得诺贝尔文学奖而再次流行西方的存在主义进入他们的视野，并在引介与评论过程中被慢慢赋予一种文化救赎的想象。

我选择以香港地区1963年《大学生活》杂志的"存在主义专号"为主要文本，将目光放至20世纪五六十年代港台地区掀起的存在主义热潮，探讨彼时港台地区的知识分子是如何以存在主义为资源建构具有某种历史内涵的文化想象，他们的文化想象如何在本土政治压制与美苏冷战的现实政治夹缝中艰难生长，如何处理中国传统文化与西方文化的文化张力，他们对西方思想资源的吸收与接受又能否真正突破时代困境更新思想观念以真正切实有效地回应历史与现实。他们的思考与选择也在帮助我们理解那个时代的复杂性。

（一）为存在主义正名：众声喧哗中争夺文化记忆

《大学生活》创刊于1955年4月，由香港右派文化出版机构友联出版社出版发行。友联当时有两份学生刊物，一本是针对中学生的杂志《中国学生周报》，一本就是以大学生等知识青年为目标读者群的《大学生活》，内容比《周报》更学术。这两本刊物最初的共同目标是为流亡于东南亚一带的中国青年指引"正确"的出路，到20世纪50年代后期，因编辑方针、市场需求等原因，政治背景逐渐淡化，立足学生需求而改革，并大力引介西方文学思潮，具有广泛的社会影响力，成为香港20世纪五六十年代重要的"文艺阵地"。

1963年的"存在主义专号"是《大学生活》创刊8周年纪念专号，

分别于5月16日与6月1日分上下两期出版,邀请彼时港台两地的重要学者与小有名气的知识青年,汇集了十篇文章:包奕明[1]《人的存在》(上、下)、胡秋原《实存哲学与今日中国青年——应该了解,不可无批评的接受》(上、下)、李达生《雅斯培的存在主义哲学》[2]、洪耀勋[3]《点描存在主义》、钟期荣《存在主义与沙尔特》[4]、陈义勇《卡缪之存在主义思想的分析》[5]、牟宗三《存在主义》、劳思光[6]《生命之悲情与"存在主义"之正面意义》、王尚义[7]《向时代挑战的哲学——存在主义》、李英豪[8]《存在主义诸面之研讨》。

---

[1] 包奕明,笔名包错石,20世纪50年代就读台大法学院,与王尚义、李敖并称"台大三大才子"。在读期间思想激进,批评时政言论大胆,引起国民党校园特务注意而被捕监禁,后获释,赴美国就读哥伦比亚大学。20世纪60年代后期转到香港,在港呼吁推动海外中国人的"回归运动"、保钓运动等。

[2] 李达生,香港学者,曾与牟宗三等合编《存在主义与人生问题》。雅斯培为雅斯贝尔斯的港台译法。

[3] 洪耀勋,东京帝国大学毕业,首位进入台北帝国大学文政学部工作的台湾学者,战后担任台大哲学系主任20年,与殷海光共事,对台湾地区哲学界影响深远。沙尔特为萨特的港台译法。

[4] 钟期荣,1944年毕业于武汉大学法律系,1952年获法国巴黎大学法学博士学位。1956年后,任香港联合书院、崇基学院、浸会学院讲师,1971年创办香港树仁学院并任校长。

[5] 陈义勇,香港学者,曾出版专著《存在主义》。

[6] 劳思光,1946年入读北京大学哲学系,1949年转赴台湾地区,1952年于台湾大学哲学系毕业,先后在美国哈佛大学及普林斯顿大学从事研究工作。1964年起,任教于香港中文大学崇基学院,历任哲学系讲师、高级讲师及教授,并出任香港中文大学研究院哲学学部主任,1985年荣休。

[7] 王尚义,河南汜水人,台大医学院毕业,才华横溢,热爱文艺,创作大量的小说、散文、文艺评论。26岁时死于肝癌。去世后结集出版的作品集《野鸽子的黄昏》《从"异乡人"到"失落的一代"》影响了一代知识青年,推动了台湾地区存在主义文艺思潮。

[8] 李英豪,祖籍广东中山,香港专栏作家,曾任香港现代文学美术协会会长,创办同人杂志《好望角》,出版文艺评论集《批评的视觉》,曾编《沙特戏剧选》。沙特也是萨特的一种港台译法。

第三章 "诗性自觉"的集体记忆

为什么选择1963年《大学生活》的"存在主义专号"为文本？这一问题需要放置于20世纪五六十年代港台地区的存在主义接受状况下进行说明。

最早感应到存在主义在西方的热度，并将之译介进来的是港台地区一批推崇西方现代主义文学的知识分子。他们以报纸杂志为媒介，引介存在主义文学作品、文论，尤其以萨特、加缪等热门作家作品为主。比如，香港现代主义文学的开拓者马朗[1]创办的《文艺新潮》是港台两地最早有计划介绍西方现代文学的刊物。1956年2月18日的创刊号即登出被认为是港台地区最早介绍存在主义的文章《法兰西文学者的思想斗争》（署名翼文），第二期又登出马朗翻译的萨特早期短篇小说《伊乐斯特拉土士》。[2]台湾地区方面，1958年3月，加缪的《局外人》开始在《联合报》副刊每日连载，施翠峰参考英文与日文版进行翻译，反响不错，结集出版为台湾地区第一本存在主义书籍。同时期，以传递西方新知为创办原则的《文星》[3]杂志、夏济安等创办的大力引介西方文学的《文学杂志》[4]均开始刊登加缪与萨特的文学作品与

---

[1] 马朗，本名马博良，祖籍广东中山，被称为"香港现代诗的领先者"。20世纪40年代毕业于上海圣约翰大学，在上海发表新诗、小说，主编文学杂志《文潮》，撰写影评、电影剧本。20世纪50年代初到港，1956年创办《文艺新潮》杂志，倡导西方现代主义思潮。20世纪60年代到美国从事涉外工作。著有小说集《第一理想树》（1947年）、诗集《美洲三十弦》（1976年）、《焚琴的浪子》（1982年）、《江山梦雨》（2007年）。

[2] 大陆及港台地区对于外国作家、作品的译法各有不同，为示统一，正文凡涉及港台地区翻译之处，除文章名、引文外，均采用大陆通用译法。

[3] 1957年11月5日创刊，社长为萧孟能，发行人为叶明勋，为综合性杂志，定位为"生活的，文学的，艺术的"，是20世纪五六十年代台湾地区知识分子认识西方新知、批评事实的重要平台，也因此成为国民党监控对象，不少作者因此坐牢，比如李敖。1966年被迫停刊。

[4] 1956年创刊，由台大外文系教授夏济安、吴鲁芹等创办，大量介绍西方文学。1960年停刊，是20世纪50年代台湾地区最重要的文学杂志之一。

相关评论。1960年,白先勇与台湾大学同学欧阳子、陈若曦、王文兴、李欧梵、刘绍铭等共同创办《现代文学》,接续停刊的《文学杂志》,成为台湾地区现代主义文学的重镇,同年即刊出加缪、萨特、卡夫卡专辑。

搭乘西方现代主义文学之风的存在主义在港台地区更多是一种文学的甚至是潮流文化的影响。台湾地区方面,王文兴在近年一次访谈中表示,当年《现代文学》"完全没有考虑到是不是要介绍存在主义,纯粹当它们是重要的当代文学"。李欧梵也曾表示自己当年没读过存在主义哲学书籍。[1]青年知识分子们更感兴趣的是模仿、创作存在主义小说,以"存在主义"为名抒发压抑时代下的内心困顿。台大哲学系的郭松棻大概是为数不多的在当时就开始读存在主义哲学书籍的青年知识分子,他1961年刊登在《现代文学》的《沙特存在主义的自我毁灭》为台湾地区较早针对萨特及存在主义的单篇论述。但总体而言,包括知识分子在内的大多数人对于存在主义的体认主要来自小说阅读与评论,"荒谬"和"虚无"两个关键词是最容易识别的标签,而"存在主义到底是什么"——实际上是一知半解的。存在主义成为一种潮流,不谈存在主义似乎就是落伍的,有报纸恶意讽刺却一语中的:"手里捧一两本缀有存在主义、沙特、齐克果等字样的书赶车,好像是最典型的现代中国知识青年!"如果说台湾地区的存在主义思潮尚有大学学术环境可依托,香港地区的存在主义思潮则完全依赖大众媒体的传播。一知半解,也为夺人眼球,普通市民报纸杂志常常将存在主义与萨特(多性伴侣、拒领诺奖)、加缪(获诺奖、车祸意外)的个人传奇经历捆绑在一起,贴上"浪漫主义、不羁、

---

[1] 颜讷:《台湾香港存在主义文学传播现象——以五〇至七〇年代现代主义文学报刊书籍为对象》,台湾东华大学华文文学系硕士论文,2011年,第429—443页。

纵乐、新潮"或者"悲观、颓废"等标签。因 19 岁处女作《日安忧郁》名噪一时的法国女作家莎冈（Sagan）生性浪漫不羁，花边新闻不断，因贴合了这些标签，被认为是存在主义人生观的完美阐释者，与萨特、加缪共享着报纸杂志的青睐。"存在主义"被过度阐释，对存在主义哲学内涵、文学内涵进行系统论述的文章却鲜有，大多数人都凭借上述的标签误解着存在主义。连专栏作家十三妹也承认自己"对它知道得太少"，"更毋宁说我对它似乎不能完全接受"，"仍以怀疑的眼光在看它"[1]，但这并不妨碍她写作存在主义相关文章，"通吃"迎合市民趣味的《新生晚报·新趣》与严肃文艺副刊《香港时报·浅水湾》。

总之，存在主义成为媒体争先抢夺的"文化符号"，谁抢到它，谁就获得话语权，获得市场。在这种氛围之下，就有"师长前辈"劝告《大学生活》编者，"存在主义专号""出不得"，"很难谈出什么来"，但编者们还是抱着"到底我们的学人对存在主义认识、了解多少"[2]的态度坚持了下来。

由上文所列出的作者及文章可看出编者策划这一专号的用心。一是邀请的作者是港台地区老中青三代各具代表性的：胡秋原、牟宗三、洪耀勋属于"青年导师"级别，李达生、钟期荣、陈义勇、劳思光是彼时活跃的中青年学者，王尚义、李英豪二位则是在港台地区知识青年中有很大影响力的青年思想家。二是文章主题偏向哲学思想性，除牟宗三一篇为访谈录外，其他文章均是长篇的学术论文。

环顾彼时港台地区的政治与媒体环境，大概也只有《大学生活》这本杂志能够组织这一专号。从政治大环境而言，一是台湾地区实行严格报禁、言论管控，"自由港"的香港为台湾地区作者提供了

---

[1] 十三妹：《关于"存在主义"的文艺思潮》，载于《香港时报》，1960 年 4 月 16 日。
[2]《读者、作者、编者》，载于《大学生活》，第九卷第二期，1963 年 6 月 1 日，第 56 页。

相对自由与多元的发表渠道，港台地区作者得以"同台"畅所欲言；二是英国采取"非政治化"统治政策[1]，给左右各派均留下空间，"美援文化"刊物在香港编辑出版，可通过特殊发行渠道抵达台湾地区。《大学生活》所在的友联出版社就接受美国"亚洲基金会"（The Asia Foundation）的资助[2]，也在台湾地区发行。就香港媒体环境而言，虽有其他的严肃报纸杂志，但侧重点不同。比如开存在主义风气的《文艺新潮》以文学文论译介为主；刘以鬯任主编的《香港时报·浅水湾》[3]和香港现代文学美术协会[4]的同人刊物《好望角》上的评论类文章只有"豆腐块"版面；《大学生活》的姊妹刊物《中国学生周报》刊登的评论文章数量相当可观，对存在主义各流派的介绍也很广泛，但杂志目标群体为中学生，故文章偏向于引导性，不够学术化。而《大学生活》定位为"纯学术性质的月刊"[5]，宣传广告上即写着"经常由教授专家执笔"[6]，所刊文章多是不惜版面的

---

[1] "非政治化"统治政策也一定程度上遏制了美在港的单方面扩张，在港执行反美反西方的文化统战工作的"爱国左派"与反美反共的"第三势力"同时存在。各方势力角逐的空间得以基本保留。参见罗永生：《香港的殖民主义"去"政治与文化冷战》，载于《殖民无间道》，香港：牛津大学出版社，2007年。

[2] "友联"核心人物何振亚和奚会暲晚年接受采访时均表示当年并不知晓"亚洲基金会"的钱来自美国中情局，所拿资助只够勉强维持文化活动，而且从未受美国人干涉。参见卢玮銮、熊志琴：《香港文化众生道》（第一册），香港：三联书店（香港）有限公司，2014年。

[3] 刘以鬯（1918—2018），香港作家，代表作《酒徒》被视为香港第一部意识流小说。1941年毕业于上海圣约翰大学，1948年到港，先后任《香港时报》《星岛周报》《西点》等报纸杂志编辑、主编。1960年，《香港时报》聘任刘以鬯担任副刊《浅水湾》主编，刘以自己的文学趣味，大量刊登现代主义文学作品，形成以十三妹、纪弦、王无邪、崑南等组成的现代主义创作班底。

[4] 1958年12月，由崑南、王无邪、叶维廉等几位志同道合的年轻好友创立，倡导现代主义文学，推动香港现代主义文学的发展。

[5] 《中国学生周报》，第141期，1955年4月1日。

[6] 《中国学生周报》，第207期，1956年7月6日。

长篇论文,且面向台湾地区和海外华人作者,王尚义论存在主义的名文《从"异乡人"到"失落的一代"——卡缪、海明威与我们》此前就发表于此(《大学生活》1962年6月1日)。

从历史的"后视镜"回看,在1963年——学界的存在主义文学、哲学作品译介及相关研究成果还十分缺乏,媒体舆论又众声喧哗之际(1960—1964年是香港报纸杂志"存在主义热"的高峰期[1]),"存在主义专号"实则以港台地区代表性学人的完整发声建构起一个争夺存在主义这一有价值资源的场域。

(二)积极的行动哲学:悲情民族叙事下的文化救赎

如上文所述,当时的舆论氛围浮动着将存在主义庸俗化和消极化理解的氛围,专号编者的鲜明目的就是要为存在主义树立一种严肃积极的内涵:

> 存在主义[……]是一种行动的哲学。就这一行动本身来说它是积极的。无可否认,存在主义者所揭露的多是人性的负面义,可是同时的,所有的存在主义者都在试图追求人类生存的正面义。这即是说他们都是透过负面义而反显正面义。而这一反显,生命就显得更深沉和更庄严。[2]

并将之放置于东西方关系中论证存在主义对东方人的价值:

> 今日东方人似乎还未普遍遭遇到西方人那种对生存挣扎

---

[1] 郑蕾:《附录五·1956—1989年香港存在主义报刊文章数表》,《香港现代主义文学与思潮》,香港:中华书局,2016年,第281页。
[2]《为专号说几句话》,载于《大学生活》,第九卷第一期,1963年5月16日,第4页。

的深沉痛苦；可是现代化的结果，东方人迟早也有西方人那种深沉的感受，那么现在来介绍存在主义，虽有趋炎附势之嫌，但给东方人一种心理准备却是不可忽略的。况且存在主义也是西方人对这个忧患的时代所作深沉的反省后而唤起的自觉运动，要了解我们这个时代这也是一个进路！[1]

这段话透露了编者对东西方现代化的看法：一、意识到存在主义是西方现代性后果的产物；二、现在的东方还未有存在主义式的感受，是因为东西现代化进程早晚的差别，东方人迟早会经历。

这种理解存在着一个内在悖论：一方面看到存在主义的现代性批判意义，看到西方时代的"病"与"荒谬"；另一方面又继续视西式现代化为前进趋势。这说明，编者并没有真正吸收存在主义的反现代性内涵，而还是以现代化为内在文化逻辑。

该怎么去理解这种对存在主义的接受模式呢？不可忽视的一面，是"美援文化"带来的结构性影响。存在主义，是以美国最新文化潮流的形象进入中国港台地区的。比如将卡夫卡归为存在主义作家行列就是美国学院的做法，戴天在介绍卡夫卡的《城堡》时就以该书在美国翻译出版时轰动一时、使卡夫卡一跃成为国际作家来说明该书的价值。[2]鲜有人研究存在主义在欧洲的情况。[3]事实上，冷战格局形成之后，美国把经过筛选的现代主义文学作为所谓西方自由、民主传统的代表，原本批判西方现代性的现代主义文学被整

---

[1] 《为专号说几句话》，载于《大学生活》，第九卷第一期，1963年5月16日，第4页。

[2] 戴天：《卡夫卡及其短篇小说》，载于《中国学生周报》，第399期，1960年3月11日。戴天，香港诗人，原名戴成义，原籍广东大埔，生于毛里求斯，台湾大学外文系毕业。在香港美国领事馆工作了很长时间，任美国新闻处的总编辑。

[3] 由台湾地区留法学生在法国创刊的《欧洲杂志》是当时为数不多的直接从法文翻译文学作品、介绍欧洲情况的刊物。

编进美式现代化意识形态之中。对专号编者而言，虽然意识到了存在主义对西方现代化的批判，也自知所在时代是个"两大集团势力尖锐的冲突之下"上演种种荒谬现实的"荒谬时代"[1]，但对现代化的不疑最终削弱了对存在主义反现代性的接受。

诚然，"美援文化"只是外部影响，真正的决定性因素在于历史内部。现代性问题并非彼时港台地区所切身的问题。20世纪五六十年代的港台地区虽处于经济上升时期，但尚未达到现代化阶段，广大人民挣扎在生存边缘，艰难维生之苦与西方式的"病"和"荒谬"之感相差十万八千里。那么，彼时港台地区的问题是什么？编者不惜以两期的版面加入舆论"争夺战"、为存在主义正名的切实的问题意识是什么？

专号下期的刊首语《从悲情显光辉》和盘托出了答案。开篇即将中华民族与犹太民族、尼古鲁民族（黑人）并称为三大遭遇流浪悲剧的民族，无数中华儿女远离母体，四散各地，特别是东南亚华人饱受排挤之苦。在这艰难处境之下，存在主义式的认识却能与民族主义精神结合起来，疗愈流亡创伤，滋养民族主义发挥更大的能量："被抛落在这尘世，选择这道路，是痛苦的；但须在悲情与痛苦中，肯定民族的存在，创造民族的本质，焕发民族的光辉"，最终"花果不再四处飘零"。[2]

"花果飘零"的说法来自唐君毅1961年发表的文章《论中华民族之花果飘零》。但与深刻忧虑于中华民族面临解体、海外华人文化将失其根基的唐君毅不同，编者指出了一条"在那里苦生""成长"、将中华文化扎根到海外的光辉明路。从"悲情"到"光辉"的转化和飞跃，再次体现了编者所正名的存在主义内涵——存在主

---

[1]《为专号说几句话》，载于《大学生活》，第九卷第一期，1963年5月16日，第4页。
[2]《为专号说几句话》，载于《大学生活》，第九卷第一期，1963年5月16日，第4页。

义的价值最终是落在民族的前途与发展上的。

但这仍然遗漏了一个重要问题,即在"异地他乡""茁生""成长"乃至"生根"必定要面临、处理与"异地他乡"现实政治的关系问题,编者在文中深切关怀的东南亚排华就属于此类问题,可惜编者最后用一种存在主义式的乐观精神轻易滑过去了。

综上,编者想要在众声喧哗的舆论场为存在主义"正名",虽有探究"存在主义到底是什么样"之初衷,但其论述过程就是对发生学意义上的存在主义不断"变异"的过程,最终以民族前途为落脚点,赋予存在主义一种能够解救民族困局的文化救赎想象。

(三)"绝望消极""行动反抗"与"生命问题":存在主义的三种不同叙述

专号的刊首语为整一专号奠定了基本理解基调,专号作者们可视为对编者的回应。首先看他们是如何理解存在主义内涵的,是否(如何)为存在主义正名。

专号的第一篇文章,胡秋原的《实存哲学与今日中国青年——应该了解,不可无批评的接受》(上、下)对存在主义持批判态度,也是专号唯一一篇不为存在主义"正名"的文章。胡秋原将"存在"作唯物论理解,即视为一种客观的"实存",因此认为"存在主义"的译法是错的,而应跟从日本译为"实存主义"。胡文开篇即以"目击者""亲历者"的身份将中国近代以来哲学界对西方思潮冲击的反应和思考梳理了一遍,在胡秋原看来,正是因为海外中国青年们"失去与过去思想过程之接触",才会对西方之"时潮""马首是瞻"[1],存在主义热即是如此。这种"马首是瞻"呈现出的青年人的

---

[1] 胡秋原:《实存哲学与今日中国青年——应该了解,不可无批评的接受》,载于《大学生活》,第九卷第一期,1963年5月16日,第16页。

精神状况是缺乏主体性甚至带有奴性的，宛如"思想浮萍"[1]，这是胡秋原反对存在主义的第一个理由。他认为有两种意义上的本质主义：一是知识上求普遍之原理或原理之基础；二是道德上之标准，价值之标准或根源，而"中国哲学亦复如此"[2]。实存哲学是反西方本质主义传统的，对真理与价值不能作积极说明，犯了"绝望"之忌，这是胡秋原反对存在主义的第二个理由。

其余九篇文章均沿袭专号编者为存在主义"正名"的逻辑，强调存在主义教人如何在困境之中活得更有意义，但在人与外部世界的关系上有两种不同的理解。

第一种是着重阐释存在主义所揭示的人之自由特性，在此基础上强调存在主义的积极意义体现在人对荒谬世界的"行动"和"反抗"。

台湾地区的两位知识青年作家包奕明与王尚义行文慷慨激昂、激情洋溢，与胡秋原的焦虑形成鲜明对比。包奕明指出，存在主义"把人定义为一种尚在制造自己的过程中的存在"，由此论证出人是自由的："由自己以行动照着自己的决定去造成的［……］并且是由人自己对此行动及创造后果肩负完全的责任的"[3]，而"具有积极意义的生命哲学的首务"就是"使符号化的人生进而为行动化的人生"[4]。王尚义更将存在主义视为一种"向时代挑战"的积极学说，"这种挑战表现出对自我生命的承当，对荒谬世界的拒斥，以及人

---

[1] 胡秋原：《实存哲学与今日中国青年——应该了解，不可无批评的接受》，载于《大学生活》，第九卷第一期，1963年5月16日，第42页。

[2] 胡秋原：《实存哲学与今日中国青年——应该了解，不可无批评的接受》，载于《大学生活》，第九卷第一期，1963年5月16日，第18页。

[3] 包奕明：《人的存在》（下），载于《大学生活》，第九卷第二期，1963年6月1日，第8—9页。

[4] 包奕明：《人的存在》（下），载于《大学生活》，第九卷第二期，1963年6月1日，第36页。

失去了永恒的傍依之后，所担负的深沉的孤独和痛苦的责任感"[1]，热烈地赞扬存在主义教人们在一个无望的世界中"重视自我生命世界的创造性，并磨炼独立挺拔的意志"[2]，重新掌握自己，重新做自己的主人。

　　香港地区的三位中青年学者则依傍雅斯贝尔斯、加缪、萨特的理论进行阐释，学理性比较强。李达生也从人之自由选择、行动、自我负责等方面论证人之自由，但雅斯贝尔斯哲学认为这种自由并非绝对的，"乃受相关者之人格的限制，而每个人的人格都是在种种历史因素的影响下铸成的"[3]，而在现代极权之下，个体的自由就会消失，因而雅斯贝尔斯的存在主义哲学是反极权主义的哲学。陈义勇指出萨特尝试以人来弥补人类失去上帝后的空缺，人"被抛进这世界时，他已须对他所做的任何事情负责"，加缪笔下的西西弗斯是一位"荒谬的英雄"，不断以行动来反抗荒谬的世界，也完成了他自己。萨特和加缪"在肯定行动时，同时肯定了人类个体在宇宙中的存在价值"[4]。钟期荣称对存在主义的理解主要来自萨特，"人应该自我去创造他自己特有的本质"，她同时引入"阶级社会"的语境批判资产阶级的个人主义社会"高呼个人绝对，与此同时又压榨此个人"。[5]

---

[1] 王尚义：《向时代挑战的哲学——存在主义》，载于《大学生活》，第九卷第二期，1963年6月1日，第43页。

[2] 王尚义：《向时代挑战的哲学——存在主义》，载于《大学生活》，第九卷第二期，1963年6月1日，第82页。

[3] 李达生：《雅斯培的存在主义哲学》，载于《大学生活》，第九卷第一期，1963年5月16日，第33页。

[4] 陈义勇：《卡缪之存在主义思想的分析》，载于《大学生活》，第九卷第一期，1963年5月16日，第53页。

[5] 钟期荣：《存在主义与沙尔特》，载于《大学生活》，第九卷第一期，1963年5月16日，第45页。

第二种理解是将存在主义视为一种以个人主体为核心的"生命哲学"，与第一种对"行动""反抗"的强调相比，这一种更注重个人主体对生命的领悟、反省及修炼。代表人物主要是牟宗三、劳思光、李英豪三位香港学者。

牟宗三将自身的经验融入对存在主义的理解当中，认为存在主义是一种非有真实困顿的生命体验，即"存在的经历"所不能懂的哲学："存在主义教我们在这存在的感受中正视这人的无家可归性、不可逃避，不得掩耳盗铃，不得自欺，过那虚伪（不真实）的人生。"[1]他从克尔凯郭尔那里习得存在主义就是以自己的生命经验去正视"人生问题"，这是一种"存在的进路"。存在主义研究的是与"我"最中心的"生命问题"，历史文化问题、政治问题通通都是"外在的"。[2]劳思光认为存在主义的基源问题就是"生命之悲情及生命之归宿"，"自我亦呈现为一情意感受的主体"[3]。李英豪更将这种主体性发展为"以主观思想感受去体认'情意我'的绝对个人主义"，"存在主义者之逼近内在生命之核心，已非图借概念化之推理；而自觉个人存在的流动性，避免以知性之剖解来阉割自体最真之存在"[4]。

在专号这一特殊场域之中，这些知识分子也并非"为了学术而学术"，他们对存在主义不同的接受态度与接受模式映照出他们对时代的观感和思考，并因专号这一场域的存在而或显或隐地回应着编者的问题意识，且相互之间形成对话关系。

---

[1] 牟宗三:《存在主义》，载于《大学生活》，第九卷第二期，1963年6月1日，第7—8页。
[2] 牟宗三:《存在主义》，载于《大学生活》，第九卷第二期，1963年6月1日，第9页。
[3] 劳思光:《生命之悲情与"存在主义"之正面意义》，载于《大学生活》，第九卷第二期，1963年6月1日，第18—19页。
[4] 李英豪:《存在主义诸面之研讨》，载于《大学生活》，第九卷第二期，1963年6月1日，第52—54页。

（四）文化中国与新中国向往：存在主义背后不同的国族叙事

通过上文的整理，我们看到，这些知识分子在存在主义接受上呈现出一些共同点和不同点，但这些异同还只是表面现象，本小节将深入历史与个人思想背景，在一种历史结构性的比较当中，探究这些异同背后的历史内涵。

"反对"的胡秋原是专号里的"异数"，若将他与同辈的牟宗三放在一起比较，会发现两人在对存在主义不同的接受态度下共享着同一种文化民族主义的立场，都以自身的民族关怀"变异"着存在主义——直接呼应了专号编者的关怀。

胡秋原因警惕"西化"而误解了存在主义。1962年，即"存在主义专号"出版的前一年，胡秋原在台湾地区《文星》杂志第五十一期（1962年1月1日）上发表《超越传统派、西化派、俄化派而前进》一文，卷入著名的"中西文化论战"。[1]需要被超越的三大派中，胡秋原最不能容忍的是西化派，西化到极端就会有亡国危险。"存在主义热"也被归为"马首是瞻"的"西化"表现。他寄希望于一种建立在中华主体之上的新文化的创造，以复兴民族，首要提倡的是希望哲学，因而对青年学子沉迷于存在主义这种"绝望之学"而痛心疾首。

牟宗三却因国共内战造成的民族分裂、自身的苦痛现实而体悟到存在主义的真谛，更确切地说，是用自身经验去理解存在主义，如上文所述，将存在主义"生命哲学化"。这种理解模式实际上来自他对中国哲学的研究。牟宗三认为重生命、重主体性的中国哲学是一种"生命哲学"，区别于重自然、以知识为中心、重客体性的

---

[1] 1961年11月6日，胡适在"亚东区科学教育会议"的开幕式上发表英文演讲，认为东方老文明没什么精神成分了，应走向西方近代文明科学发展的正确道路。演讲见报后引发学术界激烈争论。以李敖为首的"激进西化派"与胡秋原、徐复观、郑学稼等展开笔战。1965年12月国民党当局封闭了《文星》杂志，结束争论。

西方哲学。要理解中国哲学,就不能将之视为客观外在的知识,而必须用自己的生命去理解。存在主义之反西方哲学传统,就在于这种"生命哲学化"。西方式的"人不可定义"乃至更为激进的"并无所谓人性"之说,牟宗三并不能接受。他始终相信"人性"——这一点与胡秋原对真理、普遍价值的坚持并无二致。面对彼时精神浮薄、文化无根的状况,牟宗三与胡秋原一样痛心疾首,他痛斥为"生命之离其自己""无坚定的生根的义理信念""践踏斫丧民族的生命"。[1]

有趣的是,胡秋原在写完专号长文后又给《大学生活》编辑部寄去了一封短信,提出一个疑问:"有人说,东方的哲学,普遍有'存在主义'的倾向,如果能东西配合起来讲,可能有互相发明或提供新血的作用,不知道这么说会不会过于天真?"[2]看来,在"东西配合"的前提下,胡秋原还是愿意给存在主义"一线生机"的,最终与已经在"东西配合"着的牟宗三殊途同归。

胡秋原对存在主义的理解虽然有失偏颇,但他背后所警惕的"西化"问题确实是台湾地区彼时所面临的严峻挑战,他的批判有着现实针对性。相比而言,不愿服膺于国民党政权的牟宗三,认为流亡若安于台湾、香港地区,"亦不能了解存在主义"[3],但他的"不安"悬挂在一种想象之中的中华性——罗永生所称的"流亡国族主义"[4]之下,沉浸于道德主体性的哲学追求,批判焦点始终在与冷战需求共谋的反共议题上,疏离着香港地区殖民压

---

[1] 牟宗三:《五十自述》,载于《牟宗三先生全集32》,台北:联经出版事业股份有限公司,2002年,第33页。
[2] 胡秋原:《胡秋原先生来函》,载于《大学生活》,第九卷第二期,1963年6月1日,第61页。
[3] 牟宗三:《存在主义》,载于《大学生活》,第九卷第二期,1963年6月1日,第8页。
[4] 罗永生:《勾结共谋的殖民权力》,香港:牛津出版社,2015年,第187页。

迫的社会现实,"拿不出任何实质性的社会批评,无法帮助本地学生反思自身面临的普遍殖民性现实"[1]。因此,牟宗三被克尔凯郭尔的"道德宗教"所吸引,对存在主义进行一种道德主体论意义上的"生命哲学化"接受实质上是延续了他一贯的思想逻辑。

牟宗三学生辈的李英豪褪去深重的家国忧虑,将存在主义推向一种与现实更加隔离、更加去政治化,也更强调个人主体性的"绝对个人主义"。作为香港地区现代主义文学的推手之一,李英豪在文学评论工作中积极推介并化用英美新批评的理论,着力建构一个纯粹个人的非政治的"纯文学"空间。他对存在主义是"绝对个人主义"的认知是他一贯的文学思想的延续,存在主义对人的主观感受、人的自由选择等"个人因素"的强调又强化了他的这种思想,而存在主义对现代人生存处境的揭示背后深刻的社会关怀与政治性、个人与他者的互动关系等"非个人因素"则被忽视或巧妙转化成"个人"。他既批评有神论存在主义者的逃避主义,也质疑无神论存在主义者"倾于对社会附着力〔……〕而流于过度热情"[2]。萨特的"情境"说被发挥成一种只有"纯粹自发'个体'"的"纯粹意识"[3],萨特的介入行动被批评为"以暴烈行动来弥补形而上的创伤"[4]。那么,出路在哪? 李英豪指出的方向是比牟宗三的道德主体更加封闭的"禅宗之顿悟"——"存在与追寻,当包括无时无刻之

---

[1] 罗永生:《勾结共谋的殖民权力》,香港:牛津出版社,2015年,第183—185页。
[2] 李英豪:《存在主义诸面之研讨》,载于《大学生活》,第九卷第二期,1963年6月1日,第55页。
[3] 李英豪:《存在主义诸面之研讨》,载于《大学生活》,第九卷第二期,1963年6月1日,第57页。
[4] 李英豪:《存在主义诸面之研讨》,载于《大学生活》,第九卷第二期,1963年6月1日,第58页。

自悟自信",太关注内心之外的外在世界反而会变得被生活所役。[1]存在主义的政治介入性被彻底转化为一种东方式的个人修炼,在"东西配合"这条路上,李英豪甚至比牟宗三走得更远。

民族分裂,对香港南来文人们如牟宗三而言意味着"有家归不得"的流亡,对李英豪而言则可能会带来文化认同无可依傍之虚无,因此李英豪这种对存在主义去政治化的理解实际上映照出一个政治性的"国族想象",只不过是寄寓于内心的。

以牟宗三为代表的香港新儒家的国族叙事最终与冷战反共体制共谋,李英豪这种看似与世无争的"绝对个人主义"实际上也只是一种聊以自慰的虚幻。"个人"与"集体"的简单二元对立关系,凸显香港个人主义"自由世界"的优越,也还是有意或无意地落入冷战修辞之中。

同样来自香港的李达生与钟期荣并没有回避存在主义的政治性,如上一小节所述,他们与台湾地区的包奕明、王尚义对存在主义的理解模式是相似的,都看到存在主义扬自由、反极权的性质,但若将他们的理解放回各自的政治、社会状况考察,则发现共同的理解模式背后的"所指"是不同的。李达生在文章的备注中介绍雅斯贝尔斯其人时特别提及他对"希特勒、戈贝尔和卢森堡(国社党哲学家)等人所鼓吹的国家社会主义运动从不曾表示过好感"。[2]钟期荣的表述更为复杂一些,她一方面用"左"派的思想批判资产阶级社会对个人的压迫,赞赏萨特的革命行为是"打开根本改变资产主义社会的道路",另一方面又以萨特和法国共产党的复杂关系来为萨特"正名"。这两位学者特别关注所谈哲学家的反共倾向,

---

[1] 李英豪:《存在主义诸面之研讨》,载于《大学生活》,第九卷第二期,1963年6月1日,第56页。

[2] 李达生:《雅斯培的存在主义哲学》,载于《大学生活》,第九卷第一期,1963年5月16日,第38页。

对于港英政府对个人自由压迫的现实问题并没有企及，他们对存在主义看似政治化的接受实际上也并没有突破冷战意识形态窠臼。

相比而言，台湾地区的包奕明与王尚义谈论"极权""反抗"问题则需要付出巨大代价，他们所受过的国民党"白色恐怖"迫害反向说明了他们所指的"极权"与"反抗"对象是谁。也大概是在香港的杂志上，包奕明才敢使用"独裁者"字眼，王尚义才能慷慨激昂呼吁"反抗"。他们两位是彼时台湾地区谋求进步的知识青年的杰出代表。当时，存在主义与逻辑实证论同时传入台大校园，在西方是格格不入的两派思潮却共同为台湾地区进步知识青年提供了批判养分。据陈鼓应回忆，台湾自由主义先驱、逻辑实证论的倡导者殷海光先生晚年也关注到了存在主义。对于国民党当局，两套哲学思想都有"反动"成分在内。台湾地区知识青年对存在主义的追捧，并非如胡秋原所焦虑的那样是单纯"西化"，正如施淑所分析：

> 白色恐怖的窥视文化，戒严令延长的战争状态，窥视者紧张、痉挛、破裂的心理，提供六〇年代台湾现代主义发生发展的内外在条件，当时的文学青年，会在还来不及认识现代及现代性的基础上，没有异议地接受作为它的反命题的存在主义、心理分析，会义无反顾地以困境、疏离（异化）、荒谬、没有原因的反叛等套语和模式思考、行动、创作，都是这歇斯底里的处境的条件反应。[1]

但并非所有对存在主义的接受都是"反动"的，如第一节所述，台湾《现代文学》同人仅仅将存在主义视为一种重要的当代文

---

[1] 施淑：《现代的乡土——六、七〇年代台湾文学》，载于《从四〇年代到九〇年代》，台北：时报出版社，1994年，第255页。

学来读。存在主义也为因政治高压而脱离社会、经济现实的知识青年们提供一个命名自身处境的方式，即把台湾具体的政治、社会困境抽象为人的"存在处境"，而具体的政治、社会现实是怎样的，并不会触及。王尚义的小说创作也有这样的特质，但他也曾深刻自省，他曾在小说《大悲咒》中讽刺一位熟读哲学的知识分子："他不过是避开了许多问题，不过是在文字上兜圈子，不过是那一套纸牌——苦闷、东方、心灵、解脱——在调配不同的花样而已。"[1]他也批判台湾青年的"逃避主义"："到知识中逃避，到爱情中逃避，到幻梦中逃避，到更圆的月亮下逃避。"[2]包奕明则因行为"出格"直接被投进监狱。

支撑着包奕明、王尚义的也是一种民族主义的强力，但与右派文人不同，他们将民族未来希望投射至对岸的社会主义上。包奕明20世纪60年代末到香港，呼吁海外中国人回归社会主义现代中国（不同于反共新儒家的旧"文化中国"），20世纪70年代参与策动了香港的"中文运动""保钓运动"等影响深远的社会运动。在"白色恐怖"下，王尚义的一腔政治抱负却只能烂于心口，"存在主义专号"刊出不久他即因肝癌英年早逝，再无机会公开表达，好友在整理遗物时才发觉他有社会主义向往。

综上，在专号这一特殊场域中，知识分子们对存在主义的不同接受态度和理解模式得以在相互比较中得到更好的历史定位。只有深入历史，在一种历史结构性的比较中，我们才能发现它们之间的异中之同（比如胡秋原与牟宗三）和同中之异（如李达生、钟期荣与包奕明、王尚义）。

---

[1] 王尚义：《从"异乡人"到"失落的一代"》，台北：大林出版社，1980年，第203页。曾刊登于《联合报》，1961年10月3日第6版。

[2] 王尚义：《狂流》，台北：水牛出版社，1983年，第1页。

在人人谈论却似懂非懂的"存在主义时代","存在主义专号"构建了一个认真探讨"存在主义是什么"的知识场域。但从专号编者策划在喧嚣的舆论场中抢夺存在主义正面价值的那一刻起，发生学意义上的存在主义就被"变异"了。从编者到作者，对存在主义这一西方潮流的接受，并非是无主体地追逐，也非将之视为一个完全与己无关的他者来进行纯学术研究。他们是带着对中国历史、所处现实的焦虑与思考去理解与接受存在主义的。

对彼时有民族责任心的港台地区知识分子而言，构成他们所思所想所忧之底色的是冷战地缘政治结构下的民族分裂现实。专号编者特别挖掘出存在主义"从悲情显光辉"的正面价值，赋予存在主义一种疗愈民族创伤、助力民族复兴的文化想象，将存在主义整编进民族主义话语。但这种文化想象能否不止步于一种抽象的道德理念，取决于其能否"落地"至本土、有效回应本土最迫切的现实问题。包括编者在内的香港地区知识分子，无论是将存在主义东方化接受的牟宗三、李英豪，还是将存在主义政治化接受的李达生、钟期荣，他们的文化想象实际上都没有能够真正超越冷战的意识形态钳制，没有真正面对香港本土的反殖问题。相比而言，台湾地区的胡秋原、包奕明、王尚义对存在主义有截然不同的接受态度，但分别触及了台湾地区的文化"西化"与政治极权问题，虽然后者在残酷的政治压制下得不到完整的公开表达。

另一方面，在这种文化想象内部，中西方文化的张力被收缩进"中西配合"的理想"境地"，实际上是以中为主，将存在主义中国化。典型者如胡秋原、牟宗三、劳思光、李英豪等，他们均从东西方之"同"而非"异"的角度出发去理解、接受存在主义。按照日本思想家沟口雄三"作为方法的中国"的方法论所启示我们的，这种求"同"的接受方式并没有将自己相对化处理，异域思想并不能真正成为一种方法启发本土知识分子更新思想观念。反过来讲，纵然西潮汹涌，这些知识分子也不会走向"西化"之路，他们对中国传统文化的"执念"实则是他们在远离文化母体之境况下对精神故乡的寄托。

总之，"存在主义专号"呈现出一代有民族责任心的知识分子在本土政治压制与美苏冷战的现实政治夹缝中的思考，他们思想中的坚持与游移，固守与滑动间产生的矛盾与张力正折射出时代的复杂性，也给后世带来了思考。

此后港台地区出版的存在主义评论集，都大多绕不开这一专号内的文章。比如台湾地区 1969 年十月出版社出版的《存在主义论集》，就收入了专号的大多数文章。这一专号最终没有辜负编者的期望，而在港台地区存在主义接受史上占有了一席之地。

第四章

经典： 阐释国家记忆的形成

在广阔并庞杂的记忆世界中，最主流地、高度凝练化地呈示国家记忆之建构过程及其结果的，是经典。一方面，经典在本质上也可以被理解为一种"嵌入"的国家记忆；另一方面，民众对经典的传播和接受同样也是一个"诗性自觉"的记忆过程。

关于经典的争论是文学研究中恒久的热点问题，从经典的定义、经典的建构、经典的危机、经典的回归，到经典与文学史、文学批评和文学理论，从经典与文化资本、权力体系，到经典与市场机制、数字时代、新媒体等，已有的经典研究几乎涵盖了人类生活的各个方面。大致来看，国外的经典研究主要有本质主义和建构主义两种思路。本质主义重在为经典下定义，关注经典作品的审美特性、文类的演变等，如阿诺德、弗兰克·克莫德、温德尔·哈里斯、弗勒、布鲁姆、佛克马等。建构主义重在经典的建构过程，关注具体的社会文化语境对经典形成的影响，关注经典与权力、意识形态的复杂关系，强调经典的时代性、阶级性、民族性等，如保罗·劳特、约翰·吉洛利、霍尔伯格、米歇尔、卡尔巴斯等。国内的经典研究不仅可以遵循经典的逻辑思路来分类，这一点与国外的研究进路大体相同，还可以按照文学史的分期具体分为中国古代文学经典研究、现代文学经典研究和当代文学经典研究，主要包括童庆炳、陶东风、朱国华、王宁、李玉平、南帆、贺仲明、赵勇、张福贵、吴承学、吴思敬、陈文忠等。

以"经典"为核心词，与之密切相关的有两个概念：经典性和经典化。这也是传统经典研究最常聚焦的两个问题。经典性是对经典之独特属性的界定和阐释，是对作品的价值判断及美学质量衡量，是经典生成的依据；经典化是对作品的遴选、反复刻写与普遍接受，是经典生成及其被合法化的过程。对经典性的研究多为本质主义研究，即关注"经典何以成为经典"的标志性特质，属于经典的内部研究，强调经典的美学理想；而对经典化的研究多为建构主义研究，即关注"如何成为经典"的过程与路径，属于经典的外部研究，强调经典的政治实用精神。概括而言，经典性和经典化这两种研究理路几乎贯穿整个经典研究史的始终。

问题在于，不管是以经典作为一种前提（经典性），还是作为一种预设（经典化），这两种研究理路都把经典看成一种相对独立的"物"，而根本忽略了经典内核中"人"的因素，尤其是人对历史的经验，人借助经典对自我同一性的确认，以及人对秩序、伦理与传统等的认同。因此，传统的经典研究往往呈现出一种悖论，即它既是"属人"的，又是"非人"的。

但实际上，经典最重要的特征在于，它是对过去经验的提炼和承认。以文学经典为例，确定某部作品是经典的过程，既是开掘这部作品之价值的过程，又是接纳和融汇这种价值、使之影响我们自身的过程。与国家记忆的两种形成机制相似，这个过程包含了经典的生成与特质、传播与接受，其实也可以粗略对应于经典化和经典性，大致也可以分为"自上而下"和"自下而上"的两种不同指向的路径。一方面，经典是被"嵌入"的，蕴含了一个国家对某种文化理想的集体追求，它本身也可以归属于文化记忆，是国家记忆的一部分；另一方面，经典是被潜移默化地接受的，经典被认同也是一个"诗性自觉"的记忆过程。

一、经典对国家记忆的形塑

作为阐释国家记忆的最佳例证，经典有两个本质特征不可忽视。下面，就以我们最熟悉的文学经典来说明这个问题。

（一）经典与记忆的异质同构性

记忆是对过去想象性质的重构。从客体的角度来说，记忆是一系列被选择、被征用、被赋予意义的符号；从主体的角度而言，记忆的二次诞生本质上就是一个符号的建构和叙事过程。记忆必须以被记忆的方式展现出来，记忆就是关于记忆的陈述。经典的建构本质上也是一种筛选和淘洗，它既是一种记忆过去的方式，也是一种以现实需求为依据的记忆产物，它本身就是记忆。事实上，记忆是唯一与经典异质同构的机制，它理应成为经典研究的根本语境。

汉语中常讲到的"经典"可以对应英语中的两个词——canon 和 classic，这两个概念虽有意义上的交叉，但却所指不同。classic 意义上的经典专指"古典（的）"，即古希腊、古罗马或与其相关的文学文化，而 canon 意义上的经典则与宗教渊源深远，聚焦在规范、标准、尺度等方面。前者之经典性的核心是"时间"及其蕴含的人类历史经验，后者之经典性的核心是"权力和意识形态"及其所体现出来的人类政治意识。对此本质的不同，学者李玉平有非常精彩和准确的概括：

文学经典Ⅱ[1]是由特定的权威机构和人士，出于某种意识形态的意图，遴选出来的文学作品。不同于文学经典Ⅰ的以审美为中心的普世性，文学经典Ⅱ将文学经典政治化，彰显文学经典的建构性及其背后的权力斗争。宗教经典需经由教会权威认证，与此类似，文学经典Ⅱ是由权威文学批评家、文学史家等组成的学院机构遴选出来的。因此，它势必折射了经典遴选者的阶级、种族、性别和性取向，代表着特定利益集团和社会群体的诉求。难怪经典的解构和重构者抱怨以往的文学经典充满了阶级、种族和性别的偏见，全是 DWEMs[2] 的作品。文学经典Ⅱ聚焦于文学经典之中和背后复杂的社会关系，凸显文学经典的社会、政治功能。经典化——权力的建构、意识形态的运作过程——是文学经典Ⅱ的充要条件。[3]

我们所要讲的与记忆异质同构的经典，其实同时涵盖了 canon 和 classic 两个词所指的意义。不过，就与记忆的相似而言，我们又更偏向 canon 一词。卡尔巴斯（E. Dean Kolbas）在他的《批判理论与文学经典》一书中梳理了 canon 这个概念在历史上的形成和演变。古典时期的经典是简单的测量工具，后来又延伸为艺术模型、道德行为的标准以及政治权威的合法化。中世纪时期，特别是文学经典，成了欧洲各学校中适用于有机会接受正规教育的人的教育工具，特别是经典作品。再晚近一些，随着现代民族国家的确立和职业批评家的兴起，经典又被赋予专指民族主义的内涵。而到了当代，随着电子媒介的迅疾发展，经典的意识形态意

---

[1] classic，文学经典Ⅰ；canon，文学经典Ⅱ。——引者注
[2] Dead, 已故；White, 白种人；European, 欧洲人；Male, 男性。——引文原注
[3] 李玉平：《多元文化时代的文学经典理论》，天津：南开大学出版社，2010年，第21页。

义被频频提及，经典更多处于一种不确定的甚至是矛盾的状态，反经典的运动伴随着经典概念的发展也愈演愈烈。[1]从卡尔巴斯的梳理中不难看出，canon 意义上的经典更像是文化政治的产物，有鲜明的精英主义和本质主义色彩。经典的形成与接受教育的优先权密切相关，又与民族国家的形象建设和文化认同相关，因此，卡尔巴斯所指的经典更像是一种文化的表征或体现文学生产与文学消费关系的媒介，既是呈现"民族主义、被发明的传统与独一无二的文化身份的工具"，又"超越了特殊的历史语境、它们源出其中的文化以及即时性的政治利益"。[2]卡尔巴斯的经典论强调经典的政治性或意识形态化，这说明经典的形成绝非单纯的时间积累可以促成。经典之经典性固然重要，是经典得以形成的文学基础，但经典之经典化才是经典最终能被现实化和具体化的关键因素。

文学经典形成之前，所面临与处身的是一个良莠杂陈的文学史传统，就像发挥最基本的存储功能的记忆一样，一开始也面对的是一个无秩序无组织的、各种材料纷乱杂陈的潜意识世界。阿斯曼夫妇称其为"未被居住的潜藏领域"，"在个体的内心层面，这类记忆的因素极其不同：部分是不活跃且不具有生产力的；部分是潜在的未受关注的；部分是受制约而难以被正常地重新取回的；部分是因痛苦或丑闻而深深被埋藏的。……在集体层面，存储记忆包含了变得不可使用的、废弃的、陌生的东西以及中性的、身份抽象化的属于数据或资料类的知识，当然也包含了错过的可能性以及可供选择

---

[1] E. Dean Kolbas, *Critical Theory and the Literary Canon*, Boulder and Oxford: Westview Press, 2001, pp.1-24.

[2] E. Dean Kolbas, *Critical Theory and the Literary Canon*, Boulder and Oxford: Westview Press, 2001, p.139.

的全部内容"。[1]这个"未被居住的潜藏领域"就相当于文学史传统，记忆的诞生（指记忆成为意识活动的一种类型）要靠符号的再现或记忆的文本化，即将记忆变成关于记忆的陈述；而文学经典的建构则要借助人们对文本价值的共识，依据一定的文学观念和批评规则来进行遴选。与记忆的符号化再现相似，对现实需求的考量无疑是经典遴选的前提，而对经典性或经典之标准的认定则是经典遴选所应依据的主要因素。

　　文化记忆指向遥远的过去，具有很强的异质性，并且形态各异，但只有当人类共同关注到某些"未被驯服的记忆"，也即共有或共享某些记忆并因此形成"记忆共同体"时，真正意义上的群体才会形成，而对杂乱无章、良莠不齐的记忆材料进行趋同的价值判断和选择才可能真正发生。而文学经典的形成也是一种选择和"驯服"的过程。一来通过文学观念的博弈、文学批评规则的演变转化文学理论的创造生成；二来通过考量现实需求，文学经典也要形塑另一种文学传统，呈现对被遴选之作品的价值判断。所以说，文学经典的建构既是人类对过去经验的确认，也是观念的编码活动，更是意识形态筛选、承认和合法化人类知识的流动过程。正如学者周宪所言："经典的形成过程绝非自然选择的过程，毋宁说它是一个社会和文化的高度区分性的过程，说穿了不过是对某些文学作品的优先选择和高度评价而已，这后面隐藏着的是复杂文化领导权。"[2]由此可见，作为文学史研究、文学批评研究和文学理论研究中最核心的问题，文学经典其实是一种选择的艺术，或者更深入地讲，文学经典本质上就是选择性的记忆。因为对文学史传统的选择就是对

---

[1] 阿斯特莉特·埃尔、冯亚琳主编：《文化记忆理论读本》，北京：北京大学出版社，2012年，第27页。
[2] 周宪：《经典的编码和解码》，载于《文学评论》，2012年第4期，第86页。

文学史的解释，就是通过对文学价值及其标准的编码来阐释历史，固化和深化一部分记忆，使之在当下的现实生活中发挥倾向性和指导性的作用。可以说，文学经典在发生学意义上的根本立足点就是"记忆共同体"。就像布鲁姆说的那样："经典是真正的记忆艺术，是文化思考的真正基础。"[1]

（二）经典与国家记忆建构的同型同向性

经典性的问题是经由经典化而得以明确展现的，也就是说，判断何为经典的标准必须依靠动态的经典形成的过程才能确立下来，而这个过程与国家记忆的形成过程一样，显然充斥着不同力量间的较量和各种权力关系的角逐。历史上关于经典的论争曾胶着在经典的"古今之争"上，即争论古代经典和现代经典孰优孰劣。卡尔巴斯就曾经区分过现代文学经典和古代及中世纪时期的文学经典，认为二者之间至少有三个方面的不同。第一，某种物质和社会条件的发展改变了文学生产、传播和接受的本质。第二，现代民族国家与其日益增长的影响力成了文化认同的基本形式，它有助于确定独特的民族经典。第三，那些较晚近在中小学和大学创设的专门研究世俗文学的课程——以一种在语法上迥异于中世纪经典的方式——更进一步推动了在民族标准化课程中所选作品的经典化。[2]但毋庸置疑的是，也正是在这样的争论中，文学经典的现代意义才愈发被凸显出来。从卡尔巴斯的归纳可以看出，在文学经典的建构过程中，现代民族国家和学校发挥了至关重要的作用，前者是经典问题得以成立的文化场域，后者是经典形成及传播的重要机构，二者共同构

---

[1] 布鲁姆：《西方正典》，江宁康译，南京：译林出版社，2005年，第25页。
[2] E.Dean Kolbas, *Critical Theory and the Literary Canon*, Boulder and Oxford: Westview Press, 2001, pp.1-17.

成了经典建构中的集体体制,分别从合法性与有效性两个方面影响着经典的形成。

先来看民族国家。在安德森那里,现代民族国家是"想象的共同体",而想象的依据则是各民族的印刷语言,印刷语言"在拉丁文之下,口语方言之上创造了统一的交流与传播的领域。……这些被印刷品所联结的'读者同胞们',在其世俗的、特殊的和'可见之不可见'当中,形成了民族的想象的共同体的胚胎"[1]。也就是说,想象的共同体之所以能够成立,根本上源于由印刷语言所提供的、可供民族国家成员交流思想观念的、统一的文化空间,在此空间中,民族国家成员共享历史与传统、语言与文化,文学是民族语言最重要的载体,而共享的语言、文化和记忆则是文学经典形成的前提。

对于现代民族国家的文化建设而言,文学经典的确立和构造是一项重要的文化工程,而且是受主流意识形态影响的、"被一种文化的主流圈子接受而合法化,并且其引人瞩目的作品,被此共同体保存为历史传统的一部分"[2]。换言之,文学经典是另一种传统,是被权力话语、意识形态机器、文化霸权等合力"发明"的传统。对此"发明的传统"的有效利用同样是记忆政治的一个重要组成部分。统治者往往利用记忆政治的方式把国家记忆转译为文学艺术、学校教育、大众媒体等多种形态,而文学经典就是其中极其有效的国家叙事,经由建构文学经典来形塑传统,毫无疑问有助于塑造理想的国家认同。因此可以断言,现代民族国家的出现是文学经典争论史上的分水岭,文学经典是一个现代性的问题,它与民族国家的建

---

[1] [美]安德森:《想象的共同体》,吴叡人译,上海:上海人民出版社,2005年,第43页。
[2] [加]斯蒂文·托托西:《文学研究的合法化》,马瑞琦译,北京:北京大学出版社,1997年,第43页。

立、"传统的发明"及现代教育体制有着深刻的联系。

再来看学校。20世纪五六十年代,美国高校关于高等教育的反思引发了当代学界的经典之争,关于大学里的学科设置和教学内容的变化及争议掀起了老师与学生、主流与边缘、男性群体与女性群体之间的激烈论争,围绕文学经典的争论变成了一场"文化的战争"。这场论争主要致力于实现"经典的开放性"或"经典的民主性",即美国大学里的传统主流学科"英语文学"的课程设置标准,长久以来是由职业批评家所规定的,因而也是精英主义的和"少数人的"。但开放的和民主的经典则要求超越各种不平等,"面向女性、黑人、少数族裔、性别弱势群体以及工人阶级作家的作品'开放经典',以此推动这些弱势群体在社会和政治方面获取平等"[1]。这是经典以身份为基础来争取自身合法性的文化战争,到了20世纪80年代,这种观点已在美国高校里成为一种常识。1988年,美国斯坦福大学就因课程改革爆发了激烈的斯坦福事件:斯坦福大学在学生的强烈要求下对人文专业课程进行了改造,取消了完全由欧洲经典作家唱主角的'西方文化'课,代之以'文化—观念—价值'这门新课程,将第三世界学者、少数种族人士及女性作者的作品纳入教学内容"[2]。在约翰·杰洛瑞看来,这种以身份为基础的经典建设把经典的代表性直接对应于社会的代表性,把经典的包容性等同于对差异化社会形象的包容性,因此成了某种"想象的"政治学,并且只是一种"形象政治学","它把课程遴选中的批判性解读和评价的复杂任务简单化了,认为这个任务只是从人们特定的政治优势

---

[1] [美]詹姆斯·英格里什:《中文本序》,载于[美]约翰·杰洛瑞:《文化资本:论文学经典的建构》,江宁康、高巍译,南京:南京大学出版社,2011年,第1页。

[2] 姚文放:《文学经典之争与文化权力的博弈》,载于《社会科学战线》,2013年第2期,第136页。

出发来选择他们最想要的文化形象这样一个简单的过程"。[1]

与此相对，约翰·杰洛瑞提出了一种"分配政治学"。他借助布尔迪厄的"资本"说，"把文学知识归类为某种'文化资本'的形式"[2]，它包括语言资本和符号资本，经典建构实质上就是文化资本的形成与分配，或说文学生产和消费方式的获取问题。因而可以认为，经典的复杂生成所反映的正是社会关系的复杂生产性。学校是经典论战乃至变革最重要的阵地，因为学校"在读写训练和文化习得等方面有规范文学生产的权力"，而且学校里"课程的设置是体制的一种表现形式，……文学作品必然地被视为意识形态的传声筒，这不是作品本身具有的特征，而是由体制表述的语境所决定的，简单地说就是由讲授作品的方式所决定的"。[3]正是在学校这一教育体制中，作为一种文化资本的经典生产与分配才能真正被呈现出来，对于何为经典以及如何讲授经典的问题才能以正当、公开、公共的形式被界定，从而以或显或隐的方式影响到文学的社会功用，促成社会之"审美风尚"或"文学趣味"的形成，最终强化主流意识形态的观念统摄力，增进对民族文化的接受程度和对国家精神的认同。

从民族国家的建立和学校教育的设置这两个方面来看，建构经典也是从两个相反相成的方向展开的。其一，自上而下的。通过体制、语言系统、民族文化政策等国家层面的制度，将某物规定为经典，要求国民承认和接纳它。其二，自下而上的。借助营造氛围、

---

[1] [美]詹姆斯·英格里什:《中文本序》，载于[美]约翰·杰洛瑞:《文化资本：论文学经典的建构》，江宁康、高巍译，南京：南京大学出版社，2011年，第2页。

[2] [美]詹姆斯·英格里什:《中文本序》，载于[美]约翰·杰洛瑞:《文化资本：论文学经典的建构》，江宁康、高巍译，南京：南京大学出版社，2011年，第2页。

[3] [美]约翰·杰洛瑞:《文化资本：论文学经典的建构》，江宁康、高巍译，南京：南京大学出版社，2011年，第3页。

文化渗透、思想影响等方式，潜移默化地塑造国民的精神观念，使其逐渐自觉地认同经典、维护经典，并形成关于经典化的共识。显而易见，经典的形成与传播在结构和路径上与国家记忆的两种形成机制如出一辙，所以我们可以大胆地断言，经典是阐释和佐证国家记忆建构的最佳例证。

（三）经典教育的失效与国家记忆的危机

在技术飞速发展、媒体融合创新的当今时代，记忆出现了三个方面的危机：记忆客体的边界问题，即虚假的记忆对峙真实的历史；记忆主体的权限问题，即虚伪的记忆挑战人类的信任底线；记忆的稳定性问题，即渐趋脆弱的记忆力叫板日益强大的记忆设备或"记忆之物"。当记忆的真实性、稳定性和安全感在危机中被逐渐消解，文学经典的接受也广被质疑，去经典化、经典的解构和解码又再度成为热点问题。在新的时代里，我们应当怎样对待经典中的精英意识、主流意识及其强制性的"同一性"意识？怎样处理经典危机与国家记忆形塑之间的复杂关系？我们或许可以这么认为，传统的文学经典正在逐步弱化甚至丧失对民众的精神影响，不仅经典之"经典性"的标准变得越来越不确定，而且经典之"经典化"的形成过程也越来越不可靠。这一点异常鲜明地体现在当下的大学教育现实中。

在文学经典的建构过程中，与学校的功能相类似的知识机构还包括作协、批评家协会、评奖委员会、博物馆等，但最重要、影响最深远的还是学校，特别是大学。因为大学具备了其他知识机构所没有的三个特征。

其一，全面性。作为一个相对独立的教育单位，大学对经典的规定是全方位的。从教材的选择到课程的设置，从对经典的解释到以考试、考核等形式对师生双方接受效果的检验，从直接的、强制性的课堂教学实践到内在的、潜移默化式的思想渗透，经典的影响和力量几乎是无处不在、无可比拟的。经由如此整体性的"大学生活"，经典教育致力于培养秉持爱国主义、社会情怀和时代使命感的未来公民，向其有计划、有方向地灌输关于国家传统的正确知识，塑造积极的、自觉的身份认同意识。更关键的是，借助全面的经典教育，以大学生群体为主体的记忆工程得以顺利实施，因为在教育过程中，关于经典的定义其实是在不断被回应被推进的，"经典的地方性或局部性被悄悄地转变为总体性和普遍性"[1]，对经典的边界筛选和价值评价也推动了对国家历史、对传统文化、对民族精神之记忆的选择和建构，最终影响了我们所称的"国家记忆"的形成。

其二，全程性。这是大学实施经典教育最突出的一个特点。宽泛地讲，从学科的设置到专业的规划再到研究方向的铺排，更不用说教学计划与培养计划的制订，每个环节都蕴含了政策制定者和教育工作者对学生的预设及目标，也潜藏着他们对传统、现实和未来的理解。可以这么说，经典是广义的历史，也是隐性的政治，具体到大学这样的教育体制中，经典就是教育实施的标杆，是教育理念赖以现实化的有效依据。从一个学生的入学教育开始，到这个学生在大学里接受专业培养，再到他最终完成学业、走入社会，经典也完成了从被界定、被解释，到被批评、被刻写乃至被传播接受的过程，这是一个相对完整的教育过程，也是经典生产、消费、传播和再生产的过程。

其三，权威性。大学对经典的生成有一种绝对的规定权和垄断权，就像布尔迪厄所说的那样：大学拥有把特定的作家与作品加以"神圣化"的巨大的权威，"大学声称拥有传播被圣化的过去作品——被它当作'经典'——的垄断权，以及（通过授予学位以及

---

[1] 周宪：《经典的编码和解码》，载于《文学评论》，2012年第4期，第92页。

其他东西）把与这些经典作品最一致的文化消费者加以合法化与神圣化的垄断权"[1]。这是显而易见的，大学在培养人才和提供社会服务方面的特殊性与无可替代性决定了它在经典建构中的绝对地位，文学经典也因此具有了双面性。一方面，文学经典意味着政治正确、价值力量和意义榜样；另一方面，它也暗指文化资本的争斗、权利的宰制和强制阅读。

作为全面地、全程地、权威地实施经典教育的机构，大学是形成国家记忆的重要阵地；而作为具有独立知识能力的大学生主体，本来也是集体性的、国家记忆的重要载体。然而，归因于消费时代和数字时代的双重刺激，今天大学教育中的经典教育已经越来越失效了。它直接表现为大学生的阅读经验愈益贫瘠，很少有人喜欢读文学经典作品。其一，他们对经典的界定发生了改变。传统意义上基于时间和经验的认同感已经被时效和直觉所代替了，现在的经典几乎可以与时尚相提并论。其二，他们对经典的阅读方式发生了改变。以前的"精读""细读"越来越不被欢迎，取而代之的是"快读""泛读"，是"碎片化的阅读"。大部头的文学经典被束之高阁，浏览微信微博、翻看电子书、听有声书、读批评家的批评而非原著等，这样的"速度式阅读"成了阅读形式的主流。其三，他们对经典的信念也改变了。经典更多意味着过去的历史和经验，大学生们也许愿意尊重经典，但鲜有把经典与现实生活密切关联的，经典与瞬息万变的现实之间是一种脱节的尴尬关系。

简而言之，传统意义上经典的精英意识、主流意识及其强制性的"同一性"意识都在现实生活中被削弱、被消解甚至被解构了，大学里的经典教育依然追求全面，努力保持全程，但已不再是权威

---

[1] 转引自陶东风：《文学经典与文化权力（上）——文化研究视野中的文学经典问题》，载于《中国比较文学》，2004年第3期，第67页。

的了。不难想象，失效的经典必然导致国家记忆的危机，无论是"自上而下式"的强制性嵌入还是"自下而上式"的诗性自觉，在记忆主体和记忆对象之间都出现了裂痕。强制性的嵌入往往会激发记忆主体更深层次的反思，以往"随风潜入夜，润物细无声"的"记忆渗透"已经被愈益强大的反思所阻隔，经由国家记忆而对国家所产生的归属感和认同感也成了一个含混暧昧的目标，虽然很必要但却总是指代不明。

20世纪80年代，美国高校对"开放的经典"和"经典民主化"的认识已较为普遍，英国高校对高等教育的反思也已渐成风气。几乎与此同时，法国历史学家皮埃尔·诺拉又提出了"记忆场"的概念[1]，凭借对记忆和历史关系的重新审视，掀起记忆研究的新一轮热潮。经典研究和记忆研究的同时复兴预示了二者互文共证的历史关系，更昭示出在文化记忆场中研究文学经典建构的学理前景。

经典里蕴藏着国家记忆之形成的奥秘，经典的失效不可避免会导致国家记忆的危机，由此带来的问题将关涉文化多元性、国家层面的道德共同体、民族主义与世界主义等众多更深层次的问题。在解决这些问题之前，我们必须厘清国家记忆之形成与经典建构的同构关系。

二、经典场域：博物馆的文化治理功能

博物馆属于一种过渡性的国家记忆建构，因为它既有被主流意

---

[1] 1984年，《记忆之场》第一部《共和国》一卷出版，1986年第二部《民族》三卷出版，1992年第三部《复数的法兰西》三卷出版。见孙江：《中文版序：皮埃尔·诺拉及其〈记忆之场〉》，载于［法］皮埃尔·诺拉主编：《记忆之场：法国国民意识的文化社会史》，黄艳红等译，南京：南京大学出版社，2020年。

识形态强制性规定的一面，比如博物馆的建馆理念、服务宗旨、馆藏制度等，又有潜移默化营造文化氛围，对参观者予以"熏陶"和"渗透"的影响功能。而博物馆记忆则是非常特殊的一种国家记忆。一方面，它是一种"嵌入式"记忆，博物馆的建设本身就是一个理念在先、意旨明确的文化政治行为，每个博物馆都有其核心的理论要义，都要服务于国家的政治统治和文化治理。而另一方面，博物馆又形成了一种自治的精神逻辑，营造出一种"氛围"，可以使参观博物馆的人受到"熏陶"、受到"感染"，被潜移默化地灌输本来抽象或无情的信念、思想及理论，使之以"春风化雨"的方式深入人心。所以可以说，博物馆记忆是一种过渡性的文化表征，是居于"自上而下式"的国家记忆建构和"自下而上式"的国家记忆建构之间的一种"中介性"的记忆形式。不过，"被规定的"与"渗透性的"这两种方式并不是平均作用于博物馆建设的，相较而言，后者在现代博物馆的文化治理方面产生了更深远的影响。基于此，这里把作为实物形态的博物馆记忆理解为一个映射经典的场域，通过分析博物馆的文化治理功能来揭示其在国家记忆建构中的承上启下性。

"博物馆"这个概念与收藏息息相关，最初只是一种关乎个体的私人行为和私密空间。直至1753年，世界上第一个对公众开放的博物馆——大英博物馆建成，它的"公众性"或与社会公众的关系才逐渐凸显出来。现代意义上的博物馆的诞生，是一系列新学科知识、新社会关系和新时代秩序的体现，也是现代民族国家表征其文化功能、实施其文化治理的一种重要手段。而在其中，最突出也最核心的问题正是（或者说依然是）公域与私域、公共道德与私人生活、公众权利与个体要求之间以及由之带来的种种矛盾冲突。

公私冲突的渊源即"区分"，就如英国文化研究学者托尼·本尼特所说："博物馆不仅建构了一个文化区分的空间，而且也建构了一套文化区分实践的场所。"[1]正是通过对实践空间和话语空间的区分,博物馆才将自身定位为文化生态世界中的一个中心场所。它不仅把处身于文化网络上不同位置的要素(如国家、政府、社会、机构、社区或民众、个人等)关联起来,而且推动了国家对民众的管理、教育及治理,使博物馆的政治意志和文化权力得以彰显。

然而,非常有趣的是,尽管博物馆确实是国家治理的一种手段,但从另一个角度来讲,现代意义上的博物馆(尤其是公共博物馆)同时也毋庸置疑是民主政治的产物,或者说,它也象征了一种对平等表达主体权利的、对促进不同文化价值进行平等对话的明确诉求。也就是说,博物馆的功能是多重的,在不同的层面上甚至可能表现出相互矛盾的特征。一方面,博物馆的公共性"昭示"了一种民主;另一方面,它的治理宗旨却被含蓄地隐藏起来了。这两点同时作用,民众在享受民主承诺的同时,也要被种种博物馆的文化规则所"改变"、所"塑造"。两者之间必然是一种互存共生、相爱相杀的微妙关系。

那么,博物馆究竟是如何实施其文化治理功能的呢?这一形成机制包含了哪些因素?在文化治理与民主诉求两者之间,是否有不可调和的紧张关系?博物馆的功能有可能被规约化为单一治理或单一民主吗?要想了解博物馆在整个文化建设生态中的位置和作用,我们就无法回避以上一系列问题。我尝试从"事物""文化资本"和"审美资本"三个环节来解答上述问题。

(一)从"物"到"事物"的征用

博物馆实施其文化治理的功能,首先要经过一个将文化遗产转

---

[1]《文化、治理与社会:托尼·本尼特自选集》,王杰、强东红等译,上海:东方出版中心,2016年,第295页。

化为"事物"("事物化")的过程。换句话说,从丰富庞杂、形态多样的"原材料",到博物馆内被陈列的"展品",博物馆首先要定位和筛选,它的职责相当于一个审查机构,只有符合并通过审查标准的原材料才能以"事物"的身份进行文化表征,被展出、被凝视、被解读。这种对原材料的筛选和整理非常类似于我们基于现实需求对记忆的提取和重建。作为同样以"过去"为内容的文化遗产,博物馆所面对的也是一个没有边界的、无组织的、野性的"东拼西凑的大杂烩"(詹姆逊语),这个大杂烩不可能被原封不动地复制过来,其中部分会被抛弃,部分会被遗忘,部分会被改造变形,……只有极其有限的部分会被关注和征用。从"野性的物"到"被驯服的事物",除了博物馆的自然条件、展览主题之外,还有政策导向、教育目标、市场需求、社会风尚等多种因素束缚和制约着这个过程,更有投资方、组织者、管理人员、参展者、评论家、媒体等多个主体群体影响到这个过程及其实际效果。可以说,博物馆的存在本身就意味着一定的立场、一种裁决,以及对原始素材的改写。

我们都知道,一个个体是无法完全深入到另一个个体的私人经验中去的,即使"移情"式的体验也与原始体验之间有着巨大的、不可跨越的鸿沟。然而,通过对物的"选取"和对物的不同陈列秩序的"表述",却可以构成对世界的理解,并促成不同个体之间的相互交流和沟通,使文化得以真正传播,甚而由此催生奥尔特加意义上的,不仅在数量上和视觉上,而且在经验层面上共通的、消费文化的大众。以中国国家博物馆为例。中国国家博物馆的陈展体系包括基本陈列、专题陈列、国际交流展和临时展览四个部分,构成基本陈列的两大部分"古代中国"和"复兴之路"是按照历史的发展顺序来陈展的,江山变易、朝代更替,古代中国经过了几千年的历史锤炼,最终还是趋向发展和"复兴"。这种陈展方式暗含着进化论和历史进步论的文明观,随着观展的步步深入,观者很难不产生一种对中华文明的自信感,尽管筚路蓝缕、屡经曲折沉浮,但最终还是"拨开云雾见天日",历史之苦难成为现实之强盛的有力佐证。与之相对应,中国国家博物馆的专题陈列就包括"中国古代青铜器艺术""中国古代佛造像艺术""中国古代玉器艺术""中国古代钱币艺术""中国古代瓷器艺术""中国古代书画艺术""明清家具艺术"等。这些展览就是以主题为中心,将不同时期、不同地区的文明成就和文化艺术品并置陈展,它强调的是文明的多元化和差异性,更注重对艺术审美的精神追求。基本陈列是所有观者的"必修课",而专题陈列则有可能吸引志趣迥异、知识层次也参差不齐的不同个人或群体。至于国际交流展,它的意图性更强,指向也更明确,它对展品的选择和要求、它的设展方式及其所隐含的意义就更不必多言了。

所以说,这里所讲从"物"到"事物"的征用,"事物"已不再是单纯的物质、物质性,或存在于物理时空中的某种客观实在了,也不单是其词源学意义上的材料、质料和属性,而是一种关系的展示,是用空间的形式去表达时间流动中的关系冲突,是马克思在《1857—1858年经济学手稿》和《资本论》中所阐释的"事物"。在对黑格尔《精神现象学》区分"物"与"事物"的批判与超越中,马克思非常明确地将"事物"界定为一种关系,如其所言:"为什么人们信赖事物呢?显然,仅仅是因为这种物是人们相互间的事物化的关系,是事物化的交换价值,而交换价值无非是人们互相间生产活动的关系。"[1]简单地说就是,当原始之物被我们从事件发生的初始地点抽取出来,以一定的原则和秩序展示在博物馆里时,这个原始之物就发生了本质的改变,它不仅带出了最初的事件和场所,而且蕴含了人与环境、事件的复杂关系,真正地进入到了"历史"

---

[1]《马克思恩格斯全集》第2版第30卷,北京:人民出版社,1995年,第110页。

的进程中。套用海德格尔对艺术品的解读可能更容易理解这一点。我们说,当农民去田间劳作时,穿在他脚上的农鞋是物,当凡·高把它画入油画里,当这幅画被拿去展出时,这双农鞋、这个器具,才从"物"抽象为"事物",它才有可能被评论家解读为"凝聚着劳动步履的艰辛。……回响着大地无声的召唤,……这器具属于大地,它在农夫的世界里得到保存。正是由于这种保存的归属关系,器具本身才得以出现而得以自持"[1]。

博物馆里的"事物"带有令人尊敬和敬畏的力量,"事物"的价值与意义不是指物的物质性和有用性,而是指与观念和精神的对应性,是阿伦特所说的因为"脱离了有用物品的日常世界"而"毫无益处",因为"不再是用以达到目的的手段"而"重新获得了作为一件东西的性质"并具有"内在价值"的"物自身"。它既是重建世界的一种方法,也是记忆的一种形式,更是在特殊情境下(博物馆的观赏场景)建基于观赏者主体及其与对象之间的流动性关系之上,重整记忆碎片并复原历史的一种模式。借助"事物化"的过程,博物馆悄然无声地表达了它作为一个情境主体的立场和态度,也借机呈现了关于治理的规则。观众进入一个博物馆参观,貌似是一个自主自由的行为,但实际上,从他跨入博物馆的那一刻起,他能看到什么,他按照怎样的顺序去看,他可能会产生哪些感觉,甚至他怎样完成自我教育和规训,这些都已经被先在地规定了。对于任何一个博物馆而言,没有哪个观众是不被期待的。游历博物馆往往比阅读小说更容易收获"理想的观者"/"理想的读者"。

"事物化"的另一个效果就是把原本分散的、私密的和个别的个人聚集在一个空间里,以展出之物为中心,重建了一种既具体又特殊的公共性。说它具体,是因为这个公共性占据了一个相对封闭

---

[1] [德]海德格尔:《林中路》,孙周兴译,北京:商务印书馆,2015年,第20页。

的空间，有明确的中心、边缘和物理边界；说它特殊，是因为这个公共空间又被分裂成若干更集中的"亚公共空间"，所称的公共性也因此不仅不是单一的公共性，反而歧义纷争、充满了差异。这就将我们引向博物馆实施文化治理功能的第二个环节：文化资本的生成与分配。

（二）文化资本的生成与分配

文化资本是布尔迪厄用隐喻的方式对马克思之"资本"概念的一种创造性解读，美国社会学家乔纳森·特纳将其定义为"那些非正式的人际交往技巧、习惯、态度、语言风格、教育素质、品位与生活方式"[1]。其实通俗一点说，文化资本就是一个人所占有的文化资源，及其把文化资源内化为自我身份的一部分，并且在现实中对这一文化资源的合法征用。当然，拥有和享用文化资本可能意味着要有经济资本和社会资本作为支撑，而文化资本既可以表现为物质形态的文化财富，也可以表现为抽象的习惯、时尚、风度、身份或者制度等。

按照布尔迪厄对文化资本形态的分类（身体化形态、客观化形态和制度化形态），在博物馆所构设的公共空间内，文化资本可能主要不是指以物化形态存在的展品，而是由观展行为所反映出来的个体"惯习"的形成，以及培养和发展这种"惯习"的观者主体的文化能力。因为"惯习"和"文化能力"的差别，不同主题的博物馆才总能吸纳不同的观者群体；在同一个博物馆内，某些展区才总能吸引更多观者更长时间的驻足观察；而当参观时间受限时，观者也才会放弃某些部分，走马观花式地匆匆浏览某些部分，又对某些

---

[1] [美]乔纳森·特纳：《社会学理论的结构》（第六版），邱泽奇译，北京：华夏出版社，2001年，第192页。

部分异常专注甚至反复观看。这些在参观博物馆时经常遇到的情况说明，博物馆和观者之间是一种有倾向性的相互选择的关系，喜好或排斥什么，关注或忽略什么，往往体现出"惯习"的强大力量。

在布尔迪厄那里，惯习主要是一种"行为倾向系统"，或者是"社会化的主体性"，[1] 它的形成与个体经验有关，更是客观环境及社会语言文化规范所影响和塑造的结果。或许可以这么说，惯习源自某种思维定式，也趋向某种行为模式；惯习在场域中形成，但反过来也规定了场域的边界。一方面，它是被反复实践、结构性生成的，是持久的；另一方面，它又是流动的、可变的、可被塑造和建构的。场域、惯习、文化资本——三者构成了一个循环链，每个环节都与观者、展品及其之间的交互空间有着密不可分的联系。

在博物馆所建构的公共空间中，场域的边界、惯习的培养，乃至文化资本的分配，几乎是公开甚至透明的，因为这些抽象的概念都不得不以具体的视觉形态展示出来。一个个体的趣味和价值判断可以通过观察这个个体的身体而获知，即便是每一个包含了私人化和个体化经验的、特殊的、独一无二的展品，当它在公共领域被公开展示时，它也经过了这一"公共领域"之"公共性"对其内在的个体经验的解构和重组。只有当个体化的展品符合在公共领域内的"演现"标准时，它才能够成为"公共的"。这个"被公共化"的过程不能只简单地理解为被"规训化"的过程，实际上，这是一个把从历史情境中抽取出来的事物重新放回到历史情境中去、使之成为历史进程之一部分的过程。对观者而言，这才是真正意义上的、有效的"移情"或"同情"。比如说，我们在博物馆里参观一个唐朝人的殉葬品，假如这个殉葬品被单独放在一个地方，旁边是和殉葬

---

[1] Pierre Bourdieu, *Language and Symbolic Power*, Gino Raymond and Matthew Adamson trans., Cambridge: Polity, 1991, p.126.

毫无关系的其他物品，那我们可能就很难理解这个殉葬品的价值或意义。但如果在这个殉葬品旁边摆放着主人的墓碑、棺材（遗址、实物或照片）等，我们就很容易理解殉葬的概念，也能借助了解这一个人的特殊故事来丰富我们关于唐代丧葬礼仪的知识。对一个单独的殉葬品的处理，包括空间、位置、搭配、解说、维护手段等，都是博物馆之"公共性"对其私人经验的要求和规定。也只有在被"设计"之后的展示中，观者才更容易按照被期待的方向去想象性复原过去的历史。

在对历史情境的回溯和历史故事的想象性复原中，有些人习得了知识，充实或印证了自己在相关方面的认知；有些人从一无所知到产生兴趣，开始有意识地关注相关信息；有些人没有找到想要的答案，也许会转移注意力；有些人带着猎奇的心理去了解，浮光掠影，一知半解；也有些人对此完全不感兴趣，本能地排斥相关知识。……不同基础、不同需求和不同目标的人各得其所，文化资本也被悄然分配了。这就是现代博物馆的魅力：设定"被期待的"观者类型，但又即刻对观者群体进行区分和划界，既分配和传承文化资本，也经此再生产文化资本，为以占有资本为核心力量的社会阶层的划分推波助澜。

当然，不可否认的是，博物馆的参展行为中还孕育了很多偶然性、随机因素甚至是虚假行为，而且，对于多变的、丰富复杂的个体经验来说，公共领域所呈现的东西也一定是局部的、被规约的以及统一的。所以说，承担着文化治理责任的博物馆，在开放"公共性"之前，实际上首先已经进行了自我审查，同任何一种公开展示的社会行为或社会机构一样，博物馆也是既"发扬"又"遮蔽"的，而文化资本在象征地位、身份、学识等方面的同时，也一样掩盖了资本背后的利益交换以及利益不平等关系。没有哪一种"公共性"是完全诚实的，博物馆也通过文化资本的分配和再生产顺利地为观者群体进行了归类,就像英国博物馆学专家艾琳·胡柏-格林希尔(Eilean Hopper-Greenhill)在《规训社会中的博物馆》一文中所犀利地指出的那样:"从一开始,公共博物馆就被塑造成含有两种深刻矛盾功能的机构:'艺术精华的殿堂,民主教育的功利主义工具。'"她还声称:"由于博物馆被塑造成为规训社会的工具,……作为把知识的生产与消费区分开来(这种区分以建筑形式在博物馆的隐藏空间和公共空间的关系中体现出来,在隐藏空间中,秘密地生产与组织知识,而在公共空间中,让人们被动地消费知识)的机构,博物馆成为驯服处于不断监督之下的身体的场所。"[1]

(三)从文化遗产到审美资本

中国国家博物馆的官网有一段规定国博职能任务的文字,是这么写的:

> 中国国家博物馆坚持"以人为本"的科学发展理念,以"贴近实际、贴近生活、贴近群众"为宗旨。把优秀历史文化、革命文化和当代中国先进文化保护好、传承好、展示好、发展好,赓续民族血脉、弘扬民族精神,同时,展示世界优秀文明成果,是国家博物馆的光荣使命。国家博物馆是我国最高历史文化艺术殿堂。
>
> 为适应构建公共文化服务体系和建设学习型社会的需要,国家博物馆要建设成为广大公众特别是青少年学习历史和文化知识、接受爱国主义教育和接受审美教育与文明熏陶的生动课堂。
>
> 国家博物馆一定更好地发挥展示中华文化的重要窗口作

---

[1]《文化、治理与社会:托尼·本尼特自选集》,王杰、强东红等译,上海:东方出版中心,2016年,第279—280页。

用、培育民族精神的重要基地作用、引领文博事业科学发展的重要示范作用。

国家博物馆是以历史与艺术并重，集收藏、展览、研究、考古、公共教育、文化交流于一体的综合性国家博物馆。基本职能为文物和艺术品收藏、陈列展览、公共教育、历史和艺术研究、对外文化交流。

这个规定与国际博物馆协会对博物馆内涵的界定精神是一脉相承的。根据2007年在维也纳通过的《国际博物馆协会章程》中对博物馆的定义，博物馆是"一个为社会及其发展服务的、非营利的常设机构，向公众开放，为研究、教育、欣赏之目的征集、保护、研究、传播、展示人类及人类环境的有形遗产和无形遗产"[1]。我们知道，博物馆的基本职能是收藏人类遗产，主要工作方式是面向全体社会公众开放和公开展示，它被设定为要尽可能充分表达不同的文化价值和观念，它强调以人为本、从人出发。尽管博物馆本身不是实施治理的主体，但通过对收藏的管理和对展示的设置，博物馆并不缺乏实施治理的能力。当然，博物馆发挥治理功能的途径是隐蔽的、潜移默化的或潜在的，它所依托的媒介和主要工具是抽象的文化资本，而非具体的制度措施。当文化资本在博物馆这个封闭的社会空间内生成，并且由其分配而对观者进行归类和界定时，一方面，这已然体现了博物馆对文化民主精神的诉求，而另一方面，隐性的文化治理也早已渗透进了显性的民主修辞之中。由此，如国家博物馆所致力追求的，"展示中华文化""培育民族精神""引领文博事业科学发展"的最终目标还是会实现。

那么，在隐性的培育治理与显性的民主展示之间，取得平衡共

---

[1] 参见 http://www.sach.gov.cn/art/2015/5/12/art_1037_120722.html。

处的奥秘是什么呢?

我们仍然可以从上述两段话里找到答案。博物馆的收藏与展示,最终要服务于"研究、教育和欣赏"三个目标。"研究"是要满足民众认知的需求,基于一种科学的精神;"教育"是要塑造民众的价值观和历史精神,以伦理道德为标的;而"欣赏"则要培养民众的审美能力和艺术素质,旨在建构一种更理想的生活状态。所以从根本上来说,"研究"是基础,"教育"是中心和目的,"欣赏"则是方法和途径。要想探究博物馆文化治理功能的形成机制,首先要考虑的就是"欣赏"与"教育"是如何契合在一起,对"欣赏"的管理又是如何推动提升了"教育"的功效。

为了创设一个理想的欣赏语境,将方法与目的有效地贯穿起来,最关键的问题就是要实现一个概念的转变,即把文化遗产变成审美资本。按照国家博物馆对职能任务的表述,其实就是在"接受爱国主义教育"的同时也要"接受审美教育与文明熏陶",在"学习历史和文化知识"的时候也要时刻关注"历史与艺术并重",要把博物馆变成"生动"的课堂。这个转变所处理的实际上是"事物"和"人"的秩序与关系问题。我们知道,博物馆所展出的都是人类的文化遗产,都是以物的形态对人类文明及历史的记录与保存。这些事物当中,有一些是"美好"的,象征了人类的进步和成就;有一些是"丑陋"的,是对历史创伤和人类罪行的指证;还有一些是"不好不坏"的,是对社会历史进程的客观中立的记载。当我们去观看这些展览时,思想上的追溯反思、情感上的倾向和价值上的判断几乎是不可避免的、与观展本身同时发生的。这些静置在博物馆中的文化遗产,它们的客观性及其所包含的历史实在不但没有在这样一个封闭的空间中被消弭,反而在观看行为发生的瞬间就被卷入了一个意义生产的旋涡,人和物在其中都是流动不居的。事物的内涵被观看行为挖掘出来了,文化资本的再生产也令人的身份得以增值：人不是在观看一个事物，而是在重温一段历史；人唤醒了物的现实存在，而物也赋予人以历史的厚重感。

　　这是人与物之间互动关系的一种理想状态，也是观者平等性的一种体现。实际上，在看与被看的行为过程中，类似"诗与正义"等道德问题被消解掉了，"文化遗产是否能被当作艺术品"的问题被置换成"文化遗产是否能被艺术地观看"的问题，而答案是肯定的。艺术地观看文化遗产的展品，源于历史的民主性，而博物馆的民主空间恰好为文化遗产的"艺术化"提供了契机。观看是一种视觉行为，而视觉本身就为民主提供了一个新的维度，它将观看重新定义为"穿越了多种不同的价值流的动态产品"[1]；艺术化地观看则更进一步解放了个人的审美感受。这里的"艺术化"就是指把艺术因素引入"人·物"关系，用审美欣赏来代替道德教化和政治教育，通过培养对物的感受力和审美能力来培养对历史的认知和反思意识。经由审美欣赏，历史经验和社会经验被转换成审美经验，文化资本的生产也集中化约为审美资本的生产和流通。这样，从作为物及"物化"的文化遗产开始，经过"教育"和"欣赏"，到人获取审美资本结束，博物馆的核心议题终于从"物"过渡到"人"。

　　有学者认为这种变化昭示出"后博物馆时代"的来临。[2]"后博物馆时代"的博物馆有三个重要特征。

　　第一，文化功能与消费属性并重。消费不仅偏重于视觉消费，而且追求"体验式"消费，比如各种各样的模拟展厅"诱惑"观者身临其境，或者用蜡像和光电化场景讲述历史故事、"复活"历史

---

[1] [丹麦]安德斯·米切尔森：《视觉体验经济：哪种类型的审美资本》，许娇娜译，载于《上海艺术评论》，2016年第4期，第37页。
[2] 陈同乐：《后博物馆时代：在传承与蜕变中构建多元的泛博物馆》，载于《东南文化》，2009年第6期，第6页。

现场。对消费的需求增多，也进一步推动了博物馆的技术建设，而技术的进步反之又更加刺激了观者的消费欲望。消费也使得博物馆越来越产业化，比如很多博物馆愿意承办大型的读书会、音乐会甚至戏剧表演节，开放"主题日"也已成了博物馆颇受欢迎的社会活动之一。例如国家博物馆的地下一层展厅就设有剧院、演播室和学术报告厅，二层还设有专门的公共教育体验区，还开设了"认知中华优秀传统文化夏令营""'双城记'古都文化主题夏令营""历史与艺术的体验夏令营""读绘本、悦国博夏令营"等多种形式的公共教育课程和活动。在这样的活动中，博物馆不仅能为民众提供一个既高雅又亲和的场所，而且能满足民众对文化身份的向往及精神需求。这种风范，即精英分子与普罗大众的并置、抽象的精神追求与实在的物质欣赏的结合，本身就是一个令人震惊的创意。博物馆文化也成了一种文化消费的视角。

第二，资本（特别是文化资本和审美资本）的生产与分配成为博物馆的中心，它既是博物馆自身，也是博物馆文化的产物，更是无形地渗透在每个博物馆行为之中的、隐藏在消费背后的那只"看不见的手"，"通过控制集体感受性和审美品位牢牢控制着每个消费者和整个消费市场"。[1]

第三，艺术与审美含混暧昧地融合在一起，以一种不言自明的方式控制着博物馆的资本逻辑，使得博物馆成了一门现代艺术。与传统相比，现代博物馆的工作重心发生了显著的改变。收藏和研究不再居于主导地位，展示才是真正的重中之重。现代博物馆的设置越来越脱离了"人工"的痕迹，比如导游越来越萧条，而数字化的引领和讲解则做得越来越详细、精致，这都是为了最终解放观者的注意力，使他们能够更全面更集中地领会展示的魅力。

---

[1] 张盾：《文艺美学与审美资本主义》，载于《哲学研究》，2016年第12期，第118页。

随着时代的变迁，传统社会里那种私密的、神奇的、严肃的、似乎只属于上层社会或精英知识分子的博物馆早已荡然无存了，今日的博物馆已然成了民众日常生活的一部分。它不再是安静肃穆的，反而变得亲切友好、开放而宽容了。越来越多的人倾向于接受这种"全民博物馆"的美好光景，并认为这是社会进步、文化民主的一个标签。也有人对此忧心忡忡或保持怀疑，认为审美资本主义的发展实际上不仅没有促进艺术的进步，反而意味着艺术的衰落，因为对审美资本的认同、争夺和消费也象征了大众消费欲望的激增，而后者令艺术的崛起更加黯淡和不可预想。这里之所以倚重"资本"和"事物"来讨论博物馆的文化治理功能，就是因为我认为不论是乐观的博物馆情结，还是犀利的审美资本批判，都不能改变或消解博物馆在文化治理中的关键作用。正是因为博物馆的"软实力"，它才在国家的文化战略中占有不可替代的重要位置。对博物馆的研究，是探究国家记忆形成及其对民众之集体心理建构的重要途径。

第五章
文化创伤：一种特殊的国家记忆

在米格代尔看来，"国家意识形态创造出的主导叙述也适用于处理权力巩固和国家认同的集体表达这样的问题，但它们对研究实际国家的能力和有限性就没什么帮助了"[1]。从前面的论述中我们得知，经典既是表征国家记忆的重要方式之一，它本身也是国家记忆的重要组成，经典的本质就是国家意识形态创造出的主导叙述。那么，从国家记忆建构的角度来考虑，国家的有限性体现为什么呢？

从功能、效果或逻辑秩序的角度来看，国家记忆的文化表征有两种非常重要的形式，其一为经典，其二则为文化创伤，同时，这两种形式本身也是国家记忆的重要内容。如果说经典代表了主流的、正面的和建设性的国家叙事，那文化创伤就反映了国家叙事之边缘的、负面的和解构性的一面。可以说，文化创伤就是记忆建构层面上的国家的有限性。

我们讨论创伤，往往是从创伤的文学书写或创伤与文学之间

---

[1] [美] 乔尔·S.米格代尔：《社会中的国家：国家与社会如何相互改变与相互构成》，李杨、郭一聪译，南京：江苏人民出版社，2013年，第255页。

的关系来谈的，因为创伤与文学之间有着特殊而紧密的联系。创伤的言说和表述在本质上是文学性的，创伤的康复与否也要依据创伤主体叙事能力的恢复来判断；而文学表征又必然要被放置在一个文化自主性的视域下去讨论，由此也会产生创伤从个体表述上升到文化表征层面的问题。本章就依据文学—文化—媒介这样的逻辑顺序，深入分析文化创伤的形成及其与国家记忆之间的包含关系。

一、创伤的文学表征

作为有生命的物种，人不得不经历"出生创伤"和"死亡创伤"；与人的自然属性相对，社会制度、生活结构、人际关系、阶层矛盾等各种现实，在塑造"社会人"的同时也为人类带来诸多的伤害（卢梭曾称之为"文明的伤害"。如何看待以及如何应对这种伤害，几乎是18世纪中后期以来整个欧洲学界的共同目标）。一个个体，从生到死，实际上就是一种创伤经历。可以这么说，创伤（不管是自然创伤还是社会创伤）贯穿了人类生活的始终，是人类最基本的精神活动和心理体验之一，也是各种关于存在的学说不得不面对的基本事实。正是因为创伤与人及人类生活的"天然姻亲"，创伤与文学才有了密不可分的关系。

学界对创伤概念的研究发端于17世纪医学领域，经过19世纪现代工业发明发展对人类生活的推动和影响，创伤研究从医学领域转向社会领域，从病理学转向心理学，在20世纪两次世界大战之后达到高潮，创伤理论渐趋成熟。这主要表现在两个方面：其一，以"创伤"为核心的一系列概念被制造出来并广泛使用，比如"文化创伤、创伤叙事、创伤记忆"等；其二，以心理学为主要阵地，创伤理论在社会学、历史学、政治学、文学、艺术学等众多学科中被跨界使用并对其产生了重要影响。

创伤与文学之间关系的研究，是创伤理论发展成熟的一个重要佐证。从逻辑层面上来看，这种关系体现在四个方面：第一，创伤是文学发生的动机；第二，创伤是文学的主题和类型；第三，创伤经历的文学表征是有限的；第四，文学构建创伤记忆，创伤书写及创伤理论体现了文学的社会功能。根据这四种关系，我们归纳出三类研究路径。最基本也最普遍的是文学反映论，对应上述第一、二种关系，即通过文学创作来反映创伤的主题，大量书写创伤的文学作品就是明证。最重要也最核心的是批评方法论，对应上述第三、四种关系，即以"创伤"作为一种理论视角或批评工具，剖析或反思文学书写的可能性与有效性。还有一种常常被我们忽略的理论生成论，即丰富多元的文学经验成了一个发酵场，由之促成理论的生成和创新；而成熟的理论往往超越经验局限，裂变为能独立发展并遵循自我规律的因素。

从文学反映论到批评方法论再到理论生成论，文学与创伤关系的研究渐次深入，越来越抽象化。到目前为止，这方面的成果主要集中在前两者，理论生成论则相对匮乏。较有代表性的就是针对大屠杀创作而进行的创伤书写分析，比如美国学者多米尼克·拉卡普拉（Dominick LaCapra）的《再现大屠杀：历史、理论和创伤》（*Representing the Holocaust: History, Theory, Trauma*, 1994）、《书写历史、书写创伤》（*Writing History, Writing Trauma*, 2001）等。还有很多学者结合区域战争、杀戮及种族冲突等问题分析了创伤在文学书写中的表现。现有研究成果主要聚焦在以下几个议题：第一，叙事的力量如何决定创伤再现的深度，如卡西·卡鲁斯（Cathy Caruth）的《未认领的经历：创伤、叙事和历史》（*Unclaimed Experience: Trauma, Narrative, and History*, 1996），马瑞塔·纳达（Marita Nadal）等编的《当代文学中的创伤：叙事与再现》(*Trauma in Contemporary Literature: Narrative and Representation*，2014)；第二，文学形式对创伤叙事的影响，如苏珊娜·奥涅加（Susana Onega）等编的《当代创伤叙事：形式的阈限和伦理学》(*Contemporary Trauma Narratives: Liminality and the Ethics of Form*，2014)；第三，阅读与接受对创伤记忆的功能，如奥斯汀·萨拉特（Austin Sarat）等编的《创伤和记忆：阅读、治疗及立法》(*Trauma and Memory: Reading, Healing and Making Law*，2007)，等等。不难看出，"叙事"是文学与创伤关系研究的核心词，围绕叙事所引发的形式、结构、意象、再现、表现、叙述者等一系列问题是焦点问题。

(一)"创伤"概念梳理

从词源来看，"创伤"（trauma）这个词最早出现在17世纪中期的医学文献，它最初的意思是身体上的"伤口"（wound）。那时的医生认为，人的身体有自我修复和治愈功能，但假如创伤超过了身体所能承受的限度，就会导致神经系统受损，人的行为、心理和智力功能会遭破坏。19世纪70年代由尚-马丁·夏柯（Jean-Martin Charcot）开创的歇斯底里症研究就集中关注创伤的病理学特征。

19世纪中后期，创伤的动因和类型发生了重大变化，它越来越与工业文明以及急速前进的现代生活相联系。创伤被理解为工业化社会进程的不幸后果，与之相伴的不再是令人震惊的生理伤口，而变成了焦虑、病态的精神伤口。夏柯的追随者西格蒙德·弗洛伊德就致力于解释歇斯底里症患者形成精神创伤的原因和过程，他把创伤从病理学引入精神分析学，把创伤的形成与受抑制的意识联系起来，提出了治疗创伤的关键在于通过对话"把含有症候意义的潜意识历程引入意识"[1]的观点。

第一次世界大战之后，创伤研究从精神和病理层面转向心理研究，对士兵在战争中所受的创伤进行分析与治疗成为当时创伤研究再度兴起的主要原因。从当时称为"炸弹休克"（shell shock）或"战斗精神官能症"的战争创伤，到后来对创伤的心理结构进行探讨，这一趋势在1918年达到高潮。1918年，美国精神分析学会（American Psychiatric Association）正式承认创伤现象存在，并将其命名为"创伤后应激障碍"（post-traumatic stress disorder）。这一命名意味着创伤不再局限于个体，在战争的激化下，它已经成为一种不容忽视的普遍的社会现象，集体创伤成为当代创伤研究的重要对象。

第二次世界大战以及20世纪中后期各项社会运动的发展，催生了创伤研究的新维度，在对纳粹屠犹、种族冲突与清洗、战争大屠杀等人类暴行进行反思时，文化创伤渐次取代了自然创伤而越来越受到不同学科的关注，创伤记忆而不只是创伤体验也越来越成为创伤研究的焦点。1996年，美国学者卡西·卡鲁斯的专著《未认领的经历：创伤、叙事和历史》正式提出了创伤理论。2004年，学者杰弗里·亚历山大（Jeffery C. Alexander）在他编的论文集《文化创伤与集体认同》（Cultural Trauma and Collective Identity）中正式提出了"文化创伤"概念。当代创伤研究中的"创伤"越来越多义化，脱离了它的自然维度，转向强调创伤被文化建构的过程与结果，"文化"成了界定创伤的关键词，创伤研究成了文化社会学的一部分。

在"创伤"词义及其使用范围的演变中，一个关键转折点是

---

[1] ［奥地利］弗洛伊德：《精神分析引论》，高觉敷译，北京：商务印书馆，1984年，第220页。

弗洛伊德对创伤的精神分析学分析。他试图借助对话来沟通被抑制的潜意识和意识，把"创伤"分成了创伤经历和创伤言说两个层面的问题，创伤研究也因此被替换成了创伤记忆研究。创伤记忆研究既包含对创伤经历本身的研究，也包含对创伤言说、创伤表征的研究。前者基于史本位，将创伤视为已然发生的事实，对事实来源、事发环境、亲历者及其共同构成的历史进行考证和梳理。第一次世界大战为这类研究提供了大量事实依据，"一战"后关于战争创伤的研究也推动了医学、心理学以及传统历史学等多学科对创伤的理解。后者基于人本位，对创伤经历和创伤记忆被讲述、流传、重新创造，最终对现实社会形成影响的过程进行反思。第二次世界大战深化了人们对人性的思考，而语言学转向与史学研究从传统的总体史学向现代新史学的转型，则为其提供了理论可行性。

创伤概念被分为两个问题（事实和表征），为20世纪以来形成两种创伤研究路径奠定了基础。事实研究关注细节和现场，主要涉及心理学和历史学；表征研究注重反思和理解，主要涉及社会学和文学。

（二）创伤是文学发生的动机

通过文学书写来表达创伤，创伤体验借助文学书写被展示，创伤和文学之间的这种因果关系基于两种相互交织的立场：创伤主体的立场和文学客体的立场。

对创伤主体来说，创伤意味着自我和现实之间失去了平衡，统一性被打破，自身的连贯性也被割裂，"我"因而无法再体会到自身与环境及社会的圆融和谐感。自然灾害、家仇国恨、政治挫败、战争伤亡、背井离乡、社会变迁、流亡迁徙、悼亡、离愁别绪等等，无一不对主体造成这样的后果。每个个体对创伤的体验和感受不同，会用不同的方式来表达它。但不管用怎样的方式，创伤主体都不得不去面对和处理这段不同寻常的过去。

创伤需要被呈现、宣泄、释放，甚至被理解、克服，只有这样，它才可能会对人的意识产生影响。创伤主体所要真正面对和处理的原生态伤痛本身，是对创伤经历的记忆，是混杂了事实、情绪与感受的创伤意识。所以说，创伤这种伤害是已成定局的事实，无法改变，但创伤主体的创伤意识却可以是一种有立场、有倾向的应对机制，可以变成主体对伤害和痛苦的一种自主防御和自我保护。在弗洛伊德的精神分析那里，提取和释放个体对早期创伤体验的记忆，正是治愈癔症的有效途径之一。一方面，创伤经历会像伤疤一样长久烙刻在个体记忆中，提醒和暗示这个主体曾经有过怎样的过去；另一方面，创伤主体又试图通过控制这部分记忆来平衡创伤性的过去与现实之间的关系，借助压抑、释放、梳理或分析等多种手段来适应创伤体验对主体日常生活的介入，并最终达到缓解痛苦甚至治愈创伤的目的。苏联教育家布隆斯基（P. P. Blosky）的研究指出，人类的记忆有助于自我防护，记住那些不愉快的经历，正是"为了避免日后重现痛苦、危险和担惊受怕的情形"[1]。主体应对创伤的理想目标是要最终克服创伤的消极面，使过去与现实能够正常相处。

文学表征是创伤书写最重要的手段之一。从文学客体的立场来看，文学本身就是一种记忆和追忆。"'后之视今，亦犹今之视昔'，既然我能记得前人，就有理由希望后人会记住我，这种同过去以及将来的居间的联系，为作家提供了信心，从根本上起了规范的作

---

[1] 转引自［荷兰］杜威·德拉埃斯马：《为什么随着年龄的增长时间过得越来越快——记忆如何塑造我们的过去》，张朝霞译，济南：山东教育出版社，2006年，第22页。

用。"[1]记忆决定了我们自身的身份认同。痛苦的创伤经历使人无法忘记,文学不仅要记住这些痛苦的经历,还希望能够以史为鉴,通过反思过去警示后人。中国古典诗文中创伤写作的例子举不胜举,比如屈原的《离骚》《天问》《惜诵》,所谓"惜诵以致愍兮,发愤以抒情";司马迁忍辱负重"发愤著书";韩愈"不平则鸣";欧阳修"穷而后工";赵翼"国家不幸诗家幸,赋到沧桑句便工";等等。创伤是文学写作的催化剂,书写创伤也是文学发生的重要动机。巴金在《随想录》中这样解释自己记录创伤的原因:"没有人愿意忘记二十年前开始的大灾难,也没有人甘心再进'牛棚',接受'深刻的教育'。我们解剖自己,只是为了弄清浩劫的来龙去脉,便于改正错误,不再上当受骗。"[2]纳粹屠杀的幸存者、犹太作家威塞尔(Elie Wiesel)在解释自己的创伤写作《夜》(Night,1960)时也深刻地指出,忘记遇难者就意味着他们被再次杀害。文学书写创伤既是记忆,也是救赎。

(三)创伤是文学的主题和类型

文学的重要内容之一就是书写创伤,这其中一个不可忽视的原因就是创伤与人及人类生活的天然关系。个人的生老病死,民族的繁衍冲突,国家的兴衰浮沉、朝代更迭,社会的革命和转型,人类的生存和发展完全可以用"伤痕累累"来形容。人类不断地试错、纠错,不停地挑战自我的欲望,也不得不承受各种创伤。欧美文学有《圣经》中被上帝逐出伊甸园的卑微人类,有但丁《神曲》中为了天堂乐景而承受炼狱之苦的迷失者,有歌德笔下为解人生之谜与

---

[1] [美]斯蒂芬·欧文:《追忆——中国古典文学中的往事再现》,郑学勤译,上海:上海古籍出版社,1990年,第1页。

[2] 巴金:《随想录》,北京:作家出版社,2009年,第2页。

魔鬼签约的浮士德，有在政治、社会、爱情与自我的回旋中苦苦追索的于连，也有终生为生命和尊严而战的汤姆叔叔，有寄希望于用死亡来摆脱被奴役命运的女黑奴赛思。亚非拉文学有马尔克斯笔下马康多小镇殖民、流血以及孤独的历史，有略萨《绿房子》(1965)里潮湿、阴郁、危险的热带雨林，有帕慕克《伊斯坦布尔：一座城市的记忆》(2003)中对消逝了的土耳其文化传统的"呼愁"，有大江健三郎对战争和人性的痛苦反思，也有鲁迅对家国的深刻绝望与愤怒。在任何时代、地域及文化语境，创伤的回音从未中断过。

创伤是文学的永恒主题、经典意象，创伤书写中隐含着人类成长最深刻的经验和秘密。假如以创伤主题为线索，重新梳理或重写文学史，我们一定会发现一个全新的文学史。比如说，因创伤的本质不同，我们可以把创伤分为自然创伤和社会创伤；因创伤的来源不同，又可以把创伤分为家庭创伤、民族创伤、种族创伤、战争创伤、政治创伤、伦理创伤、宗教创伤、情感创伤等；因创伤的主体不同，还可以把创伤分为儿童创伤、女性创伤、士兵创伤等。每一种标准和类型都有可能为文学史提供新的启迪。

但是主题和类型不同，"创伤是文学的永恒主题"与"创伤是文学的独特类型"是两个不完全相同的问题。后者不仅强调创伤是文学的内容和题材（这一点与前者相同），还关注创伤书写的特定主体，以及文学表现创伤的特殊手段，这主要体现在三个方面。第一，创伤主体以创伤的亲历者、幸存者为主，逐渐扩大到创伤遗产的继承者及亲历者和幸存者的后代。第二，创作内容以创伤事件为原始素材，主要是对创伤历史的重现、回忆和反思。第三，创伤文学具有独特的叙事风格，有相对固定的情感模式。

创伤成为文学的一种类型是20世纪以来的事。这与创伤概念的应用范围从自然转向社会，以及创伤理论和文化创伤理论渐次提出有关，更重要的是与 20 世纪的历史语境及其社会生态密切关联。20 世纪最重大、最突出的创伤有两种，一是战争创伤，一是政治创伤。这两者往往互有交叉，互为因果，其最终体现的不外乎是合法性问题。虽然"政治"概念的含糊性让我们很难准确界定什么是政治创伤，但它大致可以指由政治运动所带来的伤害。以 20 世纪中国文学为例，反映反右运动的，如王蒙《失态的季节》、林希《1957：刻骨铭心的爱》、邵燕祥《沉船》、杨显惠《夹边沟记事》、顾准《顾准自述》、韦君宜《思痛录》、从维熙《走向混沌》等；反映"文革"的伤痕文学、反思文学和部分知青文学作品等，如卢新华《伤痕》、刘心武《班主任》、古华《芙蓉镇》、张贤亮《绿化树》、叶辛《蹉跎岁月》等。在任何一个存有阶级或阶层的时代或社会，其文学创作、历史教育、舆论宣传、社会活动、意识形态等都被要求遵从"政治的正确性"，因为这是统治阶层实施政治管理的基本要求。出于自我保护的需要，政治创伤的文学书写不但要经过一个和其他创伤书写相同的叙事过程，还要对政治的歧义保持本能的提防，在叙事过程中加入无意识的自我审查，对政治创伤记忆进行双重建构。这比其他创伤书写更追求政治表述的目的性，因此必然会涉及许多非文学的问题。也正是因为这样，政治创伤的文学书写还很不成熟。

相比而言，战争创伤的文学书写就丰富得多。美国学者阿伦特认为，战争与革命决定了 20 世纪的面貌，是当前世界的两个核心政治问题，比一切意识形态辩解都更具有生命力。因此，描写战争创伤的文学作品有很多。比如说，围绕"二战"中纳粹对犹太人大屠杀而展开写作的法籍犹太诗人保罗·策兰（Paul Celan）的长诗《死亡赋格》(1945)，充斥着丰富的死亡想象，试图通过"绝望的对话"来思考历史浩劫带给个体生命的重负。德籍犹太少女安妮·弗兰克的《安妮日记》(1947)，在幸存者安妮父亲奥托·弗兰克的推动下于战后出版，最终实现了作者的愿望，即"我希望我死后，仍能继续活着"。1986年诺贝尔和平奖得主罗马尼亚裔的美国政治活动家埃利·威塞尔的自传性作品《夜》，就是为见证和记忆而写的。2002年诺贝尔文学奖得主匈牙利作家凯尔泰斯·伊姆雷（Kertész Imre）写作有大屠杀三部曲《无命运的人生》(Fatelessness, 1975)、《惨败》(Fiasco, 1988)和《给一个不会出生的孩子的祈祷》(Kaddish for an Unborn Child, 1990)。瑞典文学院认为凯尔泰斯的写作"支撑起了个体对抗历史野蛮的独断专横的脆弱的经历"，他的努力使奥斯维辛展现了"现代历史中有关人类堕落的最后的真实"。美国漫画家阿尔特·斯皮格尔曼（Art Spiegelman）的漫画小说《鼠族》(Maus, 1986 & 1991, 1992年获普利策文学奖)，从幸存者角度描述了他的波兰犹太裔父母在德国纳粹统治期间的悲惨遭遇，通过家庭苦难史展示了犹太民族的悲惨命运和全人类的历史创伤。犹太裔意大利小说家、化学家普里莫·列维（Primo Levi）的回忆录《如果这是一个人》(If This is a Man/Survival in Auschwitz, 1947/1958)和《休战》(The Truce/Reawakening, 1963)、短篇故事集《元素周期表》(The Periodic Table, 1975)、文集《被淹没的和被拯救的》(The Drowned and the Saved, 1986)等，以克制而沉默的写作姿态，对集中营生活与历史罪恶做了冷静探讨。这些作家都是纳粹大屠杀的幸存者，集中营的经历不仅深刻地改变了他们的人生，而且规定了他们的写作目标。大屠杀是唯一的主题，对人性的思考是责任，他们致力于见证历史、传承记忆，在揭露战争疯狂和人性恶的同时也探索个体与历史、政治与日常生活、极端情境下人类的生存方式与目的等许多重大问题。

除了大屠杀主题的创伤文学，日本原爆文学也是极重要的战争创伤写作。美国在"二战"后期向日本广岛和长崎投放了两颗原子弹，不仅使这两个城市遭受了毁灭性灾难，也直接加速了"二战"的结束。战后，众多日本作家以此事件为题材进行创作，构成了世界文学史上关于战争记忆和灾难记忆的重要一环。原爆文学的代表作家作品主要有原民喜《夏之花》、大田洋子《尸之街 半人间》、栗原贞子《提起广岛这一刻》、堀田善卫《审判》、饭田桃《美国的英雄》、井伏鳟二《黑雨》、大江健三郎《广岛札记》等。在原爆文学初期，作家们主要聚焦于被爆者和非被爆者，表达对核武器的强烈抵制和对核问题的深刻隐忧。之后，日本作家逐渐跳脱出受害者的狭隘范围，加入了施害者视角，并把原爆事件放置在整个世界"二战"史视野中进行剖析，原爆的历史事件不再是孤立的日本创伤体验，而成了警醒日本政府和民众乃至世界人民反思人性、文明、现代性等重大问题的切入点。经过60多年的发展，日本原爆文学也越来越成熟。

　　表现战争创伤的文学书写还大量体现在西语反战文学中，如美国"迷惘的一代"及其代表作家海明威、菲茨杰拉德的作品，诺曼·梅勒《裸者与死者》（1948）、《夜幕下的大军》（1968），詹姆斯·R. 琼斯（James Ramon Jones）反映美军生活的长篇三部曲《从这里到永恒》（From Here to Eternity, 1951）、《细细的红线》（The Thin Red Line, 1962）和《吹哨》（Whistle, 1978），美国作家约瑟夫·海勒（Joseph Heller）《第二十二条军规》（1961）、库尔特·冯内古特（Kurt Vonnegut）《五号屠宰场》（1969）和越战小说家提姆·奥布莱恩（Tim O'Brien）《他们背负着的东西》（The Things They Carried, 1990），德国作家雷马克（Remarque）《西线无战事》（1929），白俄罗斯作家阿列克谢耶维奇（Svetlana Alexievich）《锌皮娃娃兵》（1991）等。

　　战争创伤的文学书写与政治创伤的文学书写一样，都涉及正确性问题，只不过后者主要关系到政治的正确性，而前者更多关系到伦理或道德的正确性。我们无法回避对战争性质的界定。但假如我们仅仅遵从以"伦理或道德的正确性"来分析战争，那就会对真实的战争历史形成遮蔽、掩盖甚至扭曲。事实上，在对战争创伤的解释中，伦理或道德不仅不是唯一的解释，甚至未必是最重要或最主要的解释；对错、是非、善恶的分界也许反而是最模糊、最不稳定的。

（四）难以言说的创伤表征

从创伤经历到创伤记忆再到创伤书写，这个过程最简洁地展示了文学和创伤之间的结构性关系，但是，把个体性、私密化的创伤经历变成可公开言说和交流的经验，这个过程却非常艰难。

首先，经历可以相同，但经验不能复制，从本质上说，个体之间的创伤意识是无法交流沟通的。一个人在战争中受了伤回来，他可以向别人展示伤口，却无法准确无误地传达出他在战争中的恐惧感，别人也不可能完全理解他的遭遇。"感同身受"其实只是对创伤非常隐晦的同情或移情。即使作家们有共同创伤经历，但因为记忆主体的差异和多元，也不可能形成完全相同的创伤记忆。创伤记忆首先和根本上是一种个体记忆，即使所有亲历者要记住的是同一事件，即使个体记忆被聚合起来成为绝大多数人的共同记忆，但如果没有把创伤经历上升为可供交流和自由讨论的话题，那这些共同记忆就还不能被分享。

其次，语言有自身的逻辑，事实、故事和叙事是三个不同的概念，在事实和故事之间、在故事和叙事之间往往存在难以跨越的鸿沟。热拉尔·热奈特（Gédrard Genette）在经典著作《叙事话语》（*Narrative Discourse*, 1983）中对这个问题有过非常细致的分析，但他也并没有为创作者提出解决方案。经过极恶的人类灾难之后，语言或审美显得苍白无力，所以我们才会说，创伤是沉默无言、难以言说的。

再次，即使我们克服障碍去书写那些难以言说的创伤，不同个体的文学书写也还会有重大差异。有的作家倾向于尽可能客观冷静地描述历史，如普里莫·列维，有的作家故意采用虚构手段，如提姆·奥布莱恩。因为记忆是有选择性的，它在揭示的同时必然也要遮蔽，揭示那些被选择的过去，遮蔽那些未被选择的历史。

最后，创伤经历（创伤记忆）和创作者（创伤叙事）之间有差距，创作者（理想与心态）和读者（期许与现实）之间也有本质落差。读者不仅希望借助创伤叙事来了解创伤真相，还要对它进行解读或判断，这种解读或判断关涉到读者所处身的社会环境、现实政治需求，以及读者自身的生活阅历、知识背景、价值信念、情感倾向等复杂因素，因此，它必然会因时、因地、因人而表现出形形色色的差异来。从创伤的历史真相到亲历者或幸存者的见证文学，再到读者的阅读，原始创伤已经被二次编码了。相对于不同的创作主体，创伤记忆是复数的一；而相对于同一个创伤叙事文本，读者是绝对的复数。任何文本都不是在真空中产生的，每一个文本都处在与其他文本的层层关系中，因此每个文本都有自身的记忆（对所有其他文本的记忆），都会这样那样地显露出其他文本的痕迹。所以，创伤记忆同时也是被记忆，而这个创伤书写又与那个创伤书写形成了互文共生关系，这才是创伤书写依托的本来空间。也正是因为这样，创伤书写才不仅仅是关于真实性的叙事，它可以生产意义，也可以生产价值。

这样一来，我们就不难理解为什么批评界对很多创伤文学作品都无法简单地褒贬评议了。有些叙事虽然符合我们对历史的想象和理解，但却未必是真实发生过的，这些叙事虽不真实但却正确，因为它们是根据人们的社会期待和现实需求来完成的。它们不仅对于维系幸存者的见证权威是正确的，而且对于整个社会的接受和认同也是正确的。有些叙事虽然有可能在历史中存在过，但因为它们违背了大多数人对创伤历史的认知和情感期待，这些叙事就会变得"虽然真实但却不正确"，因而不可能得到整个社会的承认，甚至其真实性也会遭到质疑。当描述创伤的文学作品加入施害者的视角时，这样的情况就有可能发生。"我亲眼目睹事情的发生"，"我切身感受到"，目击或见证在此具有无可替代的力量。在创伤表征的过程中，后者无疑具有相当的特权和优越性，但我们绝不应当将这种特殊性极端化为垄断性的认识装置，我们应当既对亲历者的特殊视角保持信任和鼓励，又对其实施特殊的方式和效果保持清醒和反思的意识，这样才能对沉重创伤的过去足够尊重。

（五）创伤书写的社会功能

对创伤经历进行文学表征虽然难、有限度，但不是不可行、不可能的。站在反面立场看，恰恰是因为言说困难，才越发显示出言说的重要性。事实上，个体能够把不可见的个人记忆和经验转换为话语表述，并且能够与人分享，这是言说的力量和治疗创伤的有效途径。所谓修复创伤，不是把本来沉默的创伤掩埋在潜意识里，而是在叙事想象和建构中咀嚼创伤，把它从内心深渊拯救出来，赋予它具体形态和面目，使它成为创伤主体现实生活的一部分。语言活动本来就是人类社会存在的本质，人类必须表达、交流和讨论，无论是在文学的还是历史的层面，各种方式的言说都是正当且必要的，因为"仅仅报以虔诚的沉默，有可能导致大恶问题从公共论坛上的'合理消失'"[1]。

我们相信，创伤经历及创伤记忆可能与具体的个体、场所、诱

---

[1] 徐贲：《人以什么理由来记忆》，长春：吉林出版集团有限责任公司，2008年，第302页。

因等有关,但创伤书写却可以从这种特别性、个体性或地域性中被抽取出来,演变为具有普遍意义的历史符号和标志。借助这种符号和标志,我们不仅得以探寻具体情境及特定阶段的历史真相,还获得了反思现实甚至建构未来的能力,甚至可以重新审视历史结构。创伤书写及创伤理论研究把文学从狭隘的语言艺术中解放出来,赋予文学与历史、社会、伦理、政治、文化甚至哲学等不同学科以深刻而广泛的关联,也使文学形态日渐丰富,不局限于传统的诗歌、小说、散文和戏剧,也包括回忆录、自传、传记、书信、日记、访谈、口述等。创伤书写及创伤理论研究对文学最重要的贡献就是使文学回归为人学,使文学的社会功能得到充分体现。

现实看起来不容乐观。然而,在创伤已然成为我们日常生活不可或缺的一部分甚至就是它本身时,创伤也会变成标杆、规则和方向。创伤经历赋予文学世界深刻性、丰富性和完整性,文学表征又促成对创伤记忆的反思和理解,二者之间的互文共证关系共同深化了人类对自身的认识和认同。对创伤进行文学书写最终不是要以遮蔽伤口的形式重述历史,而是要以清洗伤口的形式重建人类新的道德共同体。这个新的道德共同体有能力形成集体的共识和道德规则,从而建立真正的道德常识,并在社会层面上自觉遵守,也有能力体现个体的特殊感知和集体意义上的文化同一性。我们所期待的是,不同地域和族群的个体也许并没有共享一个创伤性的过去,但这并不影响他们作为人类的一部分共同承担人性的苦难,并从这一共通的情感中找寻到对过去创伤的一致认识。

二、创伤记忆的结构和力量

从本质上来说,创伤或创伤体验不独属于个体。作为一种历史事实或社会心理，一个群体，小到一个群落或社区，大到一个民族或国家，都可以被认为"拥有"经历创伤的能力以及可能性。然而，创伤记忆与创伤体验不同，前者是对后者的叙事与表征，套用美国社会学家亚历山大的观点，是对后者进行"解读"和"编码"的过程。正因如此，创伤记忆超越了个体记忆的有限性，成为一种集体记忆；超越了地域或文化的限制，成为一种具有普遍意义的全球性话语。

最根本的是，对于20世纪的世界和中国，创伤是最朴素也最本质的历史事实，而对今日之人类，反思创伤无疑要比探索启蒙更急切，也更有意义。最关键的是，创伤记忆具有从文化事实扩展为理论体系的可能性。最具操作性的是，创伤记忆关涉不同的学科和领域。基于这三点，我们可以断言，创伤记忆可以作为一种方法论发挥作用，并对其他的社会现实产生深切的影响。英国学者艾米丽·凯特利（Emily Keightley）和迈克尔·皮克林（Michael Pickering）共同编辑出版的《记忆研究方法》一书也证明了这一点。在这本书的序言《方法论的前提和目标》中，二人共同指出："作为一个方兴未艾的领域，记忆研究涵盖了对多学科中的多样化记忆现象的探寻，其主要方向包括社会心理学、社会学、历史学、政治科学、哲学和美学、戏剧和文学研究，以及文化和媒介研究……记忆的多学科本质意味着我们必然倾向于在概念层面上展开对话……而理论层面与概念层面的对话还需要辅以方法论层面上的对话。"[1] 如果我们把创伤记忆理解为一种方法，我们就能够更恰切地从"人"本身而非"历史发展"的角度来理解20世纪中国的历史，就能够在对历史做出理解和判断时更体己地坚持"人

---

[1] Emily Keightley and Michael Pickering eds., *Research Methods for Memory Studies*,Edinburgh: Edinburgh University Press, 2013, p.2.

本位"而非"史本位",就能够更深刻地透过历史创伤、战争创伤和政治创伤来体会百年中国的艰辛,而不是简单将其视作一系列的革命与胜利的结果。

(一) 见证过去

创伤记忆具有见证过去的功能,它保存了当事人或幸存者对于创伤体验最鲜活的印象,因此成为"有温度的历史"。但毋庸置疑的是,记忆是选择性的,即使是"见证",也一样因为记忆主体是有情感倾向、道德立场和价值判断的人而具有"天然的倾向性",而创伤记忆因为"创伤"本身的不同寻常就更是如此。正如美国学者霍米·巴巴(Homi K. Bhabha)所言:"记忆的生命通过使影像和言语的痕迹保持鲜活如生而超出了历史的事件。然而,文化的记忆,只是部分地才成其为一面镜子,它碎裂而又被粘复,它照亮当下的黑暗之地,在这里唤醒了一种见证,在那里又加速了一种对事实的隐藏,让你面对面地面对那种不安而又不可能的时间性,那种过去—当下。"[1]然而,从另一个角度来看,"天然的倾向性"并不损害创伤记忆见证过去的合法性和有效性,恰恰相反,这种"当事人的立场"或称"主观的客观性"反而更有助于我们接近真实的历史,也令我们对过去的叙述更可靠、更有说服力。

我们可以举例说明。第一个例子关系到"直接见证"与"间接见证",以顾颉刚(1893—1980)和苏雪林(1897—1999)为例。顾颉刚是江苏人,中国历史学家,也是中国历史地理学和民俗学的开创者。他通过考辨古史,提出"层累地造成的中国古史观"的论点。"文革"后,顾颉刚成了"反动学术权威",受到批判,后来平

---

[1] [美]霍米·K.巴巴:《关于全球化与矛盾意向的笔记》,载于《当代艺术与投资》,2011年第4期。

反。他是胡适的学生，也曾在厦门大学时与鲁迅共事，但后来与鲁迅交恶。苏雪林是浙江人，曾在武汉大学任教，与凌叔华、袁昌英并称"珞珈三女杰"。她与鲁迅的关系从好至坏，直至1936年鲁迅逝世后，她发起了"向鲁迅挑战"的笔战，轰动全国。后来苏雪林转向研究屈原和神话，1949年去了台湾，极其崇敬胡适。这两个人的生活年代大致相同，人际社交也有曲折的勾连，但两人的性格完全迥异，自1949年后两人的生活经历也各不相同。尤其在20世纪60年代，顾颉刚是"文革"完全的"当事人"和"直接的见证者"，而苏雪林却远在台湾。当政治运动来临的时候，顾颉刚不得不将个体"小我"完全抛开，将自我投放到了集体"大我"的政治公共生活当中，他与那个时代的许多其他人一样，最终被抽象为一个政治符号，成为折射时代精神的碎片。相对来说，苏雪林是"缺席"的。虽然她也很关注大陆的情况，而且她的日记中有很多时事记载和评论，但她毕竟是个"旁观者"。理论上讲，她完全可以以一种审美的姿态来观看曾经发生的悲剧。她的处境是安全的，而"安全"在她这里则是完全私人性的。作为血肉丰满的个体，顾颉刚在波涛汹涌的集体生活中所努力维持却最终丧失的"安全感"和"私域"，恰恰构成了苏雪林在见证特殊时代和特殊历史时有别于顾颉刚的最核心的问题。也许正是因此，与顾颉刚的日记不同的是，苏雪林的日记不可避免地缺乏一种"历史的残酷性"，因而没有表现出顾颉刚日记的那种"断裂感"。苏雪林始终可以维护一段具体的个人生活，甚至可以琐碎地、事无巨细地展现她作为一个个体与时代的关系。假如我们只是单纯地阅读苏雪林的日记，我们就无法理解顾颉刚日记中所透露出的那种痛苦；反过来说，假如我们只读顾颉刚的日记，我们也毫无可能相信苏雪林日记中无法掩盖的悠闲。

第二个例子关系到"正义见证"和"真实见证"，以季羡林的《牛棚杂忆》和聂元梓的《聂元梓回忆录》为例。季羡林认为，聂元梓应对"文革"中自己及众多他人所受的迫害负责，而聂元梓的反应则是"很不以为然"。同为极具个性化色彩的"文革"记忆，都以第一人称单数的叙述方式为主，但聂著在言语结构上更多"我"和"你"的交叉表达，而季著则更多"我"和"他"的交叉表达。在"我"和"你"的对峙中，"我"貌似客观克制，实则咄咄逼人，其核心就是要为"我"的过去辩护。与之不同，"我"与"他"的关系则复杂但不对立，没有聂著中"我"与"你"的紧张感。"我"对事件的回溯不仅不回避或压抑"我"的感情，在某种程度上来说，这种主观情感反而成了讲述者要着力表达的历史真实。从表面上看，基于已经发生的历史，两人都在讲述一个相同的故事——"文革"，但因叙事方式不同，两人实际上是各讲各的故事，各自形成一个记忆体系和"历史事实"。因此，那个在理论意义上相同的、被讲述的"文革"故事，实际上必然会被增殖为许多个"文革"故事，从而形成众多有交叉、有重叠，但却不尽相同的过去。由此可见，就像我们前面所提到的，创伤本身就是一种"不同寻常的过去"或"不会消失的过去"，[1]即使处身于同样的时代和环境中，不同身份主体的见证也会呈现出完全不同的面貌来。徐贲在《人以什么理由来记忆》中曾说："就关爱的关系而言，记忆不只是一种知性的记忆，而且更是一种感情的记忆。也就是说，记忆不只是'知道'（如记住孩子的生日），而且是'感受'。"[2]"感受"建立在"知道"的基础上，借助语言"再现"历史，并对历史做出判断。一个人，不论他以什么样的方式来记忆过去，都无法真正做到"不动声色"。

---

[1] [德]阿斯特莉特·埃尔、冯亚琳主编：《文化记忆理论读本》，北京：北京大学出版社，2012年，第123—124页。
[2] 徐贲：《人以什么理由来记忆·序》，长春：吉林出版集团有限责任公司，2008年，第3页。

见证可能涉及真实与虚假的问题吗？因之，见证也会有正义和非正义的差别吗？创伤记忆作为一种方法论的独特价值，首先就在于它把一系列的伦理关怀带入了我们努力追求客观公允的历史呈现当中，也因此为我们外在世界的现实真实添加了内在于我们的心理真实，而后者显然不只是一种基于苦难的、对创伤主体的、基本的同情，它的分量要大得多。它必然关涉我们要讨论的第二个问题。

（二）结构性反思

创伤记忆的第二个功能是对现实历史的结构性反思。结合我们前面所讨论的见证之复杂性和多面相的问题，我们所要反思的其实就是我们的历史认知与历史判断之间的冲突和矛盾。

我们常说，在苦难面前，没有什么比苦难本身更有说服力。同样的道理，当我们讨论创伤记忆时，创伤本身也就成了一种证明。因为是"我"而不是"他人"在承受着这一切，创伤的存在如此沉重又如此醒目，痛苦的记忆就像身体上的伤口，不仅时刻提醒着创伤主体"过去从未远离"，甚至因此而赋予创伤主体一种道德上的正义感或优越性。战争创伤或大屠杀创伤尤其是这样。所以我们才会有"奥斯维辛之后写诗是野蛮的"讨论，因为相比那些在战争或屠杀中无辜丧命的人而言，活着本身就是一种罪过，而除了不断地经由创伤记忆去体味和反思过去的经历，似乎找不到更恰当或者更有效的赎罪方式。萨特在《苍蝇》中所塑造的亡人节和忏悔仪式就是极佳的文学例证。那么，值得追问的是：我们应当如何反思创伤记忆？或者更进一步说，我们应当如何反思创伤记忆所塑造的历史？在这一反思行为中，我们应当持有怎样的立场？

反思创伤记忆，实际上就是反思创伤和历史。而在反思的过程中，我们至少应当考虑到三个层面。第一，事实层面的反思，也就是对细节、对史实的求证。在这个层面，我们希望尽可能完整、真实并且客观地复原历史发生时的场景，我们通常借助于原始档案和文献，或者当事人的回忆录、口述、日记、书信等材料，以"回溯式"叙事的方式重讲历史故事。尽管由于语言学的兴起和转向以及史学研究从传统的总体史学向现代"新史学"的转型，历史本身已不再被认为是一个坚固不变的抽象整体，越来越多的历史学家认同"作为复数的历史"，渐趋承认历史认识也应当包含合理的逻辑推论与有限度的历史想象，但仍需警醒和坚持的是，新史学绝不等同于历史虚无主义，历史的"可文本化"也不能最终完全解构甚至消除历史的客观存在。所以说，虽然也许历史的真相无法完全获得，历史不可能被"真实地"再现，但我们依然相信并执着于无限地接近历史的真实。这也是我们能够在事实层面上反思创伤的基本依据。第二，伦理层面的反思，也就是探寻历史发生的动机，追问创伤形成的深层机制。在这个层面，我们不仅要依据史料，还要能够对史料进行分析和判断，搞清楚历史为什么会以这样的方式而不是那样的方式呈现出来，还要结合对创伤的不同描述及表征来探讨历史的必然性和可能性。需要了解的是，创伤为什么会发生，不同的历史主体在创伤的形成过程中扮演了怎样的角色，他们的影响有怎样的权重，创伤发生时社会现实如何及其在历史过程中的独特性，创伤的实质是什么，等等。换言之，我们在这一层面的工作目标不只是重现历史，更是在重现历史的基础上理解历史，是"历史的历史"[1]，是勾勒被记忆塑造过的历史。第三，结构层面的反思，也就是剖析创伤记忆的现实表征，分析个体与集体、日常生活与社会制度、创伤的传播与历史化、历史遗产与现实需求、记住与遗忘、身

---

[1] [法]雅克·勒高夫：《历史与记忆》，方仁杰、倪复生译，北京：中国人民大学出版社，2010年，第110页。

份政治与社会记忆之间的复杂关系。在这个层面,起作用的不再是经验意义及个体意义上的创伤体验,而是从经验中提取出理论,把个体化的记忆放置到记忆的公共空间,以共享记忆取代记忆的碎片化。

当然,抽象地、孤立地谈论对创伤记忆的反思是毫无意义的,事实上,这三个层面虽然具有逻辑上的递进关系,但由于反思主体的阅历、经历、立场、动机、知识背景、现实境遇、目标等各不相同,所以真正的反思并不一定要按照这个顺序进行,甚至第二或第三个层面的反思常常是极度缺失的。可以说,反思得不彻底、不深入、不全面是我们当下在进行创伤记忆研究时无法回避也远未得到解决的问题。大概正是因此,百年中国虽然拥有极其丰厚的创伤经验,创伤反思却明显薄弱,大多只能徘徊在把创伤等同于苦难,把创伤记忆替换为苦难记忆,把记忆的反思囿于苦难意识、仇恨意识甚至狭隘的民族主义意识的圈圈里止步不前。

从这个角度来看,相比时下方兴未艾的"记忆写作"或纪实性文学,比如韦君宜的《思痛录》、徐晓的《半生为人》、齐邦媛的《巨流河》、杨显惠的《夹边沟记事》和《定西孤儿院纪事》等,我更欣赏张纯如的《被遗忘的大屠杀:1937南京浩劫》这样的写作。就像《被遗忘的大屠杀》封底"关于本书"那段简短的文字所介绍的那样:"本书从三个不同角度——日本人、中国受难者与当时在场的欧美人士的叙事观点,全方位地呈现整个大屠杀事件;另一方面,抽丝剥茧地检视这段长达五十多年的黑暗势力,探讨日本政府如何处心积虑地抹杀世界对大屠杀的记忆。"张纯如最早是从她的父母口中听说关于"南京大屠杀"的故事的,作为一个小女孩,南京大屠杀在她整个童年中都"隐喻着一种难以言说的邪恶"。当她成年后,机缘巧合,她开始研究"南京大屠杀"并且致力于创作一本非小说类的专书。在研究过程中,她意识到人的生命是脆弱的,但"人类的经验也很脆弱",因为政治的原因,"南京大屠杀"成了一个被遗忘的悲剧。她试图唤醒人们的记忆,重新"检视那些密谋让南京大屠杀自大众脑海里消失达五十多年之久的势力,以及不容历史扭曲者所作的努力"。因此在这本书里,一方面,她梳理了"南京大屠杀"的前因后果,对大屠杀背后的动机分析追溯到一千多年前日本武士道精神的形成、日本人的岛国性格和日本社会的天皇制度,继而延伸至19世纪末20世纪初日本明治政府的现实压力和政治、经济需求,再到日本的军事扩张、霸权意识、军事教育和民族精神;另一方面,她还叙述了大屠杀之后各方势力的权衡及其对大屠杀的掩盖,如其所言是对南京的"二度强暴",复现并剖析了日本媒体的虚伪与日本政府的高压政策、当时中国主政者的双重背叛、美德政府对现实利益的考量及对中国苦难的袖手旁观、世界舆论的倾向以及大屠杀亲历者复杂的现实境遇等多种导致"二次强暴"的原因。不得不说,张纯如的叙述和反思反映出一种极其严肃的真诚和勇敢,就像美国历史学家威廉·柯比(William C. Kirby)在为该书作的序言中所评价的那样:"我们也许永远无法确切得知,促使日本司令官和部队犯下这些兽行的动机到底何在。但是张纯如的分析,比过去任何人都要透彻清晰。"

张纯如的"透彻清晰"在于她不仅仅反思了创伤的形成和实质,还反思了在这场惨绝人寰的人间悲剧中,受害者、幸存者、国家、政府、军队、媒体、普通民众等多重主体的行为及这些行为之间复杂的关系。更为重要的是,她将"遗忘"视为"记忆机制"的一个环节,也深入探讨了"遗忘"作为一种政治斗争的武器,在塑造不同国家的历史及其集体记忆过程中的重要作用。《被遗忘的大屠杀》这本书最终向我们证明,遗忘不仅仅是一种记忆的政治,还是一种政治的记忆,其最终的指向都是争夺统治的合法性。显而易见,这种思考必然会把我们带向对创伤记忆第三个功能的思考。

（三）建构历史

关于创伤的特性，美国学者多米尼克·拉卡普拉曾在他的一系列著作中专门做过区分。他认为，创伤的历史性特性和结构性特性不同，结构性创伤是一种抽象的创伤体验，而历史性创伤并不能泛化为结构性创伤。当然，创伤与创伤记忆又是两个完全不同的概念。我认同拉卡普拉对于创伤之历史性特性和结构性特性的区分，但同时认为，创伤记忆理应也可以完成从历史性向结构性的提升。这也是创伤记忆的第三个功能，即建构历史。这是一种未来导向的功能，在这种思路下，创伤记忆必然要突破个体的、地方的、某个特定时段的局限，与集体的、世界的和人类的发展联系起来。基于创伤记忆的本质，我们或许可以认为，这是一种解构之后的建构，是对被创伤所中断了的历史的延续和修复，是最终超越"苦难论"或"雪耻论"的理论努力。

美国学者杰弗里·亚历山大在他的重要著作《社会生活的意义：一种文化社会学的视角》里梳理了关于"纳粹大屠杀"的创伤记忆从局部的民族创伤扩展为全人类的文化创伤的过程，即"一个发生在特定历史情境中的具体事件，一个标志着民族和种族仇恨、暴力以及战争的事件转变为一个代表着人类苦难和道德堕落的普遍性象征符号"[1]的过程。通过他的梳理，我们了解到，对"纳粹大屠杀"的认识和反思，不得不经历一个从最初的"战争罪"，到后来的"反'反犹主义'"，再到后来的"反'种族灭绝'"，直至最后"反人类罪"的"符号扩展"的过程，而在这个过程中，最核心的内容就是把这一创伤"去情境化"，使之泛化为一个具有普世意义的文化符号。毫无疑问，这是一个艰难而漫长的过程，其中充满了各种

---

[1]［美］杰弗里·亚历山大：《社会生活的意义：一种文化社会学的视角》，周怡等译，北京：北京大学出版社，2011年，第25页。

各样的历史偶然,甚至暗藏着诸多危险。我们都知道,经验的符号化就相当于记忆的"二次诞生",而记忆的"二次诞生"又必然促成历史的重构。这种连续性貌似完美,其实极不稳定。因为符号一旦形成,就会有其自身的意义及其演变规律,而假如经过抽象和提炼的符号恰恰是一个狭隘甚至错误的符号,那人类对历史的理解和建构不知道又要多走多少弯路。

  我按照时间发展的顺序,把自近代以来至今中国的创伤经历大致划分为四种类型,即历史创伤、战争创伤、政治创伤和成长创伤。简言之,历史创伤就是百年前世纪之交的中国历经一系列的制度变革、社会转型乃至文化的断裂与革新,深切影响到了民众之社会集体生活的稳定性,这是中国在经历现代民族国家初创及西方现代性的冲击中不得不付出的代价。毫无疑问,近代以来的中国可谓"伤痕累累"。但令人深思的是,至今为止,还没有哪一类创伤经历了如上所述的"符号扩展"的过程,成为一个像人类对"纳粹大屠杀"之创伤记忆那样的世界性事件,中国人民在无论哪种创伤中所承受的命运都还没有获得人类的深度理解和认同。创伤不能更为广阔地发声,就阻碍了我们对现实的反思以及对历史的建构,因而无法进入一个世界性的认识体系当中。我们对创伤的表征失效,必然导致现实中充满漏洞,因之我们就无法想象和计划未来,创伤之后的治疗和建构就更是无从谈起。这是一个隐晦的恶性循环,也是造成现代人无法把历史当作责任而只能不情愿地将其视为包袱的重要原因。

  对现代人而言,最尴尬的莫过于被过去和现实双重夹击,一方面背负着历史创伤的包袱欲罢不能,另一方面又生活在时刻焦虑的当下无处突围。全面的焦虑带来了深刻的恐惧,"对无法控制的变化速度的恐惧,对失业造成的损失的恐惧,对资源分配越来越不平等的恐惧，害怕失去人们的日常生活环境和轨迹的恐惧"[1]。"在一个于不安全中寻求道德明晰的世界里，在一个令人困惑而人性流离失所的世界里"[2]，在种种失败的对过去、自身、民族或国家的认同中，现实生活本身无可避免地成了一个巨大的创伤，而创伤就是这个时代的文化无意识，也是历史的文化遗产。

也许我们无法从根本上治愈创伤，但人类为了防止伤害再次发生所付出的一切努力，即便是错误和无效的，也不会是完全徒劳的。更何况在全球化的语境下，面对所遭遇的建构困境，我们也有可能从外部世界找到冲出重围的启示。因为全球化包含了"从内向外"和"从外向内"的双向过程，"全球性的关注事件能够变成地方性的本土经验的一部分，以及一个日渐增长的人类群体的道德生活世界"[3]。讨论创伤记忆的方法论意义，最终要解决的问题，或者最终的理想和目标就在于"冲出重围"。

三、文化自主性下创伤的核心表征

（一）文化社会学与文化的自主性

我们或许会说，文化历来都是人文科学或社会科学争论的中心

---

[1] [美]托尼·朱特：《重估价值——反思被遗忘的20世纪》，林骧华译，北京：商务印书馆，2013年，第21页。

[2] See Aleida Assmann, "The Holocaust-a Global Memory? Extensions and Limits of a New Memory Community", in Aleida Assmann and Sebastian Conrad eds., *Memory in a Global Age: Discourses, Practices and Trajectories*, London & New York: Palgrave Macmillan, 2010, p.106.

[3] "Introduction", in Aleida Assmann and Sebastian Conrad eds., *Memory in a Global Age: Discourses, Practices and Trajectories*, London & New York: Palgrave Macmillan, 2010, p.8.

概念，甚至绝大多数试图重新阐释世界与社会的学说都不得不从重新定义文化入手。但也正是在这个意义上，文化似乎总处于一种两难的境地。一方面，文化似乎是外在的，它总是通过社会环境影响我们的行为、生成各类意义；另一方面，文化又像是内在的，它已然是人类心灵结构的一个组成部分，并借助情感和意识来塑造我们的社会行为。简言之，"文化的自主性"问题构成了亚历山大所说的各种社会理论之争论的中心。

自 20 世纪 80 年代中期以来，亚历山大就致力于倡导以"文化自主"为核心的"文化社会学"（cultural sociology），致力于辨析和梳理"文化社会学"与传统意义上"文化的社会学"（sociology of culture）两者之间的关键性差异，致力于遵循新的路径重新界定社会学中的核心概念——意义结构与社会行为。在构成亚历山大文化社会学论的理论来源中，有两个批判或修正值得一提：一个是对帕森斯的结构功能主义论的唯理论倾向给予批判，一个是对涂尔干的社会学理论的集体性特质予以修正。借助前者，亚历山大把关于文化对社会行动结构之影响的讨论从抽象、客观、宏大的制度及体系因素拉回到具体、主观和现实的社会环境中，并强调我们应当对行动主体的心灵、情感、信仰以及精神等真正重视起来；借助后者，亚历山大又把涂尔干意义上的文化表征从集体回溯到个人，即从现象学和精神分析学的传统来发现意义的结构。[1]正是在这样的双重努力下，亚历山大建构了一种既冷静又具有批判性，既承认理想、信仰和情感又"认真注意到各种形式的'物质因素'"[2]的和相对完

---

[1] Rodrigo Cordero, Francisco Carballo and José Ossandón, "Performing Cultural Sociology: A Conversation with Jeffrey Alexander", *European Journal of Social Theory*, 2008, Vol.11, pp.524-525.

[2] ［美］杰弗里·亚历山大：《社会生活的意义：一种文化社会学的视角·导论》，周怡等译，北京：北京大学出版社，2011 年，第 5 页。

整的文化社会学。如其所言:

> 文化社会学之所以能使集体情感和观念成为其方法和理论的中心,正是因为支配这个世界的往往是主观的、内在的情感。社会建构的主观性形成了集体意志、形构了组织规范、确立了法律道德,并且为技术、经济和军事装备提供了意义和动力。
>
> 只有完整理解文化结构的复杂性和差异,我们才有办法用现实的方式去理解暴力、支配、排斥和堕落的真正力量及其持续性。[1]

完整地理解文化,实际上包含多重意义。比如,各种形式的"物质因素"与唯心的动机,"硬性"的结构因素与独立可变的社会行为及其意义,个体信仰与集体情感,理论目标与经验手段,工具性的动机、行为以及救赎性的道德伦理观念,等等。不难看出,亚历山大所要强调的,其实正是各种看似对立冲突的因素之间互动共生的多元关系。与传统社会学对文化发挥作用之方式的单向判断不同,亚历山大并不认为文化是单纯外在于社会行动或决定意义建构的,文化也不是单纯内在于其中的。毋宁说,文化是一个独立而反复的过程,所谓"文化可以成为一种与任何其他具有物质性的社会事实一样的客观存在的结构","文化原先只被当作内化于心灵的主观部分、由外在结构环境决定的。在这里,文化可以成为外在的文本去调动或指挥人们的情感和行为,即文化的作用路径从我们习惯的'由内向外'(inside out)演变成'由外向内'(outside in)+'由

---

[1] [美]杰弗里·亚历山大:《社会生活的意义:一种文化社会学的视角·导论》,周怡等译,北京:北京大学出版社,2011年,第3、5页。

内向外'(inside out)"。[1]借由这种"强范式"的研究路径,文化由此变成了它自身的一个维度,而亚历山大所要做的就是"梳理"和"深描","将主导宏大叙事(grand narrative)梳理出来,将复杂的象征符码绘成地图,并指出这些无形但却具有莫大力量、具有一定模式的思想光芒,往往能够决定个人、群体和国家的命运"[2]。

(二)作为核心的创伤表征

依托亚历山大关于构建文化社会学的整体思考,我们就有可能相对完整地理解他对于提出"文化创伤"概念的考虑;或许可以说,文化创伤恰恰是运用强范式的理念和思路来理解文化社会学的一个极佳案例。这个案例的选择进一步表明:创伤研究最紧要的任务不是分析创伤的构成内容,也不是规划治疗创伤的方案,而是试图解答创伤如何被表征,如何借由差异化的表征进行传播和延伸,以及如何在表征中塑造集体记忆和文化认同的问题。我们可以先以纳粹大屠杀的"表征演变"以及亚历山大的阐释为例来看创伤事件的全球化扩展。

对于道德普世主义的全球化建构而言,纳粹大屠杀并不是一开始就能引起全世界人类的深刻自省与反思的。在最初的1945年,当美国陆军发现了纳粹集中营,并通过无线电广播和报纸杂志将其报道出来时,大屠杀还只是一种所谓"人对人的非人道"暴行,它不仅没有特别指向犹太受害者,而且这一暴行也被视为残酷战争的必然后果,因此也不是美国媒体在战争报道中的焦点和重点,甚至这一事件的真实性还一度被公众质疑,更有人将之视为犹太人的

---

[1] 转引自周怡:《中译本导言》,见[美]杰弗里·亚历山大:《社会生活的意义:一种文化社会学的视角》,周怡等译,北京:北京大学出版社,2011年,第3页。
[2] [美]杰弗里·亚历山大:《社会生活的意义:一种文化社会学的视角·导论》,周怡等译,北京:北京大学出版社,2011年,第5页。

"道德恐慌"。在亚历山大看来,之所以会这样,是因为最初对纳粹大屠杀的创伤表征中还没有构成我们今天已熟知的"心理认同",换言之,"犹太人命运没有构成大众媒体观众的创伤性经历"[1]。假如只把纳粹大屠杀作为一种"战争罪"来看待,那它就必然要被拘囿于特定的时期、地点和对象,即使民众最终能将纳粹之恶界定为"根本恶"和"绝对恶",这个阶段性的、地方性以及特定的"战争罪"也终将结束。恶会被消灭,集体创伤会被克服,时间和历史有能力清算过去,而世界终将向前发展。假如只是像这样对创伤进行编码、解读和表征,纳粹大屠杀就有可能狭隘化为一个对战争伤害的注解。亚历山大认为,这种承诺救赎及希望的"进步的叙事"框架与历史并不对称,也强化了善的力量与恶的力量之间的不平衡,作为一个战争故事,它既"不深刻也不肤浅"[2],更无从引导人类去透彻理解"人类历史上独一无二的恶"。

以美国媒体为代表的叙述者确实一步步将纳粹大屠杀从地方和个体表征扩展为了世界和公共表征。但我们究竟应当怎样解决"进步的叙事"框架对大屠杀反思所造成的限制,应当如何权衡和评价在大屠杀叙事中恶的意义,如何把纳粹大屠杀所造成的精神创伤彻底地"去情境化",使之泛化为一个人类创伤及文化创伤的符号,这却需要更深刻地分析行动、意义、符号、文化结构以及社会主体之间影响和相互影响的关系。简言之,解开纳粹大屠杀最终成为一个全球性、全人类的文化事件之谜,关键就在于揭示如何将犹太人的命运同化为我们每个人的创伤经历。这是一种深度的心理认同,它不仅需要一系列社会事件的现实性发生和推动,还需要媒体(或

---

[1] [美]杰弗里·亚历山大:《社会生活的意义:一种文化社会学的视角》,周怡等译,北京:北京大学出版社,2011年,第27页。

[2] [美]杰弗里·亚历山大:《社会生活的意义:一种文化社会学的视角》,周怡等译,北京:北京大学出版社,2011年,第37页。

表征者）把控和引导文化符号的生产方式，假以政治、宗教、文化习俗、种族情绪、历史需求、现实刺激等多方面因素的合力作用，才有可能最终完成。

在此，亚历山大提出了他关于创伤思考最精彩也最富创造性的见解，即以悲剧叙事取代进步叙事，用受难的宗旨取代进步的目的，用悲剧化推动大屠杀符号意义的延伸。所谓悲剧叙事，不是单指犹太大屠杀本身就是一个悲剧，而是指这一历史事件本身必须被戏剧化。也就是说，大屠杀所造成的精神创伤应当被视为一种"原型"，我们叙述创伤就像一遍遍地体验这一创伤原型，一遍遍地回到最初的受创场景，通过反复的回归和体验强化大屠杀的原型意义，也引发我们内心的"怜悯和恐惧"[1]，进而抗衡纳粹大屠杀的"根本恶"和"绝对恶"，推动我们形成向善的道德认同。它的理想效果应当如亚历山大所期待的那样，"这个故事里的角色、情节以及值得同情的结局逐渐转变成了一个超越民族、超越时间的泛化戏剧……这激发了一种前所未有的政治责任和道德责任的泛化。实际上在当代创造出一个圣恶的象征"[2]。

创伤本身就是一种"不同寻常的过去"或"不会消失的过去"，它"使时间和经验之间的顺序变得无效了"。[3]把大屠杀与精神创伤戏剧化，其实质就是要把这一文化事件从各种社会结构中独立出来，使其成为一个有着自身发展规律的事物。而媒体的意义就在于推动创伤表征从真实性到正确性，也即不仅按照创伤本来的样子去表征，还要按照创伤应该有的样子去表征。套用亚里士多德的"诗

---

[1]［古希腊］亚里士多德：《诗学》，陈中梅译，北京：商务印书馆，1996年，第63页。

[2]［美］杰弗里·亚历山大：《社会生活的意义：一种文化社会学的视角》，周怡等译，北京：北京大学出版社，2011年，第53—54页。

[3]［德］阿莱达·阿斯曼：《记忆作为文化学的核心概念》，载阿斯特莉特·埃尔、冯亚琳主编：《文化记忆理论读本》，北京：北京大学出版社，2012年，第123—124页。

史之别",这实质上就是创伤表征的诗性表达和历史性表达的问题。因为在很多情况下,对创伤的两种表征方式不能互相支持,甚至常常截然对立——这固然与记忆本身的可靠性以及历史本身的可复原性有紧密的联系,但它同样也对现实生活中的记忆政治的合法性及有效性提出了挑战。

(三)创伤焦虑与被表演的记忆

众所周知,在这个时代,我们对历史创伤的表征是迥异的,常常也是无效的,创伤经验并不能克服并超越碎片化、私人化、局部性的特点,上升为一个公共领域内的议题。创伤焦虑因此是不可避免的。因为言说创伤往往退化为集体性的自言自语,不仅历史创伤被不同的表征者随意裁剪或取舍,而且不同的表征者也彼此不能被说服。这样的话,我们不仅无法形成共同的或公共的集体历史记忆,也无法建立对民族、国家等集体概念有效的道德认同,它对现实政治的影响就更可想而知了。

创伤表征为什么会失效呢?排除在不同的社会语境中,政治、伦理、道德、信仰等因素都有对表征形式的预设之外,最根本的问题可能还是表征本身。换个问法就是:谁有权力表征?应该以怎样的方式表征?想象性表征中我们能够允许虚构的尺度有多大?表征能被当作一种独立的文化行为吗?如果说创伤表征注定要被文本化,那我们可以反推出创伤也是可以被想象、被当成文本的吗?进而言之,创伤能否被独立出来作为一种社会事实或文化事实?

在亚历山大出版于 2011 年的《表演与权力》[1]及其主编的《符

---

[1] Jeffrey C. Alexander, *Performance and Power*, Cambridge: Polity Press, 2011.

码的力量》[1]一书中,亚历山大探讨了表演的不可见性及其施加于权力运作的力量,他认为今天的社会所奉行的是一种符号现实主义,而符号本身就先在地为社会行为和意义结构提供了多种可能性。在亚历山大看来,任何符号行动的本质都是一种表演,文化结构为这种表演提供背景,但权力得以产生、意义得以形成、文化得以彰显,则要依靠表演能否自然而然地与文化结构的背景融合起来,以一种"真实"而非"演练"的方式塑造人们的社会性。进而言之,社会表演的成功恰恰取决于构成社会表演的各个组成要素是不可见的,比如符号的生产方式、集体表征、社会权力的结构等,唯有如此,社会行为才能看起来很自然,才能摆脱人为执导的嫌疑,才会令社会观众产生信任感。简单地说就是,"让一切演练看起来像真的一样",以一种潜移默化或润物细无声的方式操控权力的运作指向。这关系到表征边界的问题,反映出文化的复杂性。

其实,创伤表征也同样存在一个"表演和权力"之间的平衡问题。我们的表征失效往往就是因为当我们想象性地表征创伤时(比如以文学、影视的方式),我们的文化结构已经蕴含了诸多的预设,比如伦理预设、情感预设、政治立场预设等。这些预设过于强大,以至于文化结构无法潜隐地作为表征的背景而存在,而是强行涉入创伤表征的意义建构中,导致"主题溢出",创伤也从目的扩展为手段和过程。这样一来,创伤表征就容易被单调化甚至扭曲化为"苦难和伤口的展示",除了裸露伤痕累累或宣泄苦大仇深,似乎就很难再有更深层次的认识和反思了。比如在张艺谋执导的《金陵十三钗》中,青楼女子英勇抵抗,以自己的身体替换女学生来拯救避难的群众,这一情节设计就是把抗日救国的神圣性与中国社会

---

[1] Jeffrey C. Alexander, Dominik Baertmanski, and Bernhard Giesen, eds., *Iconic Power: Materiality and Meaning in Social Life*, New York: Palgrave Macmillan, 2012.

的世俗节操观一锅煮,为了凸显前者,故意夸大表现后者,反而令观众感觉主题太露骨和表演成分过多,以致产生"太假"或"不真实"的观后感。当然,这种失效的创伤表征实际上也无法令分散的、个体化的观众围绕创伤凝聚起来,更不可能令观众对历史记忆产生集体认同,对南京大屠杀的反思反而会演变成一种表征焦虑,无法克服。

在今天的生活中,创伤已然融入或渗透到了我们的社会存在中,成为我们自身所有的、不可忽视的一部分——就像亚历山大所讨论的文化一样:创伤既外在于我们,从外部影响和塑造我们;又内在于我们,直接构成我们的生活内容和存在结构。创伤既为人类所共有,也必将以不同的方式被每个个体独自背负。我们不得不面对各种各样的创伤,同时也不得不承受各种因表征失效带来的创伤焦虑,因为在这个时代里,我们既无法抛弃创伤,也还未找到恰当的方式清洗或治愈它。也许最好的办法就是先接受这一尴尬的处境,继而通过不断地试错和纠错来寻找正确的表征途径。因为不管怎样,表征创伤都是治愈创伤的前提,哪怕是错误的表征,都会一步步推动我们最终克服焦虑,真正地把创伤视为历史的责任而非沉重的包袱。

四、文化创伤建构中的媒体记忆策略

创伤经验以及对创伤经验的感知和体认是由每个个体在地化的日常生活所体现的,但对创伤经验的呈现、表达和修复却有可能上升到集体或社会的层面,成为一种集体记忆和社会记忆。在现代社会中讨论创伤和文化创伤,无论创伤作为微观的事实与经验,还是作为宏大的文化理论与全球记忆,媒介的介入无疑都是异常重要的。尤其是在数字时代的语境下，媒介更是已然摆脱了它所反映的客观对象的束缚，成为逻辑自洽的主体。在这一部分，我着力于探讨拥有逻辑自洽的媒体如何反映文化创伤以及如何建构媒介记忆，媒介记忆又如何成为国家记忆的一部分，并以怎样的方式重构了现代人的身份伦理。

（一）内容／对象：作为生成性事件的媒介记忆

我们可以以"9·11"事件之后的中国媒体报道为例来看媒介与创伤在数字时代的关系。"9·11"恐怖袭击发生在2001年9月11日美国纽约时间早上8点46分和9点3分，新浪网《新浪军事》栏目在北京时间当天20点55分就发布了《快讯：一架飞机撞上纽约世界贸易中心》，成为最早向中国民众报道这起恐怖袭击事件的媒体。[1] 15分钟之后，凤凰卫视资讯台的《时事直通车》栏目又通过电视播报了这起事件，尽管最初播报内容只有一条简短的文字信息"美国纽约世贸大楼被袭起火"，但之后连续36小时的滚动式新闻播报却以电视媒体的形式确认了美国遭受恐怖袭击的事实，成功地把受众的关注点聚焦在这起对世界政治格局影响深远的事件上。[2]《人民日报》则在9月12日第一版以《江泽民主席致电布什总统》《江主席对我在美人员安全深表关心》《外交部发言人发表谈话》《美国纽约华盛顿受到严重袭击》四则要闻的形式报道了"9·11"事件，最终通过传统纸媒向社会和民众表明了官方的立场，并对这起事件做了基本的定性和评判。[3]

无论是从新闻传播学的视角还是从社会学的视角来看，"9·11"

---

[1] 见 http://mil.news.sina.com.cn/2001-09-11/32002.html。
[2] 见 http://phtv.ifeng.com/album/interview/detail_2011_09/12/9119826_3.shtml。
[3] 《人民日报》，2011年9月12日A1版。

事件的本质都更接近一起媒介事件，它是典型的被媒介生产制造的产物，是由媒介固化形成的创伤记忆。之所以这么说，不是因为事件刚一发生，网络、电视和报纸就对它做出了迅疾的反应，而是因为我们据以谈论的"9·11"事件首先和从根本上来自媒介。首先，谈论"9·11"事件的"我们"并没有亲身经历现场，"我们"是事件的旁观者而不是当事人。因此，"我们"所谈论的对象就是一个言语系统中暧昧的所指。"我们"所谈论的"9·11"事件不是原生的历史，而是通过种种文字、图片、声音和视像等符号共同"拼凑"或"构造"出来的历史，是原生事实在已被呈现和可被呈现的层面上所创建的次生事实，是原生历史的符号化。

我们本应当把2001年9月11日发生在纽约的恐怖袭击活动称作"本真的9·11事件"，但实际上，这个"本真的9·11事件"在它发生的瞬间就已然变成了过去。它不可复原，不能被追回。取而代之的，是媒介行为中的"9·11"事件。我们很自然地把网络、电视和报纸等媒介所呈现出来的当作了事实，并由此产生了身临其境的情绪和情感，后者不仅成了我们追溯事实源头、回忆历史创伤必不可少的依据，而且其本身也成了事实的源头与创伤记忆。借用法国社会学家鲍德里亚（Jean Baudrillard）的理论来说，媒介对"9·11"事件的介入是拟像与仿真对真实的强势侵入。这种介入的作用如此巨大，我们不仅可以依据"媒介的9·11事件"来凭吊"本真的9·11事件"，还能创造出更多的艺术作品如电影、电视、文学、建筑、音乐等来纪念"本真的9·11事件"。"本真的9·11事件"的缺席被完全忽略了，本真的创伤体验反而变得无足轻重，它被虚化为一个意义丰富的符号，媒介是其强有力的意义阐释者之一。

这里的媒介首先和根本上是指传播信息的载体，它有一定的物质形式，占据一定的空间，是现实可感的物质实体，也是可被形象化的话语实体，甚至是一种机构或文化单位，是一种文化生产和文化传播的方式，比如纸媒、电视和网络。在这个意义上，媒介的含义等同于我们更常用到的媒体概念。但我更倾向于在一个更宽泛的层面上讨论媒介，我们可以将其实指，也可以将其虚化——泛指一切联结两种事物的中介。当媒介呈现为一种虚化含义时，媒介就是被凝练、被抽象的符号，就相当于一种对应关系，即以一个事物表现另一个事物所可能用到的手段或方式。媒介的这一对"虚—实"意义往往不是孤立存在的，就像我们把"9·11"事件界定为一起媒介事件，就至少同时意味着两个方面。其一，"媒介的9·11事件"是利用各种载体对"本真的9·11事件"的建构；其二，正是借助有形和无形的媒介，"本真的9·11事件"才能与我们的日常生活发生实际的关联。

所以说，"本真的9·11事件"与"媒介的9·11事件"之间的差异还不仅仅是实在与表现之间的差异，也不仅仅是视觉符号与语言指示之间的差异，就像比利时画家马格利特（René Magritte）的画作《这不是一支烟斗》以及法国思想家米歇尔·福柯对其所做的精妙解读那样。套用鲍德里亚对海湾战争的解析，我们甚至可以说，"9·11"事件之所以是一个媒介事件，根本原因不是"9·11"事件引发了媒介事件，而是媒介"制造"了"9·11"事件，媒介也因此进入这个事件本身，成为恐怖袭击带给民众的创伤记忆的一部分。

创伤记忆的主体是受害者、幸存者、创伤遗产的继承者，而现在，我们或许可以再加上一个"媒介"（包含虚实两种层面的含义），媒介正是把创伤记忆从事实层面发酵至思想层面和文化层面的那个"主体"，是把创伤记忆从个体提升到集体、社会和国家的那个"主体"，是把创伤记忆从地方扩展至世界的那个"主体"。因此，研究创伤的"文化表征"，非常核心的一个视角就是研究媒介及媒介记忆。当然，媒介记忆中的媒介不单是记忆的主体，还是记忆的途径与对象；而媒介记忆也不单是记忆的效果或呈现，而是记忆的过程本身。一方面，这展示了记忆的生产机制，即媒介如何记忆；另一方面，这也指向了记忆的消费模式，即记忆在某种媒介生态中被定型、界定和现实化，并与现实的需求联结起来。

简而言之，在现代社会中，媒介不仅经由传播建立起以创伤事实为中心的社会关系网络，强化社会对创伤的认知和体验，而且常常为创伤界定和定性，引导社会舆论和社会影响，化身为记忆的"立法者"和"评价官"，使创伤扩展至社会或国家层面，甚至营造社会化的情绪和情感，以"参与者"而非"旁观者"的身份进入到对创伤的文化表征之中，使其自身也成为记忆建构的一部分。

媒介记忆讲述的正是媒介参与记忆建构的行为和效果。从基础的层面上来看，媒介记忆确实是以媒介事件的方式来体现的，因为媒介记忆的主导者甚或主体是媒介，而媒介事件的行为主体也是媒介，两者都是媒介主动性的映射。但媒介记忆的意义又不止于此，媒介记忆显然不是传统意义上所说的媒体事件。传统意义上的媒体事件是"传媒内部、传媒之间或与外界合作的产物"，它的可能性前提是"传媒的地位由传统的报道者、旁观者和'第三方'变为策划者、推动者与'第一方'，使传统的新闻生产及传播关系发生由'事实—传媒—报道'到'传媒—事实—报道'的改变"[1]。就像美国传播学者威尔伯·施拉姆（Wilbur Schramm）和威廉·波特（William E. Porter）在《传播学概论》中所界定的那样，媒体事件"主要是制造来供媒介作报道的事件"[2]。尽管媒体事件对社会的影响一定是双重性的，既有消极功能，也有积极功能，但在实

---

[1] 陈奕：《"媒介事件"研究：兼论传统新闻生产与传播模式的转变》，武汉：华中科技大学出版社，2013年，第5页。

[2] [美] 威尔伯·施拉姆、威廉·波特：《传播学概论》，陈亮、周立方、李启译，北京：新华出版社，1984年，第272页。

际的新闻生产与传播过程中,传统意义上的媒体事件其实又是一个很有价值倾向和道德色彩的概念,它常常与"假事件""事件营销""新闻策划""新闻炒作""宣传性现象"[1]等相似概念混杂在一起被使用,被突出强调的往往是新闻的意图和功效,而非事实本身,媒体事件这个概念也因此变得含糊暧昧。而媒介记忆毫无疑问是一个非常中性的词,它的核心还不是记忆的内容和动机,也不仅是记忆的方式和目的,更不是记忆的效果和影响,应该说是记忆生成的过程,是记忆对于历史的生产性和断裂性功能。这样看来,与其说我们是用媒体事件来解释媒介记忆,还不如直接把媒介记忆概括为一种生成性的媒体事件,这样显然更客观也更准确。

生成性事件,或事件的生成性特质,这一对事件概念的释义主要来自英国哲学家怀特海(Alfred North Whitehead)和法国学者德勒兹(Gilles Deleuze),特别是德勒兹。在他的著作《意义的逻辑》中,德勒兹开篇就提出了"纯粹生成"(pure becoming)的问题。"纯粹生成"是与"存在"(being)相对应的概念,"存在"是有限的、可测量的、可被分析的、有边界的,而"纯粹生成"则是不可测量的、永不停歇的一个过程。"纯粹生成"的显著特点就是总与逃离当下同时发生,也就是说,它不是静止的、固定的,更无法被集中在当下的某一时刻,"纯粹生成的悖论就是无限同一性的悖论"。[2]在德勒兹那里,事件就是这样一种具备逃离当下能力的、无限变化的"纯粹生成"。

为了理解"纯粹生成"和"存在"之间的关系,德勒兹在既有的三个命题维度——指称或指示(denotation or indication)、表明/

---

[1] 陈奕:《"媒介事件"研究:兼论传统新闻生产与传播模式的转变》,武汉:华中科技大学出版社,2013年,第9—10页。

[2] Deleuze, G., *The Logic of Sense,* Stivale, C. & Lester, M. Trans., London: The Athlone Press, 1990, p.2.

显示（manifestation）和意指（signification）之外又提出了第四个维度——意义（sense）。

>意义是命题之可被表达者或被表达者，而属性则是事物的状态——这两个方面密不可分。它一面朝向事物，一面朝向命题。然而，它既不混同于表达它的命题，也不混同于命题所指称的事态或性质。它就是命题与事物之间的边际。它就是这个"某物"，同时既是超存在又是持存，这个与持存相应的最低限存在。正是在这个意义上，它是"事件"：前提是不能将事件混同于它在某种事态之中的时空具现。因此，我们不会去问一个事件的意义是什么：事件，就是意义本身。事件本质上属于语言，它与语言之间有一种本质性关系。[1]

由此可知，在德勒兹看来，事件就是作为生成性的事件，它不等同于具体的事态，也不等同于牢固的现实，不是同一性。事件不是纯粹客观的，而是超越于具体的、物质层面上的事态。相应地，意义也不仅仅是对事实的指称、表示和意指，不是持存本身，也不是对持存的言说，而是超越于具体的言说，也优先于语言的规定。所以，就像有的学者所强调的那样："德勒兹所写的意义是作为纯粹事件而出现的意义，它本身就是对差异自身的确证。"可以说，意义就是事件，而且意义与事件两者都是一种超越。[2]"意义与事件都是对既定事态的超越，……德勒兹事件本体论的第二个层次，即不仅仅是事件相对于事实存在的优先性，而且也是意义相对于言

---

[1] Deleuze, G., *The Logic of Sense*, Stivale, C. & Lester, M. Trans., London: The Athlone Press, 1990, p.22.

[2] [美]查尔斯·J.斯蒂瓦尔：《德勒兹：关键概念》，田延译，重庆：重庆大学出版社，2018年，第98页。

说（即指称—表示—意指的三元关系）的优先性，事件的流动凝固为具体事态的存在，而意义则凝固为语言或言说上的一个指称、表示或意指，这样，在德勒兹那里，意义—事件构成了原生性的生成，它在发生学上绝对地优先于存在和语言的规定。"事件就是作为生成的事件，"不是客观层面的事件发生"[1]，不等同于牢固的现实，也不是同一性。德勒兹通过把事件展现为一个多样性的过程，使这个概念焕发出了与传统意义截然不同的光彩。

英国学者詹姆斯·威廉姆斯（James Williams）认为"我们应该把事件思考为不同的生成模式和不同层级的强度"，它"由过去和未来所引导"，体现的恰恰是"当下的开放性和偶然"。[2]事件的重要性不在于"出现客观的绝对新的事态，而是主体在面对世界时做出的析取性综合，并以此来形成意义—事件。……也就是说，对事件的把握最重要的是生命的选择，生命在面对不可并存的世界时的析取性综合才是事件的真谛"[3]。也就是说，事件的重要性并不在于事态本身，而在于当事件生成时，个体对事件的"析取"，也即个体对个体形式的超越及其有可能因此而获得的在世界中存在的意义，如德勒兹所言："问题在于要认识到个体如何可以超越他的形式、他与世界之间的句法关联，去获得事件的普世性传播，也就是说，通过析取性综合，来超越逻辑矛盾，甚至超越非逻辑的不可共存性。"[4]拿"9·11"事件来说，"9·11"事件当

---

[1] 蓝江：《意义—事件与析取性综合——德勒兹〈意义的逻辑〉的事件哲学》，载于《南京社会科学》，2019年第12期，第41—47页。

[2] [美]查尔斯·J.斯蒂瓦尔：《德勒兹：关键概念》，田延译，重庆：重庆大学出版社，2018年，第121、131页。

[3] 蓝江：《意义—事件与析取性综合——德勒兹〈意义的逻辑〉的事件哲学》，载于《南京社会科学》，2019年第12期，第41—47页。

[4] Gilles Deleuze, *The Logic of Sense*, Stivale, C. and Lester, M. trans., London: The Athlone Press, 1990, p.113.

然是一个客观具体的存在，有时间上的始末，有事情发展的边界，有具体的地点和当事人，可谓"新事态"。但围绕这一创伤所形成的媒介记忆却不止于此。媒介所记忆的不仅仅是作为"现实"或"事实"的"9·11"事件，还包括这一事件所引发的社会情感的震荡；不仅仅是存在意义上的那一段时空及其中的人类活动，还包括这一事件之后不同人群的行为与后续反应；不仅仅是客观发生的一段历史，还包括人类主体基于未来对这段历史的理解和反思。所以说，围绕"9·11"创伤所形成的媒介记忆正是德勒兹意义上的"纯粹生成"，是超越了已然发生的"9·11"事件的生成性事件，是始终未完成的、不断被现实需求和未来导向所修正的、流动的历史。

难怪德勒兹在谈到"事件序列"时会用到"伤口"的比喻。"诸事件在我们身上一定程度地实现，它们等待着我们，邀请我们进入其中。"就好像"伤口在我面前存在，我为体现伤口而生"。[1]每个事件都是一个伤口，伤口的隐喻意味着一种"例外状态"，是事件对一个稳定局面的冲击和破坏，也暗示了变化必将发生，新的事物也被期待突破既有的规定而产生。正是在这个意义上，詹姆斯·威廉姆斯认为"事件……是德勒兹哲学中最具肯定性和现代性的时刻，……它是那个让不一样的新世界从我们的伤口和斗争中脱颖而出的地方"[2]。因"9·11"事件所形成的媒介记忆当然也可以这样来理解。对后者而言，重要的不是"9·11"事件本身，而是"9·11"事件带给人类的文明反思和历史批判，后者的价值恰恰就在于它对"9·11"事件的拓展和开放。是媒介记忆把"9·11"事件变成了一个人类历史的新起点，我们可以据此开启对全球性反恐、普遍伦

[1] Deleuze, G., *The Logic of Sense*, Stivale, C. & Lester, M. Trans., London: The Athlone Press, 1990, p.148.
[2] [美]查尔斯·J.斯蒂瓦尔：《德勒兹：关键概念》，田延译，重庆：重庆大学出版社，2018年，第126页。

理、转型正义、人类道德共同体等诸多问题的重新思考；也是媒介记忆把人类的生命权从后台推到了前景，使其重新成为我们倡导自由权利的根本要义。在作为生成性事件的媒介记忆面前，最核心的东西不是"9·11"事件所造成的重大破坏和伤害，而是人类在遭遇这些重大破坏和伤害的同时如何选择以及怎样应对。后者才是推动历史克服障碍、不断向前的根本动力。

（二）手段／模式：单向度的情感生产

情感记忆或情感叙事是文化创伤之媒介记忆的实质，或者说，所有文化创伤的媒介记忆在本质上都是一种情感记忆或情感叙事，这不仅因为创伤直接指向苦难意识或受害感，而且因为比起理性反思来，情感反应更直接具体、更具有现场性、更接近事实本身，因而也更富有见证的价值、更有力量。比如南京大屠杀创伤的媒介记忆就是一种非常典型的"情感记忆"。根据李红涛、黄顺铭在《记忆的纹理：媒介、创伤与南京大屠杀》[1]一书中的梳理我们知道，无论是1948年前国民政府的舆论导向还是1949年之后中国共产党的媒体政治，南京大屠杀记忆的媒体叙事都有简单鲜明的价值立场，遵循非常明确的激励机制。1948年前媒体的主导潮流是勉励军民团结、号召世人"为匹夫匹妇复仇"，1949年之后的主旋律则是"雪耻"，把"战争的仇恨"与"发展的耻辱"联系起来。重点在于，无论是复仇还是雪耻，南京大屠杀的记忆叙事本质上都是一种情感叙事，创伤的媒介表征更倾向于表情而非表意，并且其情感的强烈程度足以使创伤过程突破原发历史的限制，对后世继承创伤遗产的记忆主体产生巨大的冲击。

---

[1] 李红涛、黄顺铭：《记忆的纹理：媒介、创伤与南京大屠杀》，北京：中国人民大学出版社，2017年。

然而，创伤研究中最容易被忽略的也是情感，因为受到伤害、承受苦难、经历创伤这些情感体验基于的是人类本能，渗透在创伤体验的全部过程和事实当中，甚至就等同于创伤体验，所以反而很难被独立觉察到。当一个主体试图向他人描述创伤体验时，他常常会以描述具体的时间、地点、环境或事件开始，而很少以"我很痛苦"这样的话开启他的讲述。

所以说，当我们谈论文化创伤时，我们更多关注的是事实和理性，感受和情绪反而被无意识地忽略并遮蔽了。但实际上，文化创伤的媒介记忆正是基于制造情感来推动记忆实践的：一方面，媒介通过情感表征形成能够被公众共享的感情和情绪，这是铸造国家记忆的道德基础；另一方面，国家借助媒介为创伤情感注入实在的内容，使之最终趋于现实的政治需求和未来的国家认同。情感叙事的目的就是要"激发情感"，使记忆主体产生对创伤主体的"同情"，从而促使道德共同体的形成。创伤能够激发什么样的感情，实际上是一种"情感争夺"，它和"历史争夺"（创伤是否发生）、"阐释争夺"（创伤有何意义）[1]一起，共同决定了创伤如何被建构，并对集体的认同产生重大影响。

情感的制造不应当被过低评价，因为它是媒介记忆运行机制的潜在支撑，也是国家实施记忆政治的自然基础。是否能够准确地把握创伤主体的情感，并恰当地借助媒介将这种已然缺席的原发情感表达出来，甚至据此激起公众的"同情"，这已经成了考量媒介能在多大程度上成功介入国家记忆和政治的标尺之一。从某种意义上来讲，媒介记忆中的"情感"虽然基于人类的本能，但其功能却非常接近自启蒙运动以来作为现代政治哲学之重要一环的"情感"，

---

[1] Alexander, J. C. et al., *Cultural Trauma and Collective Identity*, Berkeley: University of California Press, 2004, p.38.

尤其是卢梭意义上的"同情"。

对于卢梭而言，同情是一种人类天赋的自然情感，是人类内心自生自发的，所以比理性更稳定。同情就是通过一种"感同身受"的方式把自身投射在他人的苦难上，从而形成关于苦难的共鸣，因而形成一种对正义的诉求。卢梭政治哲学中的情感是一种"情感启蒙"，其目的是对"理性启蒙"的对抗和救赎，而以同情来启蒙的政治理想，就是要"通过一种'感同身受'的方式来支持人与人之间的平等性"，"不以束缚与强迫为手段、不违背人类本性地使人们克服过多地自爱欲望，体现出对自由价值的最天然的情感表达"，"把对个人权益的关注扩展到他人和同胞的身上，由此形成一种普遍的正义"。[1]所谓"要普遍地同情整个人类"，"爱人类"就是"爱正义"[2]，在卢梭那里，这样的思想理路最终将作为本能的情感升华成一种政治美德，并作为理想的政治共同体的道德基础对人类社会发挥巨大的作用。

显而易见，媒介记忆所实施的情感叙事乃至情感生产也是同样的道理。正如卢梭所说的，"只有道德可以维持统治，什么东西也不能取而代之"[3]。在政治社会中，情感只有成为一种政治美德，对于国家的公民而言才具有实质意义。它凝聚的是公民内心对政治共同体的认可与拥护，是政治共同体合法性基础的直接来源。[4]创伤—媒介—国家，情感是真正贯穿其中的支柱线索，这也充分印证了情感政治的巨大潜力。

不过值得注意的是，尽管情感的政治力量和社会功能毋庸置

---

[1] 黄璇：《情感与现代政治：卢梭政治哲学研究》，北京：商务印书馆，2016年，第320页。
[2] [法]卢梭：《爱弥尔：论教育（上卷）》，李平沤译，北京：商务印书馆，1978年，第356页。
[3] [法]卢梭：《论政治经济学》，王运成译，北京：商务印书馆，1962年，第13页。
[4] 黄璇：《情感与现代政治：卢梭政治哲学研究》，北京：商务印书馆，2016年，第349页。

疑,但情感生产在文化创伤的媒介记忆中并不总是平等和平衡的。受害者的情感表达往往更充分,而施害者的情感书写则相对欠缺。这似乎是一个不争的事实。在我们的道德认知过程中,受害者的情感往往具有先天的道德优势,对被迫承受痛苦的受害者而言更是如此。这种情感的道德优势不仅阻止我们质疑受害者记忆的真实性和可靠性,而且使我们倾向于认同受害者的"善",并自发地维护受害者的利益。

借助于对受害者的情感认同,完美地将记忆目的导向统一的国家意志和集体认同,除了以建筑为媒介的战争记忆之外,同样成功甚至更为成功的就是联邦德国前总统冯·魏茨泽克(Richard Freiherr von Weizsäcke)于1985年5月8日向德国议会发表的反思演讲。这篇演讲被认为是德国政界反思纳粹历史的经典性文献。[1]在演讲的第二部分,魏茨泽克沉痛悼念了"二战"中所有的受害者,不仅包括"在德国集中营里被杀害的六百万犹太人",而且包括"所有在战争中遭受苦难的民族"。[2]魏茨泽克演讲的核心主题不是犹太受害者,而是普通的受害者。美国学者M.莱恩·布鲁纳(M. Lane Bruner)认为,这正是魏茨泽克的演讲能够获得巨大成功的主要原因。因为,通过扩大受害者的范围,魏茨泽克把人们定向投射在"犹太人"这一特殊身份人群上的同情和怜悯扩散到了普遍及宽泛的"全体受害者"身上。第一,这个扩散与我们对普遍人性的信任更加契合;第二,这个扩散也令民众的情感分配变得更加容

---

[1] 景德祥:《重温德国前总统魏茨泽克的反思演讲》,载于《世界历史》,2015年第4期,第16—19页。

[2] [德]理查德·冯·魏茨泽克:《一个解放的日子:联邦德国总统理查德·冯·魏茨泽克纪念欧洲战争及纳粹统治结束40周年于1985年5月8日在德国议会全会上的演讲》,王乾坤译,载于北京大学德国研究中心编:《北大德国研究》(第一卷),北京:北京大学出版社,2005年,第244—245页。

易和坚定,即痛恨施害者,同情受害者,无须在模棱两可的道德站位上纠结;第三,这个扩散最潜在的力量就是模糊化甚至偷换我们对施害者乃至对战争性质的认识。也就是说,这场屠杀不是针对特定种族或特殊人群的屠杀,而是国家与国家之间的战争,所以由大屠杀带来的反人类罪就被淡化为一般意义上的战争伤害,对人性和正义的探讨就被弱化为对战争是非的探讨。这样一来,魏茨泽克的演讲也悄无声息地把民众的关注点从对法西斯主义的深刻反思中拉开,而引向对普遍战争与国家利益得失的思考中。

由此可见,受害者及其情感认同成了媒介对文化创伤进行记忆表征的重要武器,能否有效地激发或产生对受害者的身份认同和情感共鸣,成了对国家记忆建构的重大考验。大概正是因此,德国学者阿莱达·阿斯曼才有关于"记忆的真实性"与"记忆的正确性"两种不同概念的界定。正确的记忆未必是真实的记忆,所谓正确,即"它们不仅从对幸存者们的有用性这个意义上说是正确的,而且从社会接受性这个意义上说也是正确的"。阿莱达·阿斯曼所谈到的"幸存者"当然就是文化创伤中的受害者,合法的情感生产就是要"把这种幸存者的视角特权化,使之成为公认的、正确的回忆"。[1]这个逻辑之所以成立,是因为,在苦难面前,没有什么比苦难本身更有说服力;在创伤面前,没有什么比创伤本身更具权威性。

当然,现在我们都知道,仅表达受害者的情感只是一种单向度的情感生产。尽管它能使我们更切近创伤的历史,但它同样会有产生"情感垄断"甚而导致"认识集权"的危险,而这一危险必然会对历史的发展造成更严重的伤害。所以我们理应保持道德的民主和理论的清醒,允许并倡导话语的多元。

---

[1] [德]哈拉尔德·韦尔策主编:《社会记忆:历史、回忆、传承》,季斌等译,北京:北京大学出版社,2007年,第66页。

(三）结构／框架：文化创伤反思的国家框架

杰弗里·亚历山大对文化创伤有一个很通俗简单的定义，他说："当个人和群体觉得他们经历了可怕的事件，在群体意识上留下难以磨灭的痕迹，成为永久的记忆，根本且无可逆转地改变了他们的未来，文化创伤就发生了。"[1]尽管这个表述很简单，但我们仍然可以从中获得两个重要的认知：第一，创伤体验的载体可以是个人或群体，但创伤记忆的最终形成一定会落实在群体意识中，文化创伤本质上是一种集体记忆。第二，文化创伤有明确的未来导向，已然发生的过去对未来的影响不可忽视，因此对创伤的理解、阐释和反思必然会成为政治行为的一部分。实际上，文化创伤的集体性和社会性正是亚历山大致力于要解决的问题，当他提出"文化创伤"这一概念时，他的聚焦点就是集体创伤的文化建构，是创伤如何变成集体性创伤的深刻过程，是一项"张力十足的文化和政治工作"。所以，最重要的问题"不是谁对我做了什么，而是哪个群体对我们做了什么"[2]。

文化创伤的形成基于社会苦难和"集体伤口"，是制度、政策、决策失败或失误的产物，是人类历史的"非自然状态"。与自然创伤相比，文化创伤是"有迹可循"的，是可以被反思也应当被反思的人类错误。不过，自然创伤和文化创伤之间的根本性差异还不在此，最重要的是，自然创伤的核心是创伤本身，即由个体或群体所经历的创伤事实，比如生老病死、自然灾害。对创伤主体而言，他／他们所受到的伤害是具体的，他／他们的情绪反应是本能化的，创伤主体承受着相似的痛苦和压力，也对创伤的疗治有着大致相同的期待，比如依赖时间的流逝或受创自然的恢复。而文化创伤则不同，创伤的文化阐释比创伤本身更关键。伤害既可以是具体

---

[1] Alexander, J. C., *Trauma: A Social Theory*, Cambridge: Polity Press, 2012, p.6.

[2] Alexander, J. C., *Trauma: A Social Theory*, Cambridge: Polity Press, 2012, p.2.

的，也可以是抽象的，甚至可能有层级和强度的不同。比如同样面对"9·11"事件，亲历者、幸存者、罹难者的家人和后代等不同的主体不在同一个"情境层面"，他们就可能会产生迥异的"受伤害的感觉"。放在一个个体身上，这种"受伤害的感觉"毋庸置疑是否定性的、消极负面的、痛苦具体的，但放在一个集体身上，这种感觉就有可能被建构为一种积极的力量，甚至成为趋向未来的有利契机。亚历山大曾经有一段非常精辟的、讨论个体伤害和社会苦难之间差异的话：

> 当社会群体确实把事件理解为严峻的危害时，苦难才会变成一种集体关注、文化担忧、社会惊恐、令人极其痛苦的恐惧和灾难性的焦虑。对创伤性的伤害，个体受害者的反应往往是抑制性的、否定性的，只有当这些心理防御策略被克服之后，他们才能获得解脱，产生痛苦的意识，也因此有能力悲悼。而对集体来说就很不一样。后者不是否定、抑制以及"有效解决"，毋宁说，后者是符号建构和框定，是创造故事和角色，是从伤害向前看。必须借助叙事和编码建构出一个"我们"，经历和面对危险的正是"我们"这个集体身份。即便成千上万的个体失去了他们的生命，或许更多的人经历到令人心碎的痛苦，也无法顺理成章地保证能够建构出共享的文化创伤。那些失去的生命和被经历的痛苦是个体的事实，而共享的创伤则依赖于文化阐释的集体过程。[1]

其实他的这段话用来区分自然创伤和文化创伤也很有启发性。简而言之，自然创伤是自然属性的"伤口"，它属于过去，也不得

---

[1] Alexander, J. C., *Trauma: A Social Theory*, Cambridge: Polity Press, 2012, p.3.

不被遗留在过去；而文化创伤是社会属性的"伤口"，它导向未来，也必然会被用于建构现实。

那么，我们应当如何理解创伤记忆对社会"伤口"的表征呢？前面我们已经分析过，文化创伤实质上是媒介记忆的反映，是媒介通过情感生产，令作为主体的记忆个体形成趋同的情感认知，从而产生以情感为基础的道德共同体，推动创伤之集体性的确立；文化创伤建构的过程就是将原本属于个体思考的创伤延展并深化为集体思考或社会思考的过程。我认为，在此过程中，"集体"或"社会"既是目标与方向，又是必不可少的语境或结构。然而，值得我们特别注意的是，文化创伤的建构从个体到集体和社会，并非一个直接、单向的过程。在个体的创伤经验和文化创伤之间，在社会"伤口"和创伤记忆之间，其实还有一个隐匿的、无形的却并非抽象的中介——国家。说到底，国家才是创伤记忆建构社会现实的真正立法者和执行者，是决定记忆如何影响未来的真正主体。只有在国家记忆的框架里反思文化创伤，我们才能在结构的层面上理解文化创伤的"未来性"。

对于中国人而言，南京大屠杀的性质早已超越了地方性的历史悲剧事件，上升为全民族的文化创伤。学者李红涛和黄顺铭的合著《记忆的纹理：媒介、创伤与南京大屠杀》就详细梳理了南京大屠杀在"国家权力、地方记忆社群、大众传媒"[1]的合力作用下，逐渐从过去的战争创伤到当下的文化创伤，从创伤事件到政治及文化仪式，从区域性的"感情记忆"到中国民众之集体记忆的演变过程。尽管本书的重点是讨论南京大屠杀这一历史事件如何被媒介所表征，也即"媒介在文化创伤建构中的角色与作用，以及媒介在

---

[1] 李红涛、黄顺铭:《记忆的纹理：媒介、创伤与南京大屠杀》，北京：中国人民大学出版社，2017年，第4页。

建构文化创伤时所遵循的文化、制度与生产逻辑"[1]，但需要注意的是，媒介是国家权力和主流意识形态的体现，是国家和社会之间关系的协调、权衡、博弈甚至对抗的映射，也是国家为记忆政治定性定向、影响过去在现实中之实际作用的关键因素。在个体、文化创伤、创伤记忆、集体和集体记忆等诸多节点中，国家才是那个贯穿始终的决定性核心，而媒介，可谓"中介之中介"。

媒介与国家之间的关系自然很微妙，但却并非不能理解。其实，比之更重要也更亟待解决的是恰切地理解"国家"的含义，理解某个记忆从地方记忆转变为国家记忆的动因与路径，以及国家在此过程中发挥了怎样的作用。概而言之，就是要弄清楚什么样的国家构成了我们反思文化创伤的框架，这样的国家又是如何推动了国家记忆的形成。

国家是一个非常经典的政治学概念，传统关于国家概念的定义很多，但主要构成不外乎两点，即共同的理论内核和不同的实践形态。共同的理论内核是指构成国家的必要因素或国家必定具备的特点，如国家是一种组织或人类共同体，国家具有一定的领土疆界，国家有强制执行政治决议的权力，国家秩序的维护依赖于国家机构、制度和法律及其对民众的支配与约束，国家不等于政府或政党但往往相互依存等。不同的实践形态是指不同的历史阶段、不同的文化制度或文明体系下国家的不同组织形态，如社会主义国家、商业国家等。在本书中，当我们讨论作为文化反思框架的国家时，我们所指涉的主要是理论内核意义上的国家，或者更恰切地说，是国家功能。

---

[1] 李红涛、黄顺铭：《记忆的纹理：媒介、创伤与南京大屠杀》，北京：中国人民大学出版社，2017年，第263页。

国家的实质就是"运用政治手段的组织"[1]，在建构文化创伤及推动国家记忆的形成过程中，国家所采用的最直接的手段就是"规定遗忘"或"规定记忆"。这里的"规定"不完全等同于强制性，它还包括政策、制度的制定，以及通过教育直接培育、灌输或教化，比如以历史教科书的编写为主要体现的国民历史教育。非常典型的例子就是第二次世界大战之后日本对历史教科书的修改。尽管有学者指出，"日本不存在'集体性'记忆；相反，多种道德框架下的多种战争与失败记忆同时存在，且争相认为自己才是合理的"，但战败及其带来的一切负面问题却是日本的"国家创伤"。[2] 为了修复这一创伤，日本也不得不重新审视国家历史。日本右翼势力正是通过日本文部省的审定和立场，把否认侵略战争的右翼意识变为国家的观念和行为，从而影响并根本改变国民的历史观，最后塑造非常有倾向性的国家记忆。1982年，日本文部省在刚开始新一轮审定教科书时，就明确要求教科书应淡化对日本侵略历史的记述。"对'侵略'一词提出所谓'改进意见'。即要求把'侵略'改为'进出'或'进攻'；……对造成南京大屠杀的原因则提出明确的'修正意见'，即要求改写为日军'受到中国军队激烈抵抗而被激怒'等；……最后，文部省强令各出版社修改历史教科书，修改内容达600多处，否则便不能出版。"[3]这些审定严重歪曲了历史事实，无视历史真相，作为国家层面上的"强迫性遗忘"，它最终导致现今大多数日本国民对这段历史的无知，形成了日本以言说创伤为主、刻意忽略历史反思的国家记忆。面对日本政府这种刻意消弭历史创

---

[1] [美]艾尔伯特·杰伊·诺特：《我们的敌人：国家》，彭芬译，南昌：江西人民出版社，2015年，第34页。

[2] [日]桥本明子：《漫长的战败：日本的文化创伤、记忆与认同》，李鹏程译，上海：上海三联书店，2019年，第5、2页。

[3] 苏智良：《日本历史教科书风波的真相》，北京：人民出版社，2001年，第26页。

伤记忆的做法，中国必须有意识地建构南京大屠杀之记忆。

"规定记忆"更多是通过仪式、节日和各种社会宣传来完成的。2014年2月27日，第十二届全国人大常务委员会第七次会议表决通过了两个决定，分别将9月3日确定为中国人民抗日战争胜利纪念日，将12月13日确定为南京大屠杀死难者国家公祭日。每年的公祭日当天国家要举行公祭活动，"悼念南京大屠杀死难者和所有在日本帝国主义侵华战争期间惨遭日本侵略者杀戮的死难者"[1]。通过设立纪念日和公祭日，并举行规律化的仪式，中国在国家层面和法律层面传达了明确的国家意志，"促进全世界对真实历史史实的理解，支持国家在特定国际问题中的立场"[2]。事实上，从1994年起南京就开始举行全城悼念活动，比如拉警报、放飞和平鸽、献花圈等。从2002年开始一直到2013年，纪念活动的主题更是从单一悼念改为悼念遇难者和祈祷和平双主题。2014年设立国家公祭日，国家成为悼念活动的真正主体，也更深刻地强化了对这一民族创伤和国家记忆进行全国性悼念，推动全民性的国家创伤被重新予以深刻的反思。

通过"规定遗忘"和"规定记忆"，国家确立了可被记忆的历史创伤；借助仪式、节日和社会宣传，国家推动了创伤从地方向国家层面的转化。简单概括，即国家创造"共享的符号系统"，经由这一符号系统"塑造了他们（人民）的话语和行为"[3]，并促成了民

---

[1]《全国人民代表大会常务委员会关于设立南京大屠杀死难者国家公祭日的决定》（2014），载于朱成山、朱同芳主编：《国家公祭：解读南京大屠杀死难者国家公祭日资料集①》，南京：南京出版社，2014年，第3页。

[2] 赵丽：《中国为何以立法形式设立纪念日和公祭日》，载于《法制日报》，2014年3月1日，见 http://www.npc.gov.cn/npc/c10134/201403/1c41dac7641e44a2804cc0b8b18b5b19.shtml。

[3] [美] 乔尔·S. 米格代尔：《社会中的国家：国家与社会如何相互改变与相互构成》，李杨、郭一聪译，南京：江苏人民出版社，2012年，第261页。

众对于国家同一性的认同。这是国家对于过去的政治利用,也是塑造国家凝聚力、强化国家权力的有效策略。如果按照美国政治学家米格代尔的说法,这种方式属于"文化主义视角",这种视角更多关注的是文化与国家之间的互动,以及由之而产生的国家对文化的支配。[1]

除此之外,国家的主导还有其他多种同样不可或缺的方式,比如纪念馆、纪念碑与博物馆的建设,文学艺术主题化的生产创作,甚或最直接的制度规定等。但关系到国家的功能与治理,诸种方式的差别或许只在直接贯彻还是间接体现国家意志,以及体现程度的不同罢了。按照德国学者扬·阿斯曼对于记忆的分类和界定,文化创伤的国家记忆属于一种集体记忆或黏结记忆,是一种"社会强制力量的记忆"[2]。这样的记忆不仅仅是个体的主动记忆,也不是通过个体间的相互交往而被逐渐建立起来的,毋宁说,它是被"制造"或"培育"出来的,"是一个从外部强加的系统,只能借助国家权力来维持"[3]。因此可以说,文化创伤记忆始于和基于个体记忆,但国家才是推动创伤从个体的经验和体验上升成为文化创伤,并使文化创伤记忆真正得以持存的主体。就文化创伤被记忆的形式而言,国家既是创伤记忆的框架,也是创伤记忆的机制,创伤本身成了"一种投射,就集体而言希望个体记住,就个体而言希望通过记住而被归属"[4]。

---

[1] [美]乔尔·S.米格代尔:《社会中的国家:国家与社会如何相互改变与相互构成》,李杨、郭一聪译,南京:江苏人民出版社,2012年,第243—244页。

[2] [德]扬·阿斯曼:《宗教与文化记忆》,黄亚平译,北京:商务印书馆,2000年,第5页。

[3] [德]扬·阿斯曼:《宗教与文化记忆》,黄亚平译,北京:商务印书馆,2000年,第110页。

[4] [德]扬·阿斯曼:《宗教与文化记忆》,黄亚平译,北京:商务印书馆,2000年,第9页。

需要再次提醒的是，无论是历史教育还是社会仪式，又或者纪念场所、文学艺术生产和制度建设，呈现在社会现实前台的都可谓是媒介，是媒介通过扮演一个记忆代理角色而与社会其他领域的互动。媒介成了记忆的代理，隐藏在背景中的真正推手是国家。文化创伤的媒介记忆的阐释策略实质上是国家认同构建中的一种记忆战略，而"不同的记忆战略（政治化了的公共记忆形式）被认为会对国家性质和国际关系质量产生不同后果"[1]。通过区分施害者和受害者，通过操演如何记忆以及规定如何正确地叙述记忆，国家以一种无形的方式规定着集体认同的维度和过程。

从作为现实的创伤到作为历史的创伤，再到作为记忆的创伤；从个人的创伤到集体的创伤，再到文化的创伤，媒介贯穿始终。媒介不仅推动了这个过程的形成，把历史和现实联系起来，导引着这个过程的方向，而且自身也成为其中的一部分，最终铸造了逻辑自洽的媒介记忆。媒介记忆不只是单纯地记忆过去发生的事情，还要依据现实需求和对未来的设想"修正"过去，因此它绝不是静止固定的，而是流动不息的、生成性的。在理论意义上，媒介记忆充满了革新的可能性；在现实层面上，它又不断重写并塑造着人类对历史传统的认识，促成了人类自身对于历史连续性和同一性的追求。媒介记忆的强大力量来源于它的国家框架，也即隐身于媒介背后的真正"立法者"——国家。作为一种国家记忆，文化创伤实质上是一种现实政治，或者说，它可被利用为形成国家认同的社会心理基础，它不仅是反思性的，更是前瞻性的，情感生产（特别是受害者的情感阐释）是最根本也最有效的记忆表征形式。文化创伤—情感生产—国家记忆，由此构成了媒介记忆的内容/对象、手段/模式

---

[1]［美］M.莱恩·布鲁纳:《记忆的战略：国家认同建构中的修辞维度》，蓝胤淇译，北京：商务印书馆，2016年，第9页。

和结构/框架。媒介就像"一个象征舞台或记忆的'竞技场'"[1]，呼唤着更细致深入的情境化研究，我们不仅要回到历史发生的现场，还要跳脱出来，与现实和未来形成高效的对话机制。这大概就是媒介记忆最重要的价值。

---

[1] 李红涛、黄顺铭：《记忆的纹理：媒介、创伤与南京大屠杀》，北京：中国人民大学出版社，2017年，第33页。

第六章

道歉：反观国家修辞与国家记忆的政治性核心

　　文化创伤是一个国家的伤口，是苦难叙事和灾难叙事，象征了失效或无效的国家治理、薄弱的国家安全以及失衡的国际关系，概而言之，文化创伤体现了国家的有限性。我们谈论文化创伤，往往是站在受害者的立场上，也更习惯于把创伤主体设立为创伤研究的唯一对象。但这显然是极不充分的。就创伤复原而言，施害者的努力同样不可或缺。在国家层面上，它直接关系到一种集体安全感的确立、一种正确的历史意识的创设，以及一个具有价值共识的新道德共同体的建成。与此同时，它也是修正国家错误、改善国家之有限性的努力。这是一种充分意义上的政治行为，也展示出对记忆强大的现实需求和国家记忆的未来趋向性。本章选取"道歉"（或者更准确地说，应当是政府道歉）这一视角来分析上述问题，力图穿越记忆表征的种种现象，深入把握国家记忆的政治性核心。我认为，政治性才是国家记忆最核心的问题。

一、记忆修辞

因为道歉总是发生在错误和伤害之后,所以可以认为道歉是一种针对过去和历史的态度,是一种表述记忆的行为。这一行为主要有两种可能。其一,道歉者和接受道歉的人都是历史事件的当事人,双方的共享记忆也是亲历者记忆。其二,道歉者和接受道歉的人都是当事人的后代或历史遗产的继承者,双方对历史的认知主要基于想象性记忆。不管是哪一种,道歉的意义都绝不止于对过去的清算,尤其对道歉者来说,现实需求甚或未来导向更是道歉的根本动力。从这个意义上来说,道歉也是一种记忆政治,暗含了道歉者对过去的选择性利用。

美国社会学家高夫曼认为:"道歉是一种用于建议和维持'公共秩序'的言语行为。"[1]作为一种记忆政治,道歉正是通过言语的表达来实施其功能及影响的。这是一套关于过去的修辞术,道歉者需要"谨慎地"叙述错误或伤害实施的源起、过程及后果,需要"正确地"界定错误或伤害的实质,还需要"真诚地"表达歉意及悔恨。道歉的言说方式是否恰当,关系到反思记忆和历史的方式是否恰当,也直接决定了道歉是否有效。大概正是因此,美国学者 M. 莱恩·布鲁纳才将修辞界定为"记忆的战略",并且认定"针对国家认同存在着永不止息并在政治上具有重要影响的修辞斗争"[2]。

在这方面,最成功的案例之一是联邦德国前总统冯·魏茨泽克于1985年5月8日向德国议会发表的反思演讲。布鲁纳认为这是

---

[1] Erving Goffman, *Relations in Public: Microstudies of the Public Order*, London: Penguin Books, 1972, p.40.
[2] [美] M. 莱恩·布鲁纳:《记忆的战略:国家认同建构中的修辞维度》,蓝胤淇译,北京:商务印书馆,2016年,第7页。

"1985年至1988年间，西德最为成功的纪念性演讲"[1]，它也确实是德国政界反思纳粹历史的经典文献。演讲一开始，魏茨泽克就明确了德国既内在于欧洲又独立于欧洲的特殊位置——1945年5月8日对整个欧洲都具有决定性的历史意义，但德国人必须"独自纪念这个日子"，"必须独自找到评判的尺度"；德国人需要回忆整个人类所遭受过的苦难，同时也要思考德国历史的进程。借助这样的"放"与"收"，魏茨泽克巧妙地把德国政界对纳粹历史的反思融汇到了欧洲对"二战"的反思中，从而将纳粹的主导性罪行与战争的普遍罪行混同在一起，这在客观上起到了将德国罪行"最小化"的效果。

演讲的第二部分是核心，通过悼念界定受害者，承认施害者的罪行。这一部分没有华丽或煽情的辞藻，魏茨泽克对"二战"中所有的受害者都进行了朴素而纯粹的悼念，这份朴素也为魏茨泽克的演讲赢得了巨大的成功。聚焦于受害者同时也意味着对施害者的刻意回避，这本身就是一种"狡黠的"话语策略，因为这样的"揭示"和"遮蔽"使魏茨泽克"成功地避免了关于为由德国人民造成的苦难承担责任的任何重要讨论（减少了对希特勒和'少数人'所犯罪行担负的责任），而是将德国人'引起的'苦难与他们所忍受的作为国家社会主义后果的苦难混为一谈"[2]。不仅如此，魏茨泽克还在一种宽泛的意义上最大化地延展了受害者的范围，从万众关注的犹太人扩大到了"二战"中所有的受害者，不仅包括"在德国集中营里被杀害的六百万犹太人"，而且包括"所有在战争中遭受苦难的民族，尤其是那些难以计数的在战

---

[1]［美］M.莱恩·布鲁纳：《记忆的战略：国家认同建构中的修辞维度》，蓝胤淇译，北京：商务印书馆，2016，第28页。

[2]［美］M.莱恩·布鲁纳：《记忆的战略：国家认同建构中的修辞维度》，蓝胤淇译，北京：商务印书馆，2016年，第30页。

争中丧生的苏联和波兰公民""在盟军的空袭中、在监狱中、在被驱逐的过程中丧生的同胞""被屠杀的吉卜赛人""被杀害的同性恋者""被杀戮的精神病人""因坚持自己的宗教和政治信念而被杀害的人们""被枪杀的人质""在我们占领国里反抗占领的牺牲者""为抵抗纳粹而牺牲的德国人""资产阶级的、军队的、工人阶级和工会的以及共产党人抵抗运动的牺牲者""虽然没有进行积极反抗，但宁死也不扭曲其良知的人们""各民族的女性"，还有那些承受了受伤、残疾、强制绝育、夜间空袭、逃亡、被驱逐、被强奸和劫掠、强迫劳动、不公正和被迫害、饥饿和困窘等痛苦的人。[1]

扩大并重新确认受害者的身份，其潜在的意图之一必然是要重新认识施害者。演讲的第三、四部分就是魏茨泽克对战争本身的反思，以及代表施害者向受害者的道歉和忏悔。第三部分开篇即谈到希特勒的罪行，我们可以看到，魏茨泽克在扩大受害者范围的同时，实际上也缩小了施害者的范围，他把国家社会主义"简化为大屠杀"，把大屠杀的实施者"简化为希特勒和'少数几个人'"，从而推导出"其他人在国家社会主义的罪行中只是犯了一个被动而非主动角色的罪"，并"将德国人们确定为战争的最终受害者"。[2]如其所言，"战争期间，法西斯政府使很多民族饱受苦难，蒙受屈辱。到最后，遭受痛苦、被奴役、受屈辱的只有一个民族，那就是我们德意志民族。……其他民族首先成了由德国发动的战争的受害

---

[1] [德] 理查德·冯·魏茨泽克：《一个解放的日子：联邦德国总统理查德·冯·魏茨泽克为纪念欧洲战争及纳粹统治结束40周年于1985年5月8日在德国议会全会上的演讲》，王乾坤译，载于北京大学德国研究中心编：《北大德国研究》（第一卷），北京：北京大学出版社，2005年，第244—245页。

[2] [美] M. 莱恩·布鲁纳：《记忆的战略：国家认同建构中的修辞维度》，蓝胤淇译，北京：商务印书馆，2016年，第30—31页。

者，而后我们自己沦落为我们自己的战争的牺牲品"[1]。魏茨泽克的目的是要"寻求和解"，为此他必须接受历史、记住历史，借助对历史的记忆通达救赎之途。然而，从他的演讲表述来看，他实际上是以记忆之名开启了德国人的遗忘之旅：忘记法西斯主义的国家社会主义起因及连续性，忘记由德国人民引起并推动的反人类罪行，忘记文化／种族民族主义对正义和人性的践踏，选择性地建构德国的国家统一和认同。魏茨泽克的演讲是完美的记忆修辞，因为他通过重新框定记忆的边界，调和了不同身份的人对历史差异化的记忆基调，把最敏感的"罪"的问题转换成了"罚"的问题，使人们关注"罚"的后果远远多于关注"罪"的本质，从而使最根本的纳粹罪行被模糊化、对"人性罪"的深刻反思被中性的记忆所取代。这样一来，他的道歉显得既真诚又优雅，反而缺乏在这种情境中所本应具有的沉重的痛感。简而言之，道歉是由选择性的记忆所决定的话语建构，道歉者希望记住哪些历史、忘记哪些历史，或关注哪些历史、回避哪些历史，就决定了道歉者以怎样的立场、方式和基调来道歉，也决定了道歉者是否能够在国家意识的层面上引起集体认同，从而使道歉成为巩固国家政治稳定的力量，而不是刺激施害者加重耻辱感的导线。

就像政治家塞涅卡在回答"道歉有什么好处"时说的那样："道歉既不伤害道歉者，也不伤害接受道歉的人。"[2]魏茨泽克的演讲因在语言修辞方面极其圆滑周到，反而令人心生怀疑，似乎他的讲话未必真诚和深刻，他的道歉也更多可能是一种象征性的姿态，更具有表演性。但不能否认的是，魏茨泽克的演讲取得了如此全面的成

---

[1]［德］理查德·冯·魏茨泽克：《一个解放的日子：联邦德国总统理查德·冯·魏茨泽克为纪念欧洲战争及纳粹统治结束40周年于1985年5月8日在德国议会全会上的演讲》，第247页。

[2] 转引自汝绪华：《论政府道歉·序》，北京：中国社会科学出版社，2016年，第1页。

功,这恰恰印证了记忆修辞的巨大力量。更重要的是,记忆修辞之所以能够获得成功,道歉者以未来为导向、对过去进行选择性的利用之所以能够切实奏效,最根本的不是源于"记忆的修辞",而是民主力量的日益增长以及民主政治的推动。因为"集权政体通常奉行一套惟我独尊的官方意识形态",因此"集权政治的意识形态从逻辑和语义上已将涉及错误、责任及道歉的词汇和意义予以排除",而且"集权政体在实践中对'责任'的追究采用一套只让别人负责而自己不用负责的'替罪羊'机制"。[1]所以,只有在民主国家或民主政治环境中,道歉(尤其是政治道歉或政府道歉)才可能发生,即使是魏茨泽克这样看起来完美得像是"回避或开脱"的道歉,它也反映了与集权政体推卸责任截然不同的政治观念和道德观念,二者显然是不能同日而语的。

比如南非长期以来实行种族隔离政策,无数黑人为此承受了巨大的痛苦和屈辱。1993年、1996年、1997年,南非总统德·克拉克数次为过去的种族隔离政策道歉;2001年,德国外长约施卡·菲舍尔在南非德班举行的联合国第三届反对种族主义世界大会上也发表讲话,表示他愿意代表德国向那些承受奴隶制度和殖民剥削的受害者及其后代道歉,认为只有承认罪过才能恢复受害者"曾被剥夺的尊严"。德国也因此成为第一个公开向非洲道歉的欧洲国家。

与之截然相反的是,日本在第二次世界大战期间对中国人民犯下了非人道、反人性的罪行,但在迄今为止历届日本政府的书面文件中,却从未有过向中国人民正式道歉的内容。中日关系史上一个很重要的关节点是"村山谈话",即1995年8月15日,时任日本首相的村山富市就历史问题发表正式讲话,对日本的殖民统治和侵

---

[1] 马敏:《政治道歉:言语政治中的话语权斗争》,载于《理论月刊》,2004年第11期,第56页。

略表示"深刻的反省和由衷的歉意"。但即便如此,"村山谈话"也并非一篇令中国人民百分百满意的道歉。"村山谈话"首先从战败后的日本谈起,把日本先行确立为一个同样遭受战争创伤的受害者,由此突出了日本战后的复苏和重建具有不可替代的意义。继之,村山明确表示日本未来发展必须仰赖同近邻各国之间"建立基于深刻理解与相互依赖的关系",以及"同近邻各国人民携起手来,进一步巩固亚太地区乃至世界的和平"。正是建构这一"深刻理解与相互依赖的关系"的需求促使日本不得不思考如何有效处理战后遗留问题。基于这样的历史与现实背景,村山提出"深刻反省"与其说是日本政府对战争的反思,毋宁说是日本国家发展的战略考虑。现实需求与未来导向是反思和道歉的根本驱动力,而当真正涉及战争罪行的确立与责任承担时,村山又含糊地把受害者笼统归为"许多国家,特别是亚洲各国人民",以及"在这段历史中受到灾难的所有国内外人士",并在表示反省、歉意和哀悼之后,将谈话的重点再次转向日本在国际社会中的理想形象("负责任的国际社会成员")及其战争创伤("经历过原子弹轰炸的唯一国家")[1],通过强调日本的受害者身份来淡化日本的施害史实,从而使真正严肃和重要的战争追责被轻描淡写地一笔带过,同时又保留和突出了讲话者反省的意图、道歉的诚意与把历史翻页、"向前看"的信念。

显而易见,与魏茨泽克的道歉一样,"村山谈话"中的道歉也是对过去的选择性利用,也是通过对受害者身份的有意"泛用"来掩盖施害者的真实罪行,也是巧妙利用了修辞的力量,完美地规避了道歉者本应切实反思的战争责任问题。记忆借助修辞对现实的"纹饰"在此暴露无遗。然而,尽管如此,村山敢于正视历史的

---

[1] 村山谈话:《村山谈话》(全文),新浪微博,2015年5月19日发布,见https://www.weibo.com/p/1001603844209374328781?from=page_100505_profile&wvr=6&mod=wenzhangmod。

态度仍然获得了包括中国在内的亚洲国家的称赞,村山本人也因此被誉为中国人民的"好朋友"。这充分说明了道歉在国际事务中举足轻重的作用,正如汝绪华所言:"若要推动建立以合作共赢为核心的新型国际关系,施害者与受害者在历史性非正义问题上达成和解,适当的政府道歉无疑是最值得考虑的捷径。"[1]

二、情感叙事

作为一种记忆的修辞,道歉对过去的利用是必然的,即道歉是有目的地选择过去的内容进行话语表述。因此,基于现实需求,记忆有正确的记忆与错误的记忆之差别,道歉也有正确的道歉与错误的道歉之不同。正确的道歉往往就是成功的道歉,而错误的道歉则是失败的。成功与失败是道歉的效果,而正确与错误则是道歉的风格。

道歉的风格就是道歉者的言语表达能否激起双向的情感共鸣及其力量的强弱。一方面,正确的道歉一定能引起道歉对象的情感认同,即道歉者对伤害或错误的承认及忏悔必须是客观的、真诚的、彻底的,从而使歉意得以顺畅地传达给道歉对象并被后者所接受;另一方面,正确的道歉也必须能够被道歉者所在的相关群体所接纳,即道歉者对过去内容的援引和评价要符合这一群体成员对历史的"集体无意识",承认错误的尺度与承担责任的分寸要平衡,这样才能罪责分明、有罪共认。

正如美国学者艾伦·拉扎尔(Aaron Lazare)所说的,"'道歉'本身没有什么情感力量",不同语言中"道歉"的词义有很大差别,

---

[1] 汝绪华:《论政府道歉》,北京:中国社会科学出版社,2016年,第14页。

比如英语中"道歉"一词的希腊文词源是"辩护和捍卫"的意思，西班牙语中"道歉"一词的词源有"责备或罪过"的意思，德语中"道歉"一词的核心意义是"罪责"，而日语中的"道歉"则更多含有自谦和屈从的意思。[1]但是不管哪种语言，只要是正确的和成功的道歉，就一定能够激发情感甚至生产情感，能够"唤醒"隐匿在道歉双方内心深处的、对彼此的"同情"和"接纳"。也就是说，道歉本是一种理性行为，但却需要借助情感的参与来完成。因此，道歉实际上就体现为一种情感叙事。

2008年2月，成功当选澳大利亚总理的陆克文在议会上发表讲话，代表政府向澳大利亚的原住居民，尤其是"被偷走的一代"正式道歉。他的道歉句式多为短句，简短有力，丝毫没有拖泥带水或敷衍塞责的痕迹。在表达歉意和给出政治承诺时，讲话套用了相同的句法结构，造成一种稳定和强大的语法气势，极具震撼效果。比如在正式道歉部分，陆克文的表述是最直接、最明确的主谓宾结构：

> 我们就历届澳大利亚政府和议会通过的给我们那些澳大利亚同胞们造成深重痛苦、苦难的法律和政策致歉。
>
> 我们尤其对强迫原住民儿童与他们的家人、社区和地区分离致歉。
>
> 对那些被偷走的一代，他们的后人和家人所承受的痛苦、苦难，我们说对不起。
>
> 对他们的父母、兄弟姐妹、被拆散的家庭和社区，我们说对不起。

---

[1] [美]艾伦·拉扎尔：《道歉的力量》，林凯雄、叶织茵译，北京：北京联合出版公司，2017年，第27—28页。

对于强加给这一自豪民族和自豪文化的屈辱和衰落,我们说对不起。[1]

"被偷走的一代"是澳大利亚"白澳政策"的牺牲品,给澳大利亚社会和人民带来了深重的历史创伤。但澳大利亚多届政府都拒绝正式向原住居民道歉,前总理霍华德更是宣称他作为后来者的澳大利亚政府代表人,不会替以前政府所犯的错误买单。[2]相形之下,陆克文政府的道歉就显得更为真诚。从"被偷走的个人"到家庭、社区、社会和国家,从"被偷走的一代"到他们的后人、现在的原住民和澳大利亚人,这份道歉所面向的可谓是整个澳大利亚的历史和现实。陆克文的道歉既没有辩驳,也没有罪责,只有对历史错误的质朴的承认,以及对受害者及其相关群体的确切明晰的歉意。不可否认,正是这种质朴而明晰的姿态抚慰了受害者的心理创伤,使他们感受到被承认、被尊重,并得以重新获得对澳大利亚的精神认同。不仅如此,他们的心理抗议水平也因此被降低,对制定及实施"白澳政策"的历届政府的怨恨意识有可能会被对陆克文政府的感动和期待所缓冲、淡化,对精神文化归属感的需求也将压抑对非正义政策的讨伐。因此可以说,陆克文政府的道歉是通过"情感共鸣"(道歉者对受害者的创伤及苦难感同身受)缓解了道歉双方的矛盾,重建了澳大利亚同一性的社会和平心理,为澳大利亚在未来的发展带来了希望。

不过,换个角度来看,我们又会发现这样一个事实:因为道歉总是针对已经过去的事情,因此道歉者往往并不是具体的

---

[1] 陆克文:《澳大利亚总理陆克文道歉英文全文(中英对照)》,新浪博客,2008年2月17日发布,见http://blog.sina.com.cn/s/blog_66c5048f0100m554.html。

[2] 刘邦春、叶浩生:《从"白澳政策"到"政治道歉"——论澳大利亚社会和平心理模式重建》,载于《广州大学学报(社会科学版)》,2016年第6期,第54—58页。

施害者，甚至接受道歉的人也不是具体的受害者。道歉双方都不是当事人，没有实际参与到错误或可怕的历史中，而是历史错误或历史创伤的"继承人"，双方其实并没有真正陷入"施害之罪"与"受害之痛"的现实语境中。这样一来，道歉事实上就变得不那么艰难了，因为它成了一个可以在话语层面上"被改进"的行为。相应地，道歉者的"情感唤起"也变得相对容易一些。道歉对象的情感反应几乎是可以被准确预料到的，道歉者完全有条件以目的需求为导向，依据"预想的情感反应"或"期待的情感反应"来调整道歉言语，使之更具诚意或更有利于解决问题、化解矛盾。

　　这一点在政府道歉或政治道歉中尤其突出。1970 年 12 月 7 日，正在访问波兰的联邦德国总理勃兰特在华沙犹太隔离区向犹太人死难者纪念碑献上花圈后，突然下跪。勃兰特的"华沙之跪"被称为"欧洲约一千年来最强烈的谢罪表现"，不仅感动了曾被纳粹残酷迫害、对德国心怀敌意和警惕的波兰人，而且令全世界为之动容，它从根本上改善了德国的外交形象，成为第二次世界大战之后德国与东欧各国改善关系（新东欧政策）的重要里程碑，勃兰特也因此获得了 1971 年的诺贝尔和平奖。勃兰特是一个坚定的反法西斯战士，他从 14 岁起就"用文字和拳头"反对希特勒，即使被纳粹分子追捕，在逃亡途中也继续坚持斗争。因此，就像波兰历史学家波罗地日基所说的那样，这是一个"完全不用下跪的人"，但他却"代替那些应该下跪的人下跪了"。[1]勃兰特后来在谈到"华沙之跪"时也说：

---

[1]《惊天一跪：勃兰特向"二战"期间遭遇屠杀的犹太人下跪谢罪》，好看视频，2019 年 9 月 16 日发布，见 https://haokan.baidu.com/v?vid=663914845546163528&pd=bjh&fr=bjhauthor&type=video。

我下跪并不是因为我认罪，而是因为我想和我国人民在一起，也就是说和这样的人民在一起，他们当中也出现过犯有骇人听闻的罪行的人。那个举动不仅是针对波兰人的，而且也是针对德国人的。认为我那个举动只是针对纳粹主义的受害者和他们的家属是不对的。我也是，首先是针对本国人民的。因为许多人，甚至太多的人需要排除孤独感，需要共同承担这个重责。

我明确区分罪过和责任。我问心无愧，而且我认为把罪过归咎于我国人民和我这一代人是不公平的，也是不对的。罪过只能由某个人去承担，绝不能让人民或一代人去承担。责任就不同了。尽管我很早就离开了德国，尽管我从来没有支持过希特勒，但……不能排除我应负一定的责任，或者称为连带责任。[1]

因勃兰特的特殊身份、他所处身的特殊情境以及二者之间直接尖锐的对应关系，勃兰特的下跪变得异常重要，相比常规的语言道歉（包括口头道歉和书面道歉），身体的行动更具有符号的象征意义。它的最大力量其实就是集体情感的生产力，也就是说，如果我们把勃兰特的身体视作一个符号，下跪就是符号的展现。在由角色（"无罪的"施害者代表）、情境（波兰犹太人的苦难史）及二者之间的特殊关系（历史压抑下的现实与期待修复的未来）所构造的文化结构中，下跪行为使得受害者的痛苦得以释放，被压制的历史苦难得到理解和宽慰，被践踏的尊严得以恢复，从而道歉者与接受道歉的群体之间才有可能展开坦诚的对话，公众对政府的"道德审视"

---

[1] [意]奥里亚娜·法拉奇：《风云人物采访记》（全译本），嵇书佩等译，北京：新华出版社，1988年，第375—376页。

才有可能发展成为一种积极的社会权力,对生活意义的建构以及新的道德共同体的建立产生正面影响。

道德与正义问题是"二战"之后备受关注的全球性问题,伊拉扎尔·巴坎(Elazar Barkan)认为:"道德与正义问题作为一个政治问题,在第二次世界大战结束后开始凸显,在冷战结束后蓬勃发展,如今已经受到越来越多的关注。这么一来,赔偿过去的受害者,就成了国家政策与国际外交的主要部分。"而对于民主制度而言,"承认历史非正义的罪过并负起责任"已经成为"巩固国家政治的稳定与力量,而非耻辱"的标志。[1]作为一种道德反思,道歉就是对错误的历史行为及其后果的愧疚、悔恨和忏悔,是对连续的自我(个人道歉)和统一的共同体(代表集体道歉)的质疑甚至否定。无论在道歉或忏悔中"被释放出来的是怎样的情感力量,它都要求获得双方的承认",只有这样,道歉才能成功,"才能为未来的公民话语与真正的辩论争鸣提供先例"。[2]勃兰特自觉地以个体的身份代国家承担责任,他的真诚道歉不仅淡化了波兰人民的愤恨和痛苦,也为德国重返欧洲与世界的政治秩序铺平了道路;他的一跪不仅使笼罩在战争阴影中的德国获得救赎,也为波兰人民乃至全世界的犹太人创造了安全感和尊严感。所以说,道歉还是一种情感叙事,是通过情感对道歉者与接受道歉者双方的"协同治理"来达成和解,并树立向未来发展与创建新关系的希望。

正是由于情感的切身性,脱离直接利益干系的道歉才更容易做到正确和真诚,从而也就更容易趋向成功。它不仅以"明确的道歉词汇和道歉意义"满足了"听众要求心理补偿的需求",而且"创

---

[1] 转引自[美]艾伦·拉扎尔:《道歉的力量》,林凯雄、叶织茵译,北京:北京联合出版公司,2017年,第12页。

[2] Jeffrey K.Olick, *The Politics of Regret: On Collective Memory and Historical Responsibility*, New York and London: Routledge, 2007, p.149.

造了新的政治参与者""曾经是历史上遭人鄙视、无足轻重的'牺牲品'在新的道歉语境中被重新界定为值得同情和尊重的'受害者'角色。来自权势人物的道歉提升了它们的道德价值和政治地位"。[1] 情感叙事的理想效果就是"打动"受害者、"感动"旁观者，使道歉双方达成和解。就此而言，道歉行为可谓确切无疑的"情感政治"，它通过控制语言来"控制意义的生成"并进而控制权力，最终实现道歉者控制现实和未来的目的。

有一种声音把这种类型的道歉称为"跨界道歉"，即跨越代际、时间、空间的道歉。[2] 也有人认为这种道歉只是一种姿态和言语，不能解决实质性问题，更不能弥补受害者的内心创痛。更严重一点说，这种道歉是"殖民控制的最新手段"，它表现了一种自恋而非承认，它的实质就是"结构性的种族主义"，"维系了一种连续性，也导致了两种互相冲突的规则地位和身份的破裂"。[3] 这样的道歉往往被认为是无效的。"虽然对创伤的集体修复和共同努力营造了一种貌似乐观和多元的局面，但记忆实践的政治场所和政治日程依然是与国家、地方和民族有关的，它不可能真正达到'全球化'的一统天下，并且即使真的有可能在某种程度上实现价值共享和标准齐一，它也会反过来破坏原本具体而鲜活的民族或国家记忆，甚至重新回到一种不均衡不平等的、以统治者或主流意识形态为导向的

---

[1] 马敏:《政治道歉：言语政治中的话语权斗争》，载于《理论月刊》，2004年第11期，第54—57页。

[2] Christopher Daase, "Addressing Painful Memories: Apologies as a New Practice in International Relations", in Aleida Assmann and Sebastian Conrad eds., *Memory in a Global Age: Discourses, Practices and Trajectories*, London & New York: Palgrave Macmillan, 2010, p.29.

[3] Danielle Celermajer and A. Dirk Moses, "Australian Memory and the Apology to the Stolen Generations of Indigenous People", in Aleida Assmann and Sebastian Conrad eds., *Memory in a Global Age: Discourses, Practices and Trajectories*, London & New York: Palgrave Macmillan, 2010, pp.46-51.

记忆建构规范上来。"[1]对道歉之本质及其意义的歧义性理解充分显示出记忆对过去叙事的暧昧含混与复杂，也再次印证了立场差异的重要性。

当然，历史地看，道歉的情感力量并不仅仅是由人类的情感本能或心理机制所产生，而是根本地源于民主政治的发展以及人们对普遍人权的争取，特别是对于政府道歉或政治道歉而言。托克维尔在《论美国的民主》中提到，"在民主制度中，有一种隐秘的趋势在不断引导人们纠正错误与缺点之中走向普遍繁荣"。[2]汝绪华也认为，"民主政治为政府道歉准备了制度条件与舆论基础"，"民主政治极大提升了公众对公共利益与公共道德的关注度"。[3]正是在民主社会中，普遍人权才可能得到基本的保障，人的价值才能得以充分彰显，我们才不仅能在法学层面也能在哲学层面讨论人类相互之间的责任伦理。换句话说，只有民主政治的发展才能为正确而成功的道歉创造一种氛围，推动受害者向错误的历史吁求修正，为争取自身生命安全、获取自身社会尊严、享受自身政治平等而努力；也只有民主政治的发展才能为有效而真诚的道歉规定方向与内容，激励施害者反思自身的罪行与过错，为建立正常的社会关系迈出关键的第一步。我们或可套用玛莎·努斯鲍姆的概念来理解道歉的情感价值，即它是一种"诗性正义"。

尽管对道歉的争议从来就不曾停止过，但从记忆发展愈益全球化的历史趋势来看，有意义、有价值、有力量的道歉无疑会越来越多，因为这是一种为了建设新的人类关系的集体努力。人类"不是

---

[1] 赵静蓉：《文化记忆与身份认同》，北京：生活·读书·新知三联书店，2015年，第177页。

[2] ［法］托克维尔：《论美国的民主（上卷）》，董果良译，北京：商务印书馆，1988年，第265页。

[3] 汝绪华：《论政府道歉》，北京：中国社会科学出版社，2016年，第79—80页。

出于利益和欲望原则而被捆绑在一起,是为了抵抗不问责的遗忘、修复人性的裂痕以及基于安全、同一、信任重建人类共同体而建立联系、分享记忆和共担职责。这种新的人类关系的建立,必然要依托越来越多的公共领域、公共话语以及在此之上开展越来越多的公共行为"[1]。

三、创伤复原的结构性构成

对于一个创伤性历史事件的现实表征及创伤修复而言,道歉的意义是至关重要、无可替代的。毋庸置疑的是,要想修复创伤,必须首先建构一个由角色、情境及相互关系共同组成的完整的创伤复原结构,必须同时依赖施害者和受害者双方的努力。对于最终达成有效、根本的复原,二者是缺一不可的。但不尽如人意的现实状况是,当我们谈论创伤及其复原时,我们的焦点往往单方面地聚集在受害者一方,关注受害者的情感状态与心理安全,着力于重建受害者正常的创伤叙事能力及其与社会生活的正常联系。[2] 换句话说,受害者能否从创伤中复原,主要依靠的还是受害者自身的力量,而施害者作为造成创伤的根本原因,则被笼统地与社会、制度及历史等情境性因素归为一谈。因此之故,创伤常常很容易被简化为伤害或苦难,创伤复原也会被狭隘化为受害者单方面的心理疗愈。这个看法的合理性当然是不容否认的,但它的局限性也显而易见,即忽略了施害者的正向介入对受害者创伤复原的重大影响,使创伤复原

---

[1] 赵静蓉:《文化记忆与身份认同》,北京:生活·读书·新知三联书店,2015年,第175页。

[2] [美]朱迪思·赫尔曼:《创伤与复原》,施宏达、陈文琪译,北京:机械工业出版社,2015年,第145页。

成了只有"果"没有"因"的单线逻辑。

我认为,施害者的正向介入最核心的体现形式就是道歉。正如艾伦·拉扎尔所说的:"在道歉的过程中,一个重要问题是如何修复破裂的关系。"[1]道歉可以通过满足受害者的心理需求疗愈创伤,道歉也"是促进致歉人与受歉者和解的必要条件"[2]。道歉最理想的结果就是被宽恕。艾伦·拉扎尔把道歉与宽恕的关系分为四类,分别是:(1)没有道歉,仍然宽恕;(2)无论道歉与否,都拒绝宽恕;(3)先宽恕,后道歉;(4)先道歉,后宽恕。[3]第四种是世俗生活中最常见的形态,也体现了最真实的人性。南非大主教德斯蒙德·图图是坚信宽恕力量的代表,对于在南非土地上有着三百多年历史的种族隔离制度,图图主张"没有宽恕就没有未来"。但即便如此,他仍然积极宣扬道歉对于宽恕的绝对意义:

> 当某种关系受到损害或可能崩溃时,罪犯应该承认真相,准备并愿意道歉。这大大有助于宽恕与和解的过程。
>
> 没有人愿意暴露自己脆弱或罪恶的一面。但是,如果要进行宽恕与复原的进程并取得成功,罪犯的认罪是必不可少的。承认真相,承认错待了他人,是触及犯罪根源的重要条件。
>
> 只要条件允许,坦白、宽恕和赔偿应该是一个整体的组成部分。[4]

---

[1] [美]艾伦·拉扎尔:《道歉的力量》,林凯雄、叶织茵译,北京:北京联合出版公司,2017年,第37页。

[2] 唐斌:《责任政府的逻辑——政府道歉的伦理内涵及其效用保障》,北京:中国社会科学出版社,2017年,第76页。

[3] [美]艾伦·拉扎尔:《道歉的力量》,林凯雄、叶织茵译,北京:北京联合出版公司,2017年,第198页。

[4] [南非]德斯蒙德·图图:《没有宽恕就没有未来》,江红译,桂林:广西师范大学出版社,2015年,第221—225页。

图图领导"真相与和解委员会"促成了南非的转型正义与种族间的和解，在此过程中，道歉揭开了真相，宽恕导向了和解。对于承受了三百多年苦难历史的南非有色人种（主要是南非黑人）而言，道歉成了疗愈他们历史创伤的起点，道歉也与此过程一起构成了南非有色人种的复原史。可以说，不仅仅是受害者及其自愈的努力，包括施害者以及道歉，都是这一创伤复原的结构性构成。离开以道歉为核心的施害者的正向参与，受害者的创伤复原恐怕难以真正完成。

在整体性的创伤复原结构中，就施害者和受害者之间的直接关联来看，还存在一个如上所述由图图所构想的亚结构，它包括三个环节：受害者索取赔偿（物质赔偿和精神赔偿）—施害者的赔偿（给予物质赔偿和精神赔偿）、坦白、忏悔和道歉—受害者的宽恕（接受物质赔偿和精神赔偿）。这里面的索赔和赔偿既有法律、政治的意义，也有伦理、情感的意义；既是契约精神的体现，也是道德义务的表征。这个亚结构的成立关系到两个至关重要也非常微妙的过程：其一，施害者是如何忏悔的？哪些因素促成了施害者迈出转折性的一步？道歉是如何开始又以什么作为结束的？其二，受害者接受道歉的动机和力量是什么？受害者需要克服的是什么？道歉是否必然导向被宽恕？从道歉到接受道歉，在现实生活中可能会瞬间发生，比如勃兰特的下跪就瞬间打动了现场众多波兰人的心。一名波兰大学生甚至说，有了那个双膝跪地，波兰人已经默默接受了德国的忏悔和认罪，他们不再恨德国。[1]但是，如果从理论语境来观照的话，从道歉到接受道歉其实是一个极其复杂和漫长的过程。

我们还以德国为例。雅斯贝尔斯在思考德国的罪责问题时，把罪分成了刑事的罪、政治的罪、道德的罪和形而上的罪四种类型。

---

[1] 转引自汝绪华：《论政府道歉》，北京：中国社会科学出版社，2016年，第10页。

刑事的罪是指违反法律、根据客观证据被法庭裁定的罪。政治的罪是指一个国家的所有公民必须为国家行为所承担的罪，它由历史的胜利者及其权力和意愿所审定，是生活在现代国家中的每个人必须承担的政治责任。道德的罪是指每个个体必须为自己的行为负责，它的裁决是由自我依据良心而自行确定的。形而上的罪是指一种协同担责，亦即每个人都对世界上的任何一种错误和不公正负有责任。一个人，尽管他没有作恶，但他没能阻止恶，或者在恶发生后仍然苟活于世，那这个人就犯了形而上的罪。此罪的判决依据的是上帝的法庭而非法律或良心。[1]在雅斯贝尔斯看来，谈论德国的罪责问题必须放在集体的层面，因为每个德国人都与其他德国人同时分享着德国的精神和灵魂，所有的人都共享着一种德国的命运。对于现代民族国家而言，罪往往不是在一个实际发生、真实可感的层面被讨论，而是在一个类推的意义上被讨论，所以悔罪必须是具有公共意义的集体悔罪，而担责也必须是以集体的形式。德国人不仅共享着德国的现在，也必须共同为德国的过去负责。[2]这既是个体对道德罪的反思，也是集体对政治罪之后果的承担。对于现实中的德国来说，政治罪和道德罪及其二者间的关联无疑是异常重要的，而对它们的反思也直接关系到德国的未来和发展。

根据雅斯贝尔斯的观点再看勃兰特的"华沙之跪"，我们也许能更加明确忏悔与道歉在创伤复原中的重大价值。勃兰特的下跪是一种远远超越语言的巨大力量，它将一个民族和国家从罪孽深重的历史中拯救出来，代替所有的德国人，有罪的和无罪的，逝去的和幸存的，在场的和缺席的，完成了对于罪的悔过。我们当然可以猜

---

[1] Karl Jaspers, *The Question of German Guilt*, translated by E.B. Ashton., New York: Fordham University Press, 2000, pp.25–26.

[2] Karl Jaspers, *The Question of German Guilt*, translated by E.B. Ashton., New York: Fordham University Press, 2000, p.73.

测勃兰特也许只是一时感慨万千难以自禁，也许他的下跪原本纯粹是一个普通老人的情绪宣泄，但在那样一个特殊的时间和空间，基于那样一种特殊的情境，勃兰特的个体反思及其行为实际上已被赋予了超个体的、集体性的、公开化的意义。他没有犯下道德的罪也无须承担，但他却绝不回避和畏惧担负政治的罪，他作为个体在道德上的无辜和政治上的清白，加重了他为政治罪担责的分量；另一方面，那些真正无法面对良心谴责的、在纳粹的作恶面前保持冷漠和沉默的，或者是作恶后依然苟活于世的"道德罪人"，他们的存在也更加映射出勃兰特以一己之力来代众人受过的可贵性。所以勃兰特的举动甚至可以用"无罪的耶稣代有罪的众生接受惩罚"这一宗教意象来类比。

　　勃兰特的下跪之所以深入人心，扭转了德国在世界政治格局中的地位，获得了大多数波兰民众的宽恕，主要原因就在于勃兰特非常坚决和真诚地将自身放置在人类的责任共同体中，当罪发生时，他没有像魏茨泽克的道歉和"村山谈话"那样回避真实完整的历史为自己的国家开脱，没有利用语言修辞为自己辩解。相反，他选择面对德国的整个过去和历史，代表所有的德国人。正是因此，波兰民众从他的举动里获得了充分的尊严感和意想不到的心理满足。波兰民众对过去的残酷记忆有多深，对德国纳粹的仇恨有多重，勃兰特的下跪对他们的伤口的抚慰就有多奏效，两者之间的反差最终推动了道歉被接受、罪行被宽恕。

　　当然，道歉并不必然会被宽恕，如果说道歉是艰难的，那宽恕无疑难上加难。因为宽恕意味着受害者要从整个事件的道德制高点上走下来，经历与施害者相同的情感斗争，并在理性层面上发生转变，对施害者以及创伤经历产生新的认知。诺洛克（Kathryn J. Norlock）就认为，在道德心理学的语境中来看，宽恕更主要"是一种承诺",而不是一种"情绪状态"。[1]阿伦特更是从政治责任的高度界定了宽恕,认为宽恕体现了行动本身的潜能,只有宽恕才能"把行动从它所开启的过程的不可逆性和不可预见性中解救出来","让我们摆脱我们所做事情的后果",救助我们从不确定性中脱身出来。[2]道歉未必一定能使受害者的创伤复原,但受害者能够宽恕则意味着创伤正在复原,甚至已经在某种程度上得到疗愈。所以说,道歉依然是创伤复原不可或缺的重要组成。道歉不是"廉价的口头表白"(cheap talk)[3],而是关乎人类历史和良知,开启了寻求和谐、重建秩序和社会规范的大门,也生成了修复未来的多种可能。

道歉"也许是世界上最难的事——在几乎每一种语言中,最难启齿的都是'我很抱歉'"[4]。就像人很难解放自己一样,人也很难否定自己。尽管如此,道歉的重要性却是不言而喻的。从小了说,道歉是人类日常生活中最普通不过的一件事情;往大了说,道歉又关系到国家形象的塑造、国民身份的归属,以及我们对过去的重新认识和对未来的期待。对于后者,需要特别提出的是,在所有正式或非正式的道歉中,政府道歉是最值得我们深入研究的。因为政府道歉在本质上是建构和表征国家记忆的一种特殊方式。虽然道歉本身并不构成国家记忆,但道歉关乎政府对待历史的态度及其现实立场,它代表的是一个国家的整体意识,是国家对权责问题在公开

---

[1] Kathryn J. Norlock, "Introduction: The Challenges of Forgiveness in Context", in Kathryn J. Norlock, ed., *The Moral Psychology of Forgiveness*, London: Rowman & Littlefield International Ltd, 2017, p. ix.

[2] [美]汉娜·阿伦特:《人的境况》,王寅丽译,上海:上海人民出版社,2009年,第184页。

[3] Melissa Nobles, *The Politics of Official Apologies*, New York: Cambridge University Press, 2008, p.139.

[4] [南非]德斯蒙德·图图:《没有宽恕就没有未来》,江红译,桂林:广西师范大学出版社,2015年,第221页。

的、公共的、官方的层面上的表态。它常常涉及一个国家在国际秩序和世界政治格局中的形象，或者是一个国家内部由执政党所宣告并体现的、属于主流意识形态的国家形象。所以说，道歉往往会与它所关联的重要历史事件及人物一起，形成国家层面的价值观念、精神信仰或责任意识，因而也共同成为民族传统和国家历史的一部分。

汝绪华在其著作《论政府道歉》中这样界定政府道歉："政府道歉指的是政府就所有涉及公共权力应担责问题进行的道歉以及出于礼仪进行的道歉。……一般来说，依据时间顺序政府道歉可以分为两大类：一是历史性非正义的政府道歉，因历史非正义、转型正义、溯源正义问题向受害方及其后代进行的道歉；二是当代政治实践的政府道歉，因处理当代国与国之间关系、应对政府治理失败而进行的道歉。"[1]政府道歉之所以在国家政治生活中举足轻重，"不仅在于其是一种观念，还在于它是一种制度安排"[2]，它"并非一种纯粹的智力上的构想；其自身内部即蕴含着一种动态的力量，激发个体和民族，驱使个体和民族去实现目标并建构目标中所蕴含的社会制度"。[3]或许可以说，政府道歉促成了制度性记忆的完善，它使国家对修正非正义的历史记忆具有了制度的形式和框架，也因此加强了国家民主治理的能力，使社会更具包容异己的品格。

徐贲曾提出："道歉是道德政治的一部分，因为它要求纠正国

---

[1] 汝绪华：《论政府道歉》，北京：中国社会科学出版社，2016年，第35页。汝绪华在书中对政府做了广义与狭义的区分，广义的政府泛指一切国家政权机关，狭义的政府专指一个国家的中央和地方的行政机关。这里所言政府道歉采用的是广义政府的概念。

[2] 汝绪华：《论政府道歉》，北京：中国社会科学出版社，2016年，第91页。

[3] [英]约翰·伯瑞：《进步的观念》（引言），范祥涛译，上海：上海三联书店，2005年，第1页。

家权力的历史性不公正。"[1]这个断言充分说明了道歉对于人类社会的重要价值。作为言语政治的绝佳代表，在当下国际关系如此微妙且复杂的现实语境中，我们对道歉的理解，比如道歉与否、怎样道歉、以个人身份道歉还是公开道歉等，都有可能直接关系到个体乃至社会群体的安全感与认同感。因而，道歉不是事件的终点而是起点，是多种可能性的开端。目前我们对道歉的认识显然还很肤浅。道歉的力量还远远未被我们充分领会到，对道歉的研究还任重道远。

---

[1] 徐贲：《道歉：一切政治不可或缺的部分》，爱思想，2019年10月19日发布，见http://www.aisixiang.com/data/118633.html。

结　语
数字时代的国家记忆：危机与未来

　　从前面的论述中我们可以得知，无论是"嵌入"的记忆，还是"诗性自觉"的记忆，最终都构成了国家的经典，以主导性的意识形态叙述占据了国家记忆的半壁江山。不仅如此，其中的记忆都还呈现为一种流动的样态。记忆的主体是每一个鲜活的个体，但国家通过"自上而下"及"自下而上"的种种方式引导和塑造着个体记忆，从区域、情感、社会、道德等各个方面影响着个体记忆，从而构成了个体记忆的"结构或框架"，并最终形成了在文化上具有同质性、在政治上具有统一性、在情感伦理上具有同一性的国家记忆。

　　当然，在现实世界中，记忆不止于此。除了能够体现历史进步论或发展观的经典之外，国家记忆其实还涵括了另一个深刻的内容，即文化创伤及创伤复原。当然，在某种程度上说，文化创伤也是一种来自外部世界的、"强行嵌入"的记忆，而且恰恰是因为创伤及其带来的伤痛和苦难，这种记忆"嵌入"或"刻写"的痕迹就更为明显。与经典不同的是，文化创伤作为一种国家记忆，必须要把造成创伤的施害者一方也纳入这个记忆体系中来，后者的行为对创伤表征及创伤复原同样具有无可替代的意义。也正是因此，文化创伤所建构和呈现的国家记忆也是一种流动的记忆，它有可能随着创伤双方对创伤本身之理解、反思及纠正的不断变化，而在不同阶段形成不同的样态。更值得关注的是，在新媒体、融媒体"王道天下"、数字化生存已然成为我们的生活日常的今天，这一流动性展现得更为显著。事实上，不仅仅是文化创伤，还有文化经典，甚至一切国家记忆，都在这个数字化时代中流动不息、变化不止。

一、数字时代：记忆研究的现实语境

在我们历史地追溯国家记忆的概念及其形成机制之后，我们还是要回到研究这个问题的现实语境中来，亦即我们当下处身其中的数字时代。一个不争的事实是，我们其实早已置身于数字记忆或互联网记忆的现实中。从照相机、摄影机对历史的"图像见证"，到光盘、刻录机、移动硬盘对记忆的"替代性刻写"，再到网络云存储，以至现在基于抽象的数据来计算和生成记忆，我们的生活早已与数据结下了不解之缘。

关于数字时代的记忆或数字时代与记忆的关系研究，有两个方面值得我们特别关注。

第一，记忆与遗忘的关系。数据化生存赋予人类的最大便利就是数据可以完全替代人脑记忆，信息技术一方面把人类的骄傲和地位越捧越高，另一方面又使人类的生理机能越来越简单，人类全面而完整的身体越来越退化为某个器官或某种功能。就像最初我们把数码相机戏称为"傻瓜相机"一样，现在我们的身体也几乎被分解成了"金手指""眼睛"或"脸"，只要我们点击鼠标、注视屏幕或者刷脸，就可以进入某个界面，获取我们想要的资讯。所以我们可以断定，这是一个"强记忆"的时代。但从另一方面来看，因为"想要记住"唾手可得,所以存储和记忆反而变成了一个低成本的行为,就像"信息爆炸"所诠释的那样,在数字时代中记忆生产如此便捷,人类过度依赖技术和网络,以致数字技术大有取代人类本身而成为记忆主体的可能。由此我们又可以认为这是一个"强遗忘"的时代。处身其中,我们不得不面临记忆与遗忘愈演愈烈的斗争,而且不得不在如海量般的数据面前进行筛选和取舍。从根本上来讲,记忆与遗忘的斗争已经构成了数据的核心矛盾,学者维克托·迈尔-舍恩伯格认为,遗忘本来是人的天性,但在数字时代,这一天性被反转了。记忆与遗忘之间的平衡被数据打破了,我们早就习惯了把记忆交给数字存储器,因此导致遗忘成了例外,而记忆却成为常态。舍恩伯格创作了《删除:大数据取舍之道》一书,就是要号召人类在大数据时代记住"遗忘的美德",从而确保人类不会失去人性化的生活与行动。[1]

第二,隐私、网络暴力和正义的问题。隐私研究由来已久,作为一个概念,它与个人主义的产生及中产阶层的兴起有密切的关系[2],它是民主社会的基本要素,是公民个体安全感及个体权利的基本保障。在传统社会中,隐私往往与真实的实物联系在一起,比如一个密闭的空间、一栋隐藏的建筑、一本带锁的日记、一封绝密信件等。但在数字时代,隐私则被数据化了。这不仅使隐私变得越来越抽象,也使隐私越来越透明。今天的人(尤其是年轻人)更易于在网络平台分享自己的私人生活,信息的私密程度及其有可能关涉的个体生活的广度甚至成了网络判断它是否有价值的主要依据。

---

[1] 参见[英]维克托·迈尔-舍恩伯格:《删除:大数据取舍之道》,袁杰译,杭州:浙江人民出版社,2013年。Viktor Mayer-Schönberger, *Delete: The Virtue of Forhetting in the Digital Age*, Princeton: Princeton University Press, 2009.

[2] Bart van der Sloot & Aviva de Groot, eds., *The Handbook of Privacy Studies: An Interdisciplinary Introduction*, Amsterdam: Amsterdam University Press, 2018, p.25.

换句话说，越隐私就越值得被公开，越隐私信息主体的公众知名度就越高。所以说，当我们的信息以主动的形式被展现，或因被动采集而得以社会化时，我们的隐私就被分门别类，成了某种"公开的秘密"，即可被共享的公共性知识和信息，而后作为"档案"以数据的形式最终存留在网络空间。

显而易见，没有谁能保证我们的信息绝对安全，官方可以以正当的理由（比如国家安全）浏览这些信息，商业和市场也有可能基于利益需求调用他们掌握到的私密信息进行数据分析，更不要说还有为竞争而开展的种种"信息战争"。因是之故，信息滥用和信息泄露就成了数字时代不可避免的现实因素。信息安全与通信保密杂志社梳理了2020年上半年在世界各地发生的重大数据泄露事件，国内的有中国电信超2亿条用户信息被卖，微博5.38亿用户数据在"暗网"出售，青岛胶州中心医院6000余人就诊名单被泄露，多地数千高校学生隐私遭泄露，江苏南通等地5000多万条个人信息在"暗网"被倒卖等；国外的有远程访问协议Telnet密码泄露事件，以色列640万选民数据遭泄露，化妆品巨头雅诗兰黛云泄露4.4亿条邮箱记录，国泰航空泄露940万乘客资料，某英国安全公司云泄露50亿条安全记录，2.67亿个Facebook账户信息在"暗网"出售，印尼电商9000万账号信息在"暗网"售卖，WordPress数百万网站数据库遭到窃取等。[1]这些数据令人触目惊心，也揭示出大数据、互联网、5G这些为人类发展带来无限机遇的"技术福利"其险恶、狡诈的一面。更重要的是，它象征着当今时代已经增生并且发展壮大出了一种新的暴力形式和新的数字伦理，即网络暴力和"无边界正义"。

---

[1]《盘点2020上半年全球重大数据泄露事件》，来源：信息安全与通信保密杂志社，2020年6月18日，详见http://www.isccc.gov.cn/xwdt/xwkx/07/903972.shtml。

罗谫指出："网络暴力本质上是一种基于权力关系的实践，内含着一种微观权力结构，这个权力结构由网民自我赋权而成，并通过道德话语的生产而合法化，从而创造出一种不平等的权力关系结构。被施暴者在不断的道德批判中被纳入到了这个权力结构之中，继而被剥夺了其本应具有的'数字生存权'，成为一个不受任何权力保护的'数字赤裸生命'。而个体丧失所有数字生存权利，变成'数字赤裸生命'的过程正是其走向'数字性死亡'的过程。"[1]隐私受到侵犯并不必然导致网络暴力，但网络暴力一定包含隐私受损，我们几乎可以把隐私受损视为网络暴力的标志性特征。在克里斯琴斯（Clifford Christians）那里，这其实就是一种非正义。克里斯琴斯理解的正义是"美好生活的关键概念"，是"新媒体的核心道德规范"。[2]在数字时代，我们需要建立一种新的正义论，即所谓"无边界正义"。"无边界正义"的提法是对完全以技术来理解生活的矫正和补充，因为网络世界是无边界的，数字化生存已经成为当今时代我们每个人都不得不面对的生存语境。一方面，数字化生存意味着全球性会通与交流愈益可能；另一方面，它又意味着越来越少的人际互动。在数字主导的社会中，技术被当作异于人性的工具、机器和产品，"道德目的输给了技术卓越的要求"，"道德承诺牺牲于先进的技术"[3]，人的内在价值和尊严让位于技术扩张及其所追求的利润理想，因此传统的正义也变成一个空洞的概念，无法用于理解数字时代的美好生活。我们必须在人类价值的基础上重新建

---

[1] 罗谫：《网络暴力的微观权力结构与个体的"数字性死亡"》，载于《现代传播》，2020年第6期，第151页。

[2] [美]克利福德·G.克里斯琴斯：《数字时代的新正义论》，刘沫潇译，载于《全球传媒学刊》，2019年第1期，第98—102页。

[3] [美]克利福德·G.克里斯琴斯：《数字时代的新正义论》，刘沫潇译，载于《全球传媒学刊》，2019年第1期，第99—100页。

立正义观念，把对正义的要求从国家主义转向世界，因此它还"需要艺术、音乐、历史、哲学、文学等人文社会科学的帮助"[1]。

隐私—暴力—正义，这三者隐约建构了数字时代的新记忆伦理。核心其实还是数据与技术的问题。从某种程度上讲，这似乎回到了记忆最原初的功能问题，即记忆就是"痕迹"。在理想的现实生活中，我们需要发声，需要留下我们的痕迹，需要被关注被认可；但同时，我们也拥有"被遗忘"的权利，拥有选择生存方式的自由。在实际的生活过程中，"记忆之痕"往往不是中立的，甚至不是自主能动的，尤其在数字时代里。数据与技术已经完全渗透到了我们的存在无意识中，成为这个时代的文化本能。

二、国家记忆的危机与未来

前面我们已经说过，国家记忆是一个高度政治化的概念，其目的就是要验证国家政治统治的合法性和正当性，塑造为全体国民所共享的文化价值和历史信念，从而增强其对国家的认同感和归属感，因而，国家记忆本身也是国家政治治理的文化手段和重要构成，它为国家建构及其制度能力的提升奠定了必要而关键的基础。

弗朗西斯·福山（Francis Fukuyama）在谈到国家建构时曾经非常明确地指出过，制度能力是国家建构问题的核心，制度供给涉及国家概念中的四个方面，分别是组织的设计和管理、政治体系设计、合法性基础、文化和结构因素。[2] 对照来看，国家记忆发

---

[1] [美]克利福德·G.克里斯琴斯：《数字时代的新正义论》，刘沫潇译，载于《全球传媒学刊》，2019 年第 1 期，第 100—101 页。

[2] [美]弗朗西斯·福山：《国家构建：21 世纪的国家治理与世界秩序》，黄胜强、许铭原译，北京：中国社会科学出版社，2007 年，第 23 页。

挥其功能显然主要是在后两个领域展开。因为国家记忆从本质上讲是一个国家对自身历史的解释以及在此基础上进行的知识生产，它必然要与国家政治统治之来源的合法性及有效性发生密切关联。当然，国家记忆并不等于国家历史。相对于唯一的、单向的、不可重复且不可更改的国家历史而言，国家记忆更强调对历史的"解释和知识生产"。国家历史是本质的，国家记忆则是一种重塑机制，是建构的。借用法国学者雅克·勒高夫对"新史学"的论述来看，"构成社会、政治环境的国家，以及有着历史经历的社群或者代代繁衍的群落，都会根据不同的用途来建立各自的档案，从而形成了记忆"[1]。国家历史是国家记忆形成并施加作用的基础场域，国家记忆可谓"历史的历史"。具体对一个国家的政治原则和制度效果而言，通过对合法性基础的强化，对文化价值体系和体制结构的规范，国家记忆的建构也具备了多重价值和影响：其一，决定了国家能力或制度能力的大小；其二，使国家对内能够保证民众的安全感和生存发展权，对外能建立良好的外交形象和国际关系；其三，决定了国家是否能成为福山意义上的"强国"，拥有"制定并实施政策"的能力和"干净的、透明的执法能力"。[2]总而言之，国家记忆与一个国家的历史和未来有着密不可分的联系，强国不见得是合法性稳固的国家，但反过来说，合法性稳固必然有利于形成强国。而国家记忆正是构成合法性的重要条件之一。国家记忆是"国家构建的艺术"，"无论如何，国家构建的艺术将成为国家力量的关键要素，其重要程度决不逊于动用传统的军事

---

[1][法]雅克·勒高夫：《历史与记忆》，方仁杰、倪复生译，北京：中国人民大学出版社，2010年，第109页。

[2][美]弗朗西斯·福山：《国家构建：21世纪的国家治理与世界秩序》，黄胜强、许铭原译，北京：中国社会科学出版社，2007年，第7页。

力量来维护世界秩序的能力"。[1]

在数字时代,国家记忆的重要性是不言而喻的,但它的危机或问题同样彰明较著。大致来说,国家记忆主要面临着如下两个问题。

首先,怎么处理记忆的选择问题?国家记忆是国家历史的重要组成部分,它关涉国家对过去的解释、对现实的界定和对未来的规划,随着历史的发展和时代的变迁,国家记忆也会呈现出变动不居的"流动性"样态。正如尼采所说的那样:

> 每个人和每个国家都需要对过去有一定了解,不管这种了解根据他的目标、力量和需求,是通过纪念的、怀古的,还是批判的历史而取得的。这种需要不是那些只旁观生活的单纯的思考者的需要,也不是少数渴望知识且只对知识感到满足的人的需要,它总是生活目标的一个参考,并处于其绝对的统治和指导之下。这是一个时代、一种文化和一个民族与历史之间的天然联系。饥渴是它的源泉,需求是它的准则,内在的可塑力则规定了它的限度。只有为了服务于将来和现在,而不是削弱现在或是损坏一个有生气的将来,才有了解过去的欲望。[2]

国家记忆作为一种知识生产,不可回避地要面临知识来源及合法性的问题。在数字时代,因为记忆常常被数据化为信息储存在网络空间里,更因为当今全新的媒介生态对记忆的塑造无所不在,因

---

[1] [美]弗朗西斯·福山:《国家构建:21世纪的国家治理与世界秩序》,黄胜强、许铭原译,北京:中国社会科学出版社,2007年,第116页。
[2] [德]弗里德里希·尼采:《历史的用途与滥用》,陈涛、周辉荣译,上海:上海人民出版社,2000年,第25页。

此记忆的筛选和判断问题就尤其突出。

比如说，维基百科就是一个异常生动的线上"记忆之场"。"维基"这个概念的创始人，美国计算机程序员沃德·坎宁汉（Ward Cunningham）和他的合作者波·留夫（Bo Leuf）对维基有一个基本的规定，即"维基本质上是民主的——每一个使用者都与其他使用者拥有同样的权力"[1]。的确，维基是一个允许任何使用者编写、删除、修正和重写内容的网站。而维基百科则是以此网站为平台的百科全书，它同样允许任何人参与到任何一个条目的编辑中来。据统计，维基百科每小时被修改数百次，每天要添加七百多篇文章，而与传统大相径庭的是，没有哪个作者会把自己当作某一条目的固定作者，即要判断哪个版本的条目是标准或范本也不可能。在维基百科上寻找"正典"是一项浩大的工程，而且即便有专家的参与也未必就能如愿。因为"维基百科部分是一种协商论坛，由异议者给出理由，同时也是伴随着异议的协商'场所'。实际上，维基百科使用的 MediaWiki 的每个页面都包含了对话窗。这意味着，百科全书中的每个条目都可以作为协商空间……甚至可以把维基百科视为一个变化异常迅速的传统：每个编辑者都站在前人的肩膀上"[2]。

让我们来想象一下。如果维基百科就是我们所处身的数字时代的真实面目，那我们应当如何准确地获取我们想要的知识呢？我们又是依据什么来界定自我与集体的边界呢？越来越多的人已经把自己的记忆和历史交给了像维基百科这样的网络世界，也有更多的人是从像维基百科这样的知识生产系统中了解历史、寻找记忆。但就像维基百科上的每一个条目都可以被多个作者多次编

---

[1] 转引自［美］凯斯·R. 桑斯坦：《信息乌托邦：众人如何生产知识》，毕竞悦译，北京：法律出版社，2008年，第161页。或详见 http://c2.com/cgi/wiki。
[2]　［美］凯斯·R. 桑斯坦：《信息乌托邦：众人如何生产知识》，毕竞悦译，北京：法律出版社，2008年，第165页。

辑一样，它最后形成的条目只能是复调而非独白，因此，如果倾向于依据维基百科来筛选和构建我们的记忆，那这样的记忆必定会越来越倾向于"协商式"记忆。它会导致国家记忆的形成无法再完全遵循从国家至民众（自上而下）或者从民众至国家（自下而上）的传统路径。从某种程度上来讲，它必然与强制性的政治指令背道而驰，因此它对"自上而下"式国家记忆的形成机制影响尤为深远。另一方面，记忆越来越数据化、抽象化、"去人性化"，民众处身海量的信息世界，筛选、判别乃至决定的困难程度也相应增加，这又使"自下而上"式的国家记忆形成过程更加不确定，或者被延滞。"协商式"的记忆更接近"共识"，甚至有可能是桑斯坦所倡导的"平均数"，虽然它也充斥着记忆的协作与争夺，但与仍然拥有"口述者传统"和"幸存者叙事"的记忆斗争不同。在数字时代，国家记忆的建构更多要依赖网络，而网络则具有不确定、瞬息万变等特点。

这就带来了第二个问题，即国家记忆的公共空间问题。我们都知道，在空间层面上，与"国家"相对应的记忆主体是"民间"和"社会"，民间记忆和社会记忆既可以说是国家记忆的发生源头，也可以说是国家记忆的"战场"或"熔炉"。国家总是从民间和社会提取有助于塑造国家形象、建构共享的文化价值体系、固化国家认同的记忆材料，再经过政治意识形态的筛选和改造，借助社会仪式、历史教育、新闻宣传等手段将其反复操演，最终确立正确的、公共的记忆现实。但在数字时代，这一切都因为网络而发生了巨大的变化。

很多人把网络界定为一个相对自由的社会公共领域，持不同见解的人在此会聚，通过争鸣、交锋，可能形成网络"群落"，并达成某种"局部的共识"。网络世界的群体建设往往是由"需求"驱动的，因此很容易仅仅因为言论或观念的一致性而产生群体认同。

美国学者罗伯特·普特南（Robert Putnam）就曾说过："真实世界的互动通常迫使我们处理不同的东西，虚拟世界却偏向同质性，地缘的社群将被取代，转变成依利益或兴趣来结合的社群。"[1]桑斯坦的著作《网络共和国：网络社会中的民主问题》更是对相关问题进行了详尽的论证。

相比"民间"和"社会"，网络似乎是一个更开放也更广阔的世界，它不仅没有物理的边界，也没有文化的边界。唯一可以称得上是网络界限的，我认为是技术边界，关于网络开发的技术能走多远，网络就能走多远。网络对国家记忆建构与表征造成的最大影响就是改变了作为记忆主体之"集体"或"群体"的内涵与外延，也由此令国家记忆对集体发生作用的方式与传统迥然不同。传统意义上共享历史、价值、信念，甚至共享情感的"集体"在网络世界里变成了"群落"，虽然它的形成也可以基于共通的情感、共享的价值信念，或者是共有的利益关系，但它却无法再像集体那样具有稳定性和恒久性。群落可以在瞬间产生，也可以即刻解除，新的群落不断地形成，新的群落意识也不断地增生。毫不夸张地说，每产生一个新的群落，就会随之形成一种新的信念或价值体系，而其中个体对集体的忠诚感几乎是淡之又淡的。

吉尔·A. 艾迪（Jill A. Edy）把这种状况称为"后广播时代的集体"。在他看来，在大众传媒时代，集体往往被界定为"特定媒介组织所接触到的潜在受众，并假设媒体文本所表达的价值观与媒体来源所寻求接触的受众中的主流社会价值观相一致"[2]，而在后广

---

[1] Robert D. Putnam, *Bowling Alone: The Collapse and Revival of American Community*, New York: Simon & Schuster, 2000, p.178. 译文见［美］凯斯·桑斯坦：《网络共和国：网络社会中的民主问题》，黄维明译，上海：上海人民出版社，2003年，第37页。

[2] Jill A. Edy, "Collective Memory in a Post-Broadcast World", in Barbie Zelizer and Keren Tenenboim-Weinblatt, eds., *Journalism and Memory*, New York: Palgrave Macmillan, 2014, p.71.

播时代，这个假设几乎是不成立的，我们必须重新界定集体和集体记忆。艾迪援用了社会学家罗伯特·贝拉（Robert Bellah）及其同事对"community"（群落）[1]概念的区分，后者将社区区分为地方群落（community of place）和兴趣群落（community of interest）两种类型：

> 前者是由生活在相互物理邻近的个体所组成的，这些个体是邻居，即使他们互不认识，他们也还是被共有的物理环境绑定在一起。后者是自我创造的群落，当人们共享一个兴趣、一个关注点或一个观点等时，这种群落就形成了。从某些方面来说，从广播世界发展到后广播世界，就是从一个由地方群落主导的媒体世界发展到由兴趣群落主导的媒体世界。[2]

很显然，按照这种理解和分类方式，网络世界中的集体就是兴趣群落，而集体记忆也更可能出现在兴趣群落中。

按照安德鲁·霍斯金（Andrew Hoskins）的提法，"集体"这个概念范畴的变化是一个更为宽泛的革命性转变的后果，即"联结转向"（connective turn）的后果。"联结转向"是数字时代的产物，它决定了一种新的知识基础——"信息基础设施"（information infrastructure）的形成，不仅使人机之间建立了新的联系，也改变了记忆与遗忘的价值。最为重要的是，霍斯金提出，联结转向经由改变媒介与集体之间的关系，塑造了一种新的大众群体，即所谓

---

[1] Community，这个概念可以翻译成社团、社区、群落、共同体等。我根据对其意义以及网络世界中群体特色的理解，把罗伯特·贝拉的界定翻译为"群落"。

[2] Jill A. Edy, "Collective Memory in a Post-Broadcast World", in Barbie Zelizer and Keren Tenenboim-Weinblatt, eds., *Journalism and Memory*, New York: Palgrave Macmillan, 2014, pp.71-72.

"纷众"(multitude)。"纷众"是依赖数字技术、生活在新的媒介生态中的那一部分人,他们连续不断地"捕捉、发布、记录、编辑、喜欢、链接、转发和聊天",由此导致"纷众记忆"(the memory of the multitude)"无处不在却又同步发生,四处分散却可以搜索"。它们摆脱了以往人与档案之间的缠绕,完全通过数字设备和互联网来沟通交流,被相互联结、联网和存档,并因此成为人类社会化的一部分。[1]"纷众"的概念更早在意大利学者鲍罗·维诺(Paolo Virno)那里得到了非常深入的分析,维诺认为:"当代纷众既非由'公民'也非由'生产者'构成,它居于'个体和集体'之间的中间地带,使'公共的'和'私人的'之间的区分不再有效了。因为它解散了这类二元联结的术语……群众并不是要与独一冲突,而是要重新界定后者。"[2]霍斯金也采用了维诺对"纷众"的界定,在霍斯金看来,正是由于纷众对二元联结概念的消解,才产生了作为纷众记忆的"新记忆"。这种新记忆基于"非交际的社会性和不共有的共享性"(a non-sociable social or a sharing without sharing)群体,它改变了我们对记忆机制的传统认识,使得档案从过去稳定静止的"空间性"解放出来,转而变为一个流动的、"时间性"的记忆媒介。[3]而且,由于数字技术的介入,档案始终处在一个"数字转接"(data transfer)的状态,档案不再局限于一个人、一个地方、一个机构甚至一个国家,今天的档案变成了一种自洽的"社会—技术"

---

[1] Andrew Hoskins, "Memory of the multitude: the end of collective memory", in Andrew Hoskins, ed., *Digital Memory Studies: Media Pasts in Transition*, New York & London: Routledge, 2018, p.86.

[2] Paolo Virno, *A Grammar of the Multitude: For an Analysis of Contemporary Forms of Life*, Isabella Bertoletti et al. trans., Los Angeles & New York: Semiotext(e), 2004, p.25.

[3] Andrew Hoskins, "Memory of the multitude: the end of collective memory", in Andrew Hoskins, ed., *Digital Memory Studies: Media Pasts in Transition*, New York & London: Routledge, 2018, p.87.

系统。

网络、新媒体、数据，这一切都和数字时代有关，数字时代开启了人类的美好新生活，同时也创造了新的记忆生态。在这个新的数字化的记忆生态之中，作为记忆结构的"纷众"其边界是流动的，作为记忆载体的"档案"其运行方式也是流动的，因此，作为记忆主体的"国家"其建构国家记忆的方式也就无法再像前数字时代那样完全经典、确定而且一以贯之。

从记忆的集体性主体来看，网络世界中多元多样的兴趣群落必然会导致"记忆筒仓"（memory silos）现象的出现，就像吉尔·A.艾迪所说的那样："如果一个社会系统中不同的人群共享一个他们独有的集体记忆，却不知道这种记忆在他们群体之外并不典型，那么记忆筒仓就会出现。"[1]"记忆筒仓"形同"记忆深井"。因为兴趣群落里的成员是基于共同的兴趣而聚合到一起来的，不同的兴趣群落之间并不共享普遍的历史或一种普遍的价值观，彼此之间恰恰是互相独立、疏离，甚至是排斥或敌对的关系，这对最终形成集体同一的"黏结记忆"无疑是巨大的阻碍。

从最根本的建构基础来看，互联网使得原本就很多元的民间与社会更加多元复杂了，网络社会被分解为无数个瞬息万变、流动不息的"纷众"，不仅强化了纷众记忆的异质性，也削弱了对同一的、唯一的或恒定的东西的认同感。

从最深入的历史教育或文化渗透来看，数字时代的知识生产也不同以往。对于网络纷众而言，捕捉和消化海量的信息比深度反思系统化的知识更快捷也更容易产生即时效益，而且"随着各种新的

---

[1] Jill A. Edy, "Collective Memory in a Post-Broadcast World", in Barbie Zelizer and Keren Tenenboim-Weinblatt, eds., *Journalism and Memory*, New York: Palgrave Macmillan, 2014, p.74.

阅读界面和装置的发明，随着阅读的文本媒介的改变"[1]，全新的数字化的电子阅读文化已然形成。现如今，人们本来就更倾向于"浏览式"阅读而非"沉浸式"阅读[2]，更不要说用于"浏览"的内容本身就庞杂繁复，甚至充满了各种矛盾、错误或异见。由此，信息筛选和判断的难度无形中加大了，记忆的认同和归化功能也被削弱了。

从最经典的传播方式来看，传统意义上的社会节日和民间仪式在网络世界里又变成了一种"文化习惯"，并且克服了线下的地域、空间局限，转而聚焦在对持续性、热度、回响等时间性方面的关注上。

一言以蔽之，从记忆的主体到记忆的对象，再到记忆的方式和记忆的表征，互联网颠覆了原本由国家和社会（或民间）所构成的记忆生态，创造出了更多关于记忆乃至国家记忆的可能性。

在一个多元文化的社会中，在一个高度全球化的时代和公共空间如此密集的时代里，国家记忆无论是作为一种集体记忆，还是一种公共记忆，都只是记忆的其中一种而非唯一形式。承认这一点对我们历史地和辩证地理解国家记忆至关重要。对建构有效的国家记忆、形成强大的国家认同，以至推动和平平等的国际政治体系而言，记忆一定是多面相的、多层次的，是"中介"，也是"协商"，还可以是"抵制"，或者是"征用"。[3]我们需要在过去和现在之间创造

---

[1] 周宪：《从"沉浸式"到"浏览式"阅读的转向》，载于《中国社会科学》，2016年第11期，第156页。

[2] 周宪：《从"沉浸式"到"浏览式"阅读的转向》，载于《中国社会科学》，2016年第11期，第143—163页。

[3] Ingrid Volkmer and Carolyne Lee, "Shifting the Politics of Memory: Mnemonic Trajectories in a Global Public Terrain", in Barbie Zelizer and Keren Tenenboim-Weinblatt, eds., *Journalism and Memory*, New York: Palgrave macmillan, 2014, p.62.

形式多样的记忆网络,也需要在个人和国家之间、在民族国家和世界之间建立更开放更宽容的对话机制,唯有如此,我们才有可能获得进步的、更美好的记忆的未来。

参考文献

中文文献

阿甘本:《例外状态》(《神圣之人》二之一),薛熙平译,西安:西北大学出版社,2015年。

阿伦特,汉娜:《人的境况》,王寅丽译,上海:上海人民出版社,2009年。

阿伦特,汉娜:《论革命》,陈周旺译,南京:译林出版社,2011年。

阿斯曼,阿莱达:《记忆中的历史:从个人经历到公共演示》,袁斯乔译,南京:南京大学出版社,2017年。

阿斯曼,阿莱达:《回忆空间:文化记忆的形式和变迁》,潘璐译,北京:北京大学出版社,2016年。

阿斯曼,扬:《文化记忆:早期高级文化中的文字、回忆和政治身份》,金寿福、黄晓晨译,北京:北京大学出版社,2015年。

阿斯曼,扬:《宗教与文化记忆》,黄亚平译,北京:商务印书馆,2018年。

埃尔,阿斯特莉特、冯亚琳主编:《文化记忆理论读本》,北京:北京大学出版社,2012年。

安德森,本尼迪克特:《想象的共同体》,吴叡人译,上海:上海人民出版社,2005年。

巴金：《随想录》，北京：作家出版社，2009年。

巴泽尔，约拉姆：《国家理论：经济权利、法律权利与国家范围》，钱勇、曾咏梅译，上海：上海财经大学出版社，2006年。

贝尔，丹尼尔：《资本主义文化矛盾》，赵一凡、蒲隆、任晓晋译，北京：生活·读书·新知三联书店，1989年。

北京大学德国研究中心编：《北大德国研究》（第一卷），北京：北京大学出版社，2005年。

本尼特，托尼：《文化、治理与社会：托尼·本尼特自选集》，王杰、强东红等译，上海：东方出版中心，2016年。

博恩海默，查尔斯编：《多元文化时代的比较文学》，王柏华、查明建等译，北京：北京大学出版社，2015年。

伯瑞，约翰：《进步的观念》，范祥涛译，上海：上海三联书店，2005年。

布尔迪厄：《艺术的法则：文学场的生成与结构》（新修订本），刘晖译，北京：中央编译出版社，2011年。

布鲁姆：《西方正典》，江宁康译，南京：译林出版社，2005年。

布鲁纳，M. 莱恩：《记忆的战略：国家认同建构中的修辞维度》，蓝胤淇译，北京：商务印书馆，2016年。

波兰尼，卡尔：《巨变：当代政治与经济的起源》，黄树民译，北京：社会科学文献出版社，2013年。

波兰尼，卡尔：《大转型：我们时代的政治与经济起源》，冯钢、刘阳译，北京：当代世界出版社，2020年。

晨枫：《中国当代歌词发展史》，上海：上海音乐出版社，2014年。

陈卫平主编：《中外广播电视简史》，上海：上海外语教育出版社，2006年。

陈新、彭刚主编:《文化记忆与历史主义》,杭州:浙江大学出版社,2014年。

陈奕:《"媒介事件"研究:兼论传统新闻生产与传播模式的转变》,武汉:华中科技大学出版社,2013年。

德拉埃斯马,杜威:《为什么随着年龄的增长时间过得越来越快——记忆如何塑造我们的过去》,张朝霞译,济南:山东教育出版社,2006年。

德勒兹:《德勒兹论福柯》,杨凯麟译,南京:江苏教育出版社,2006年。

德勒兹:《差异与重复》,安靖、张子岳译,上海:华东师范大学出版社,2019年。

登伯勒,大卫:《集体叙事实践:以叙事的方式回应创伤》,冰舒译,北京:机械工业出版社,2015年。

杜赞奇:《从民族国家拯救历史:民族主义话语与中国现代史研究》,王宪明等译,南京:江苏人民出版社,2009年。

《二十世纪中国实录》编委会:《二十世纪中国实录(1900—1996)》,北京:光明日报出版社,1997年。

法拉奇,奥里亚娜:《风云人物采访记》(全译本),嵇书佩等译,北京:新华出版社,1988年。

方维规:《什么是概念史》,北京:生活·读书·新知三联书店,2020年。

福柯,米歇尔:《主体解释学》,佘碧平译,上海:上海人民出版社,2005年。

弗洛伊德:《精神分析引论》,高觉敷译,北京:商务印书馆,1984年。

福山,弗朗西斯:《国家构建:21世纪的国家治理与世界秩序》,黄胜强、许铭原译,北京:中国社会科学出版社,2007年。

葛凯：《制造中国：消费文化与民族国家的创建》，黄振萍译，北京：北京大学出版社，2016年。

格兰诺维特，马克：《镶嵌：社会网与经济行动》，罗家德等译，北京：社会科学文献出版社，2007年。

格里，帕特里克：《历史、记忆与书写》，罗新主编，北京：北京大学出版社，2018年。

格林菲尔德，里亚：《民族主义：走向现代的五条道路》，王春华等译，上海：上海三联书店，2010年。

广西壮族自治区中小学教材编写组编：《广西壮族自治区中小学音乐教学参考书》，南宁：广西人民出版社，1972年。

国家统计局编：《中国统计年鉴——1984》，北京：中国统计出版社，1984年。

郭超人主编：《新华社优秀新闻作品选集：国际新闻选（1949—1999）》，北京：新华出版社，1999年。

郭于华主编：《仪式与社会变迁》，北京：社会科学文献出版社，2000年。

哈布瓦赫，莫里斯：《论集体记忆》，毕然、郭金华译，上海：上海人民出版社，2002年。

海德格尔：《林中路》，孙周兴译，北京：商务印书馆，2015年。

何其芳、张松如选辑：《陕北民歌选》，上海：海燕书店，1951年。

赫尔曼，朱迪思：《创伤与复原》，施宏达、陈文琪译，北京：机械工业出版社，2005年。

贺萧：《记忆的性别：农村妇女和中国集体化历史》，张赟译，北京：人民出版社，2017年。

黑勒，赫尔曼：《国家学的危机 社会主义与民族》，刘刚译，北京：中国法制出版社，2010年。

亨廷顿，塞缪尔：《文明的冲突与世界秩序的重建》，周琪、刘绯、张立平等译，北京：新华出版社，1998年。

洪堡：《论国家的作用》，林荣远、冯兴元译，北京：中国社会科学出版社，1998年。

胡春毅：《国族记忆：1937年南京陷落的文学书写》，南京：南京大学出版社，2018年。

华中师范学院中文系编：《建设共产主义文学》第2辑，武汉：华中师范学院，1959年。

怀特海：《思维方式》，刘放桐译，北京：商务印书馆，2019年。

怀特海：《过程与实在》，李步楼译，北京：商务印书馆，2016年。

黄卫星：《史诗〈东方红〉创作者口述史》，北京：清华大学出版社，2013年。

黄兴涛：《重塑中华：近代中国"中华民族"观念研究》，北京：北京师范大学出版社，2017年。

黄璇：《情感与现代政治：卢梭政治哲学研究》，北京：商务印书馆，2016年。

吉林省革命歌曲征集小组：《革命歌曲选》，长春：吉林人民出版社，1972年。

杰洛瑞，约翰：《文化资本：论文学经典的建构》，江宁康、高巍译，南京：南京大学出版社，2011年。

居其宏：《共和国音乐史：1949—2008》，北京：中央音乐学院出版社，2010年。

康纳顿，保罗：《社会如何记忆》，纳日碧力戈译，上海：上海人民出版社，2000年。

克罗，戴维·M.：《大屠杀：根源、历史与余波》，张旭译，上海：上海人民出版社，2015年。

孔飞力：《中国现代国家的起源》，陈兼、陈之宏译，北京：生活·读书·新知三联书店，2013年。

拉扎尔，艾伦：《道歉的力量》，林凯雄、叶织茵译，北京：北京联合出版公司，2017年。

莱文，彼得：《创伤与记忆：身体体验疗法如何重塑创伤记忆》，曾旻译，北京：机械工业出版社，2017年。

勒高夫，雅克：《历史与记忆》，方仁杰、倪复生译，北京：中国人民大学出版社，2010年。

里德，汉宁：《无处安放的同情》，周雨霏译，广州：广东人民出版社，2020年。

李赋宁总主编：《欧洲文学史（第1卷）》，北京：商务印书馆，1999年。

李红涛、黄顺铭：《记忆的纹理：媒介、创伤与南京大屠杀》，北京：中国人民大学出版社，2017年。

利科，保罗：《记忆，历史，遗忘》，李彦岑、陈颖译，上海：华东师范大学出版社，2019年。

利科，保罗：《承认的过程》，汪堂家、李之喆译，北京：中国人民大学出版社，2019年。

李明滨、陈东主编：《文学史重构与名著重读》，北京：北京大学出版社，1996年。

李玉平：《多元文化时代的文学经典理论》，天津：南开大学出版社，2010年。

梁茂春：《百年音乐之声》，北京：中国经济出版社，2001年。

刘锡诚：《在文坛边缘上：编辑手记》，开封：河南大学出版社，2004年。

卢梭：《爱弥尔：论教育（上卷）》，李平沤译，北京：商务印书馆，1978年。

卢梭：《论政治经济学》，王运成译，北京：商务印书馆，1962年。

罗永生：《殖民无间道》，香港：牛津大学出版社，2007年。

罗永生：《勾结共谋的殖民权力》，香港：牛津大学出版社，2007年。

《马克思恩格斯全集》第2版第30卷，北京：人民出版社，1995年。

麦克唐纳，赫克托：《后真相时代》，刘清山译，北京：民主与建设出版社，2019年。

孟建、黄灿：《当代广播电视概论》，北京：中国传媒大学出版社，2016年。

米格代尔，乔尔·S.：《社会中的国家：国家与社会如何相互改变与相互构成》，李杨、郭一聪译，南京：江苏人民出版社，2013年。

米勒，罗兰：《亲密关系》（第6版），王伟平译，北京：人民邮电出版社，2015年。

牟宗三：《牟宗三先生全集32》，台北：联经出版事业股份有限公司，2002年。

《内蒙古广播电视志》编辑室：《内蒙古广播电视志》，呼和浩特：内蒙古人民出版社，1987年。

尼采：《论道德的谱系·善恶之彼岸》，谢地坤、宋祖良、刘桂环译，桂林：漓江出版社，2000年。

尼采：《历史的用途与滥用》，陈涛、周辉荣译，上海：上海人民出版社，2000年。

聂珍钊主编：《外国文学史（二）·17世纪至19世纪初期文学》，武汉：华中师范大学出版社，2010年。

聂珍钊主编：《外国文学史（四）·20世纪文学》，武汉：华中师范大学出版社，2010年。

努斯鲍姆，玛莎：《诗性正义：文学想象与公共生活》，丁晓东译，北京：北京大学出版社，2010年。

诺拉，皮埃尔主编：《记忆之场：法国国民意识的文化社会史》，黄艳红等译，南京：南京大学出版社，2020年。

诺克，艾尔伯特·杰伊：《我们的敌人：国家》，彭芬译，南昌：江西人民出版社，2015年。

诺瓦里埃尔，热拉尔：《国家、民族与移民：迈向权力史》，陈玉瑶译，北京：中国社会科学出版社，2017年。

欧文，斯蒂芬：《追忆——中国古典文学中的往事再现》，郑学勤译，上海：上海古籍出版社，1990年。

潘永暲：《歌曲作法浅谈》，广州：广东人民出版社，1974年。

齐泽克，斯拉沃热：《事件》，王师译，上海：上海文艺出版社，2016年。

桥本明子：《漫长的战败：日本的文化创伤、记忆与认同》，李鹏程译，上海：上海三联书店，2019年。

秦西炫编著：《音乐基础》，成都：四川人民出版社，1974年。

全国文献采访工作研讨会组委会编：《数字出版对文献资源建设的影响：第五届全国文献采访工作研讨会论文集》，北京：国家图书馆出版社，2015年。

全国哲学社会科学规划办公室编：《哲学社会科学各学科研究状况与发展趋势》，北京：学习出版社，1997年。

汝绪华：《论政府道歉》，北京：中国社会科学出版社，2016年。

桑内特，理查德：《公共人的衰落》，李继宏译，上海：上海译文出版社，2014年。

桑斯坦，凯斯·R.:《信息乌托邦：众人如何生产知识》，毕竞悦译，北京：法律出版社，2008年。

桑斯坦，凯斯·R.:《网络共和国：网络社会中的民主问题》，黄维明译，上海：上海人民出版社，2003年。

山东省艺术学校《简谱乐理知识》编写组编：《简谱乐理知识》，济南：山东人民出版社，1972年。

陕甘宁边区财政经济史编写组、陕西省档案馆：《抗日战争时期陕甘宁边区财政经济史料摘编·第二编　农业》，西安：陕西人民出版社，1981年。

上海人民广播电台音乐组编：《革命群众歌曲选》，上海：上海文艺出版社，1964年。

史密斯，安东尼：《民族主义：理论、意识形态、历史》，叶江译，上海：上海人民出版社，2006年。

石璞：《欧美文学史》，成都：四川人民出版社，1980年。

施正锋主编：《转型正义》，台北：台湾国际研究学会，2013年。

斯蒂瓦尔，查尔斯·J.:《德勒兹：关键概念》，田延译，重庆：重庆大学出版社，2018年。

孙歌：《寻找亚洲：创造另一种认识世界的方式》，贵阳：贵州人民出版社，2019年。

孙希旦撰，沈啸寰、王星贤点校：《礼记集解》，北京：中华书局，1989年。

唐斌：《责任政府的逻辑——政府道歉的伦理内涵及其效用保障》，北京：中国社会科学出版社，2017年。

特纳，乔纳森·H.:《社会学理论的结构》，邱泽奇、张茂元等译，北京：华夏出版社，2006年。

《天津文史资料选辑》，1999年第2期，总第82辑，天津：天津人民出版社，1999年。

《天津南开中学志》编修委员会编：《天津南开中学志》，天津：天津教育出版社，2014年。

图图，德斯蒙德：《没有宽恕就没有未来》，江红译，桂林：广西师范大学出版社，2014年。

涂尔干，爱弥尔：《宗教生活的基本形式》，渠敬东、汲喆译，北京：商务印书馆，2011年。

托克维尔：《论美国的民主（上卷）》，董果良译，北京：商务印书馆，1988年。

托托西，斯蒂文：《文学研究的合法化》，马瑞琦译，北京：北京大学出版社，1997年。

王斌主编：《王莘歌曲全集》，天津：百花文艺出版社，2009年。

王柯：《民族与国家：中国多民族统一国家思想的系谱》，冯谊光译，北京：中国社会科学出版社，2001年。

王柯：《从"天下"国家到民族国家：历史中国的认知与实践》，上海：上海人民出版社，2020年。

王蒙、王元化总主编：《中国新文学大系（1976—2000·第一集·文学理论卷一）》，上海：上海文艺出版社，2009年。

汪民安、郭晓彦主编：《事件哲学》（《生产》第12辑），南京：江苏人民出版社，2017年。

王尚义：《从"异乡人"到"失落的一代"》，台北：大林出版社，1980年。

王尚义：《狂流》，台北：水牛出版社，1983年。

本社编：《王莘歌曲选集·后记》，天津：百花文艺出版社，1983年。

王晓明主编：《二十世纪中国文学史论（下卷）》，上海：东方出版中心，2003年。

王余辑录：《回忆周总理谈文艺》，成都：四川人民出版社，1979年。

王忠祥等主编：《外国文学教程（上）》，长沙：湖南教育出版社，1985年。

韦尔策，哈拉尔德编：《社会记忆：历史、回忆、传承》，季斌等译，北京：北京大学出版社，2007年。

维柯：《新科学》，朱光潜译，北京：人民文学出版社，1997年。

威廉斯，雷蒙：《关键词：文化与社会的词汇》，刘建基译，北京：生活·读书·新知三联书店，2005年。

沃格林口述，桑多兹整理：《自传体反思录》，段保良译，北京：华夏出版社，2018年。

吴宝璋：《人民音乐家：聂耳》，昆明：云南人民出版社，2014年。

夏征农、陈至立主编：《大辞海·音乐舞蹈卷》，上海：上海辞书出版社，2013年。

徐贲：《人以什么理由来记忆》，长春：吉林出版集团有限责任公司，2008年。

徐崇温、刘放桐、王克千等：《萨特及其存在主义》，北京：人民出版社，1982年。

许纪霖、刘擎主编：《多维视野中的个人、国家与天下认同》（《知识分子论丛》第11辑），上海：华东师范大学出版社，2013年。

亚历山大，杰弗里：《社会生活的意义：一种文化社会学的视角》，周怡等译，北京：北京大学出版社，2011年。

亚里士多德：《诗学》，陈中梅译注，北京：商务印书馆，

1996年。

杨先材主编：《共和国重大事件纪实（上）》，北京：中共中央党校出版社，1998年。

杨周翰、吴达元、赵萝蕤主编：《欧洲文学史（上）》，北京：人民文学出版社，1964年。

杨周翰、吴达元、赵萝蕤主编：《欧洲文学史（下）》，北京：人民文学出版社，1979年。

尹晓煌、何成洲主编：《全球化与跨国民族主义经典文论》，南京：南京大学出版社，2014年。

郁建兴：《马克思国家理论与现时代》，上海：东方出版中心，2007年。

云南民族学院汉语文系文艺理论教研组编：《美学问题讨论资料》（第1集），昆明：云南民族学院，1979年。

《怎样识简谱》编写组编：《怎样识简谱》，上海：上海人民出版社，1972年。

曾遂今：《音乐社会学》，上海：上海音乐学院出版社，2004年。

张小芳著：《一歌一世界：红色经典歌曲背后的故事》，太原：山西人民出版社，2014年。

浙江省中小学教材编写组编：《浙江省中学试用课本：革命文艺（音乐部分）教师用》，杭州：浙江人民出版社，1972年。

郑克鲁主编：《外国文学史（上）》，北京：高等教育出版社，1999年。

中共中央文献研究室：《〈关于建国以来党的若干历史问题的决议〉注释本》，北京：人民出版社，1983年。

中华全国音乐工作者协会天津分会编：《大众歌选》，天津：大众书店，1950年。

中国新闻电影制片厂（集团）主编：《东方红：从舞台到银幕》，北京：中央文献出版社，2013年。

中国新闻奖评选委员会办公室编：《中国新闻奖作品选（2007年度·第十八届）》，北京：新华出版社，2008年。

中央人民广播电台简史编写组编：《中央人民广播电台简史（1949—1984）》，北京：中国广播电视出版社，1987年。

中国人民解放军国防大学党史党建政工教研室编：《中共党史教学参考资料（25）："文化大革命"研究资料（上）》，北京：党史出版社，1988年。

中国音乐家协会编：《1949—1979建国三十年声乐作品选：群众歌曲（1）》，北京：人民音乐出版社，1985年。

周扬：《周扬文集（第三卷）》，北京：人民文学出版社，1990年。

朱成山、朱同芳主编：《国家公祭：解读南京大屠杀死难者国家公祭日资料集①》，南京：南京出版社，2014年。

竺可桢：《竺可桢全集》（第20卷），上海：上海科技教育出版社，2011年。

朱特，托尼：《重估价值——反思被遗忘的20世纪》，林骧华译，北京：商务印书馆，2013年。

朱维之、赵澧主编：《外国文学简编（欧美部分）》，北京：中国人民大学出版社，1980年。

朱维之、赵澧主编：《外国文学史（欧美部分）》，天津：南开大学出版社，1985年。

朱熹著，赵长征点校：《诗集传》，北京：中华书局，2011年。

英文文献

Alexander, J. C., *Performance and Power*, Cambridge: Polity, 2011.

Alexander, J. C., *Trauma: A Social Theory*, Cambridge: Polity, 2012.

Alexander, J. C., Dominik Baertmański, and Bernhard Giesen, eds., *Iconic Power: Materiality and Meaning in Social Life*, London & New York: Palgrave Macmillan, 2012.

Alexander, J. C., et al., *Cultural Trauma and Collective Identity*, Berkeley: University of California Press, 2004.

Alford, C. F., *Trauma and Forgiveness: Consequences and Communities*, Cambridge: Cambridge University Press, 2013.

Assmann, A., and Sebastian Conrad, eds., *Memory in a Global Age: Discourses, Practices and Trajectories*, London & New York: Palgrave Macmillan, 2010.

Bourdieu, P., *Language and Symbolic Power*, Gino Raymond and Matthew Adamson, trans., Cambridge: Polity, 1991.

Bourdieu, P., *On the State: Lectures at the College de France, 1989-1992*, Patrick Champagne, et al, eds., David Fernbach trans., Cambridge: Polity Press, 2012.

Campbell, R., *The Metaphysics of Emergence*, London & New York: Palgrave Macmillan, 2015.

Caranana, J. P., et al, eds., *Today: Filtering Perception and Awareness*, London: University of Westminster Press, 2018.

Caruth, C., *Unclaimed Experience: Trauma, Narrative, and History*, Baltimore and London: The Hohns Hopkins University Press,

1996.

Chambers, I., et al., eds., *The Postcolonial Museum: The Arts of Memory and the Pressures of History*, Surrey: Ashgate, 2014.

De Cesari, C. and Ann Rigney, *Transnational Memory: Circulation, Articulation, Scales*, Berlin: The Gruyter, 2014.

De Jasay, Anthony, *The State*, Indianapolis: Liberty Fund, 1998.

Chen, L. L., *Writing Chinese: Reshaping Chinese Cultural Identity*, London & New York: Palgrave Macmillan, 2006.

Deleuze, G., *The Logic of Sense*, Stivale, C & Lester, M. Trans., London: The Athlone Press, 1990.

Der Sloot, B. V., and Aviva de Groot, *The Handbook of Privacy Studies: An Interdisciplinary Introduction*, Amdsterdam: Amdsterdam University Press, 2018.

Goffman, E., *Relations in Public: Microstudies of the Public Order*, London: Penguin Books, 1971.

Hansen, J. G., et al., eds., *Save As Digital Memories*, London &New York: London: Palgrave Macmillan, 2009.

Hirsch, M., *The Generation of Postmemory: Writing and Visual Culture After the Holocaust*, New York: Columbia University Press, 2012.

Hobsbawm, E. J., *Nations and Nationalism since 1780: Programme, Myth, Reality* (second edition), Cambridge: Cambridge University Press, 2012.

Hoskins, A., ed., *Digital Memory Studies: Media Pasts in Transition*, New York & London: Routledge, 2018.

Ibrahim, Y., *Production of the "Self" in the Digital Age*, London & New York: Palgrave Macmillan, 2018.

Jaspers, K., *The Question of German Guilt*, E.B. Ashton, trans., New York: Fordham University Press, 2000.

Kattago, S., *The Ashgate Research Companion to Memory Studies*, Estonia: Tallinn University, 2015.

Keightley, E., and Michael Pickering, eds., *Research Methods for Memory Studies*, Edinburgh: Edinburgh University Press, 2013.

Kitch C., *Pages from the Past: History and Memory in American Magazines*, Chapel Hill: University of North Carolina Press, 2005.

Kolbas, E. D., *Critical Theory and the Literary Canon*, Boulder and Oxford: Westview Press, 2001.

Latour, B., *We Have Never Been Modern*, Cambridge: Harvard University Press, 1993.

Markham, T., *Digital Life*, Cambridge: Polity, 2020.

Neiger, M., et al., eds., *On Media Memory: Collective Memory in a New Media Age*, London & New York: Palgrave Macmillan, 2011.

Nobles, M., *The Politics of Official Apologies*, Cambridge: Cambridge University Press, 2008.

Norlock, K. J., ed., *The Moral Psychology of Forgiveness*, London: Rowman & Littlefield International Ltd, 2017.

Olick, J. K., *The Politics of Regret: On Collective Memory and Historical Responsibility*, New York and London: Routledge, 2007.

Perkins D., *Is Literary History Possible?* Baltimore: Johns Hopkins University Press, 1992.

Radstone, S., and Bill Schwarz, *Memory: Histories, Theories, Debates*, New York: Fordham University Press, 2010.

Revel, J. and Giovanni Levi, eds., *Political Uses of the Past: The Recent Mediterranean Experience*, New York and London: Routledge,

2012.

Robert D. Putnam, *Bowling Alone: The Collapse and Revival of American Community*, New York: Simon & Schuster, 2000.

Rothermund, D., ed., *Memories of Post- Imperial Nations: The Aftermath of Decolonization, 1945-2013*, from Cambridge books Online (http://ebools.cambridge.org/).

Schonberger, V. M., *Delete: The Virtue of Forgetting in the Digital Age*, Princeton and Oxford: Princeton University Press, 2009.

Schwartz B., *Abraham Lincoln and the Forge of National Memory*, Chicago: University of Chicago Press, 2003.

Vanfraechem, I., et al., eds., *Justice for Victims: Perspectives on Rights, Transition and Reconciliation*, New York and London: Routledge, 2014.

Vincent, D., *Privacy: A Short History*, Cambridge: Polity, 2016.

Virno, P., *A Grammar of the Multitude: For an Analysis of Contemporary Forms of Life*, Isabella Bertoletti, et al, trans., Los Angeles & New York: Semiotext (e), 2004.

Bart van der Sloot & Aviva de Groot, eds., *The Handbook of Privacy Studies: An Interdisciplinary Introduction*, Amsterdam: Amsterdam University Press, 2018.

Zelizer, B., and Keren Tenenboim-Weinblatt, eds., *Journalism and Memory*, London & New York: Palgrave Macmillan, 2014.

后　记

　　我曾经向一个很会写文章的朋友请教如何写好开头,他告诉我说,没有捷径,就是使劲想,不断尝试,在推翻十种令人不满意的写法后,第十一种或许就稍微有点意思了。我就是像他所说的那样用力尝试又不断抛弃再重新开始的,我甚至想了不止十种,可是直到最终完稿,我都没有找到一个恰当的开头。没有办法,我只能从描述一个历史场景开始。我想,这大概可以归因于,"国家记忆"这个概念实在是太复杂了。

　　从最初的怀旧到记忆,从文化记忆到国家记忆,这近二十年来,我似乎一直在做类似垦荒的工作。我所处理的研究对象都是我们在日常生活的使用中视为"不言而喻"的,少有人去关注这些概念从何而来、因何产生、被用在哪里,我们就这么"理所当然"地用这些概念去表达一些模糊的思想感情,继而不自觉地形成某种语境或氛围,并逐渐把这些概念融汇到我们的生活世界之中。久而久之,这些概念就成了我们的"理论常识"和"话语形式",它们仿佛从天而降,既正确又亲切,没有历史,也无须追溯它们的历史。

　　可是,这些概念究竟是什么意思呢?它们都是真命题而非伪命题吗？它们确实有高度统一的内核吗？还是说，当我们围绕这些概念讨论问题时，我们彼此之间其实歧见纷呈？

我也不知道为什么，就是对这些"歧义的常识"概念有兴趣，可谓一头"栽"了进去。时至今日，当我回望过去时，我自觉厘清了一些概念，深刻地理解了一部分历史和现实，对我们所处身其中的世界有了更清晰的认识。当然，还是有更大部分的"真实"悬而未决或者与我若即若离，我还需要付出更多努力去靠近、去领悟、去揭示它们。

这本书大概就是这样一本与我若即若离的书。在这本书中，我尽我所能地解释了一些问题，用一些典型案例佐证了我的观点。但也有一些问题，以及这些问题与我们的生活实践及理论建构之间究竟有怎样的关系，我还没想清楚。不过，随着这些问题越来越在生活中显现出它们的重要性，我就越来越迫切地期待能在一个更大的范围内与学界同人展开交流，进行对话和争论，以期更全面地把握现实，更有信心构思未来的生活。因此，我选择先搁置对完美和正确的苛求，如实展示我的想法，在呈现中等待批评和指正。

我要感谢和我一起奋斗过的学生。随着年龄渐长，我越来越能在他们身上寻得慰藉、看到光亮。我的博士生韩帮文、刘雅静、郑楠帮我完成了关于《歌唱祖国》的经典化机制、存在主义争论与外国文学史教材流变的命题作文，李盛也欣然答应用《东方红》的音乐考古来支撑我关于国家记忆形成路径的论证，感谢这四位年轻的作者，他们的写作令本书变得更生动更亲切。我还要感谢在本书的成稿过程中给我肯定和鼓励的众多期刊，这些期刊的编辑的细心、专业和耐心让我受益良多，也使我对问题的思考和表述更准确、更恰当。感谢一直关心我的众多师长朋友，他们对我不离不弃，令我倍感温暖并充满力量。还要感谢家人的陪伴和爱,感谢接纳我的这个城市和学校。没有这一切,就没有今天的我。

2021 年 8 月 3 日

于广州暨南大学羊城苑